核心素养导向下的
小学科学教育

袁从领 著

NORTHEAST NORMAL UNIVERSITY PRESS
WWW.NENUP.COM
东北师范大学出版社

图书在版编目(CIP)数据

核心素养导向下的小学科学教育／袁从领著． -- 长春：东北师范大学出版社，2017.12
ISBN 978-7-5681-4058-4

Ⅰ.①核… Ⅱ.①袁… Ⅲ.①小学一科学教育学一教学研究 Ⅳ.①G623.62

中国版本图书馆 CIP 数据核字（2017）第 318086 号

□策划编辑：王春彦
□责任编辑：卢永康　□封面设计：优盛文化
□责任校对：房晓伟　□责任印制：张允豪

东北师范大学出版社出版发行
长春市净月经济开发区金宝街 118 号（邮政编码：130117）
销售热线：0431-84568036
传真：0431-84568036
网址：http://www.nenup.com
电子函件：sdcbs@mail.jl.cn
河北优盛文化传播有限公司装帧排版
北京一鑫印务有限责任公司
2018 年 2 月第 1 版　2021 年 1 月第 2 次印刷
幅画尺寸：170mm×240mm　印张：17　字数：287 千

定价：61.00 元

前 言

21世纪，以高科技为依托的知识经济发展迅速，科技进步日新月异、国际竞争日趋激烈、人才竞争已进入白热化。如今，国家的综合国力和国际竞争能力将越来越取决于教育发展、科学技术和知识创新水平。中国未来的发展，中华民族的伟大复兴，关键靠人才尤其是科技人才。科技人才培养的基础在教育，加强小学科学教育是提高我国全体国民科学素养的根本途径，加强小学科学教育有利于增强我国未来国民的竞争实力，有利于提高人民的生活质量，进而提升公民的幸福指数。

自2001年教育部颁布《小学科学（3－6年级）课程标准》（实验稿）以来，小学科学教育无论是在理论上还是在教学实践上，都呈现出良好的发展态势。小学科学教育教学的质量决定着未来全体国民的科学素养高低、竞争力的强弱、民族的兴旺、国家的兴衰。而义务教育阶段的科学课程教育对学生核心素养的引导与培养起着至关重要的作用。因此，研究核心素养导向下的小学科学教育具有重要的现实意义。

本文是根据2017年2月颁布的《小学科学课程标准》编写的，共分为九个章节。第一章，着重介绍了学生核心素养的历史轨迹、国际共识和概念与内涵；第二章是小学科学教育的概述；第三章详细指出小学科学教育的理论基础；第四章概括了生命世界、物质世界和地球与宇宙的科学知识；第五章总结了核心素养导向下的小学科学探究方法；第六章将小学科学教育与信息技术进行了整合；第七章介绍了科学教学技能；第八章是小学科学教学设计与实施；第九章则是对科学素养导向下的小学科学教育的评价。

目录

第一章　学生核心素养的内涵

从古至今，不同时代的思想家及学者们都曾围绕人应该具备的“核心素养”进行过深入全面的讨论，反映的都是当时社会发展的需求，是当时人们对“教育应培养什么样的人”这一问题的答案。在以农业经济形态为主导的古代社会背景下，人才的培养重视道德品性；在以工业经济形态为主导的现代社会背景下，人才的培养重视能力本位；而在以信息经济、低碳经济等经济形态为主导的当代社会背景下，人才的培养则需要重视核心素养。强调“核心素养”才是培养能自我实现与社会和谐发展的高素质国民与世界公民的基础，它反映了当今时代社会发展的需求。

核心素养为当代世界所普遍重视，是各国际组织与政府在进行教育改革与课程改革时密切关注的热点。虽然各国际组织与政府在“核心素养”的具体表达方式上存在差异，但其思想是共通的，即都重视公民关键的、必要的、重要的素养，并且都强调核心素养的获得是一个持续的、终身的学习过程。对学生“核心素养”的概念进行研究，可以顺应当前联合国教科文组织等国际组织所倡导的教育改革的国际潮流与课程改革的世界发展趋势。

第一节　发展学生核心素养的历史轨迹

“核心素养”这一概念的提出主要始于 20 世纪 90 年代，特别是经合组织 1997—2005 年所开展的“素养的界定与遴选”(Definition and Selection of Competencies，简称 DeSeCo) 研究项目 (OECD，2005)，将该词用于描述所有社会成员都应具备的共同素养中那些最关键、必要且居于核心地位的素养。不过，虽然“核心素养”的提法相对较新，但其蕴含的思想却是由来已久。从古至今，不同时代的思想家及学者们都曾经围绕人应该具备的“核心素养”进行过深入而全面的讨论。在他们的视野中，核心素养概念的含义到底有哪些?

一、“德性”的观点——核心素养的传统理论

在教育哲学中，素养被定义成为正义、智慧、勇敢的化身。核心素养的传统理论，也是教育哲学取向的理论，其时间跨度从古代延伸至20世纪初，主要围绕上述这些“德性”对人的基本素养进行论述，代表人物有西方的苏格拉底、亚里士多德和我国的孔子等人。

2 000多年以前，人们并没有明确提出核心素养的概念，但是对于作为合格的社会一员或公民则早已有标准。苏格拉底劝勉人们“把精力用在高尚和善良的事上”，教育人们要“努力成为有德行的人”。“美德即知识”是苏格拉底伦理学最重要的命题。在他看来，人的行为之善恶，主要取决于他是否具有相关的知识。人只有知道什么是善、什么是恶，才能趋善避恶。从这一观点出发，苏格拉底提出了“德行可教”的主张。这种主张不仅否定了当时盛行于希腊的道德天赋观念，而且赋予道德一种普遍的基础。到后来，无论是亚里士多德还是柏拉图，或是中世纪罗马哲学家西赛罗，他们所主张的古典理论下的公民素养，是指公民必须拥有的几种主要德性（commit virtue），如正义、智慧、勇敢，且懂得节制。同时，亚里士多德希望城邦公民也要具有公民参与的精神。

在我国，以孔子为代表的思想家们也很早就围绕健全人格进行了思考，并归纳出“内圣外王”的传统文化人才观。所谓“内圣”，是人通过自身的心性修养所达到的一种高尚境界。“内圣”强调个体应该重视仁爱，强调中庸，做到“忠”“恕”和“允执其中”；同时强调“文质彬彬”“立志笃学”，即内在修养与外部表现要完美结合，而且专心好学；还强调“重义轻利”“舍生取义”，即要求人们在某些特定的境遇中，要具有杀身成仁、见义勇为的大无畏气概和献身精神。所谓“外王”，是人的心性修养的外在表现，是“内圣”的主观精神状态的自然延伸与拓展。“外王”要求个体应有博施济众、济世报民的抱负和胸怀，能够“修身”“齐家”“治国”“平天下”。此外，我国传统文化对“德性”在人才培养中的重视，还表现在其他许多著名教育家、思想家的观点中，如南宋著名理学家朱熹主张教育的目的在于“明人伦”，教育学生自幼就须从“洒扫应对进退、礼乐射御书数开始，以修养其孝悌忠信之道”，提倡“明天理，灭人欲”的伦理道德教育，并强调“立志”“主敬”“存养”“省察”“力行”的人才培养方法和途径，提出

“言忠信，行笃敬，惩忿窒欲，迁善改过”的修身之要；明代思想家王守仁倡导心学，强调“知行合一”“知行并进”及“致良知”，把道德教育与修养放在学校教育工作的首要地位，提出了“静处体悟”“事上磨炼”“审察克治”“贵于改过”的道德修养方法，提倡不断在道德实践中净化心灵，充分彰显内在的良知本体；清代教育家王夫之也同样重视道德教育，指出教育在人性的生成过程中起重要作用，表现为能够积善成性，并提出了“立志”“自得”“力行”的教育方法，其中“立志”即“志于道”，“自得”是要求学生要有道德修养的自觉性，而“力行”则强调将道德知识转变为实际行动，即强调知与行的统一，如此方能真正提高自身道德修养。

可见，无论是西方还是东方，在传统的人才标准中，人们都将高尚的道德品性列为第一位，而这些德性品质也正体现了先哲们对素养内涵的理解。

二、“能力”的观点——核心素养的现代理论

随着工业革命的发生和工业社会的到来，人们普遍加强了对专门行业技能及职业需求导向关键能力的重视。以“能力”为中心，20 世纪不同学科取向下的研究者对素养的概念内涵进行了新的思考与分析，使其变得更加丰富。对此，Stahl 和 Wild 追溯了素养概念在教育学、心理学和人力资源研究领域的发展，并对其发展历程进行了呈现（见图 1–1）。

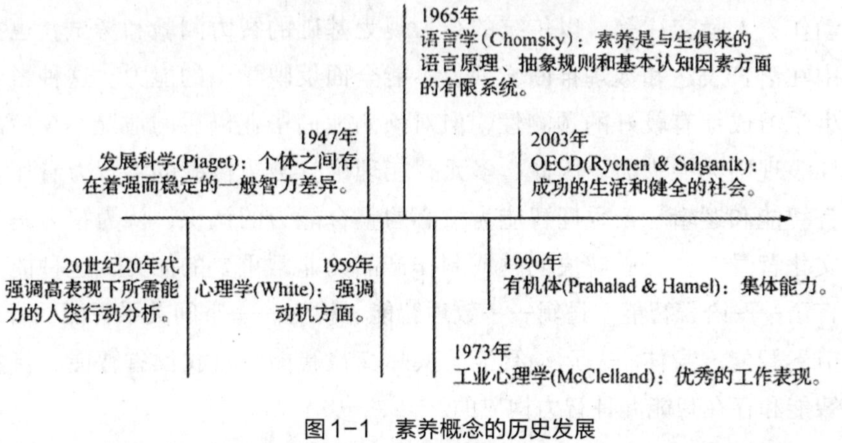

图 1–1　素养概念的历史发展

由图 1–1 可见，20 世纪有关素养的理论观点大都是“能力”本位的。

能力不同于知识和技能，但和知识、技能又有着密不可分的联系。在经合组织所主导的 DeSeCo 研究项目中，将能力定义为：在特定情境下通过心理——社会互动，成功达成复杂要求的素养。这一含义经历了复杂的演变过程。

20 世纪 20 年代，能力本位的理念最早为职业教育所使用，通过对人行动的科学分析，用以探讨职业领域高成就所需要的能力。20 世纪 40 年代，皮亚杰在发展科学领域将能力解释为一般智力，并指出这种一般智力具有强而稳定的个体差异，个体在不同发展阶段通过同化、顺应双向建构过程，不断实现个体与环境的交互作用，用以建构知识与能力。20 世纪 60 年代，Chomsky 在能力——表现模型（competence-performance model）中提出了“与生俱来的语言能力”。70 年代，被誉为“素质研究之父”的美国著名心理学家麦克利兰在其《测量能力而非智力》（Testing for Competence Rather Than for Intelligence）一文中提出，能力包括了动机、特质、自我概念、态度或价值、知识，在工作上与优越表现有关的认知或行为技能。

20 世纪 90 年代，Prahalad 和 Hamel 提出了“集体能力”（collective competence）的概念，对传统的“个人能力”观点进行了发展。哈佛大学的加德纳（Gardner，1991）则通过提出多元智能理论（Theory of Multiple Intelligences），为我们理解能力或素养的概念内涵提供了新视角。加德纳认为，传统的智力观过于狭窄，把智力主要限于语言和数理逻辑能力方面，忽略了对人的发展具有同等重要性的其他方面，如音乐、空间感知、肢体动作、人际交往等。以传统的智力观为基础的智力测验和考试，也主要集中在语言表达和数理推断方面，不能全面反映学生的能力。这种考试对学生学习成绩有较好的预测性，但对预测他们毕业以后的情况、今后的潜力和表现则无能为力。因此，多元智能理论打破了传统的将智力看作是以语言智能和逻辑——数理智能为核心的整合能力的认识，认为智力是在特定文化背景或社会中解决问题或制作产品的非常重要的能力，这种能力是由言语——语言智能、逻辑——数理智能、视觉——空间关系智能、音乐——节奏智能、身体——运动智能、人际交往智能、自我反省智能、自然观察智能和存在智能九种智力构成的。

1993 年，Spencer 等人提出“冰山模型”，以此阐述了素养的内涵。他们认为素养既包括外显表现，也包括潜在特质，是指一个人所具备的外显特质（competence）和潜在特质（competency）的总和，是执行某项特定工作时所需要具备的关键能力。其中，潜在特质是人格中深层、长久不变的部分，具有跨领域性，能够在不同的职务或工作中对个体的思考或行为表现加以解释或预测。这一观点可以追溯至20世纪初英国心理学家Spearman提出的能力二因素论（Two Factor Theory），该理论认为能力是由一般因素G（general factor）和特殊因素S（specific factor）两个部分构成的。G体现在各种活动中，是人人都有的，只是各人的量值不同；S则对应于各种特殊的能力，因人而异。

1996年，联合国教科文组织在《学习：财富蕴藏其中（Learning：The treasure within）》报告书中提出“四大学习支柱”：学会求知（learning to know）、学会做事（learning to do）、学会共处（learning to live together）、学会发展（learning to be）。2003年增加了学会改变（learning to change）（见表1-1）。在“五大学习支柱”中，如果说前两者更多的是在传统教育中充实了新的内容，那么，后三者则着眼于21世纪以人为中心的可持续发展而提出的全新教育目标。这些情况显示，联合国教科文组织强调教育的使命就是使人获得终身学习关键能力，学会学习，使学习成为每个学生的课题和全体社会成员借以发展的“内在财富”。同时，也显示能力本位的人才培养观已悄然发生变化。

表1-1　UNESCO终身学习关键能力内涵

终身学习关键能力维度	终身学习关键能力具体内容	
A 学会求知	A1 学会学习	A3 记忆力
	A2 注意力	A4 思考力
B 学会做事	B1 职业技能	B4 创新进取
	B2 社会行为	B5 冒险精神
	B3 团队合作	
C 学会共处	C1 认识自己的能力	C3 同理心
	C2 认识他人的能力	C4 实现共同目标的能力
D 学会发展	D1 促进自我的精神	D3 多样化表达能力

续　表

终身学习关键能力维度	终身学习关键能力具体内容	
D 学会发展	D2 丰富的人格特质	D4 责任承诺
E 学会改变	E1 接受改变	E3 主动改变
	E2 适应改变	E4 引领改变

综上，基于工业社会的需求，在整个20世纪，能力的概念被广泛使用，并出现了诸如多元智能、外显能力与潜在能力等重要的理论观点，但人们对素养（competence）的理解主要还是停留在能力（ability）的层面上，没有全面考虑到人的健全发展所需的情感、态度、价值观等层面。

三、“素养”的观点——核心素养的当代理论

20世纪90年代以来，随着以Google、Facebook、Twitter等全球化网络信息科技为代表的“现代社会”及“后现代社会”的到来，为了适应复杂多变与快速变迁的信息化时代的多元需求，传统的能力（ability）、技能（skill）、知能（literacy）等概念已经不再适用。人们对这些概念的内涵进行了扩展与升级，提出了同时包括“知识”“能力”与“态度”的“素养”概念，并从“关键”或“核心”的角度加强了论证，强调“核心素养”（key competencies）才是培养能自我实现与社会和谐发展的高素质国民与世界公民的基础。

“素养”受到世界各国重视并将之纳入教育改革与课程改革的核心，主要源于联合国教科文组织、欧洲联盟[European Union，简称欧盟（EU）]、经合组织等国际组织的影响（蔡清田，2011a，2011b，2011c）。1996—2003年，联合国教科文组织提出“五大学习支柱”，对能力本位的人才培养观进行了反思和革新。2000年，里斯本召开的欧盟高峰会，则确认要从“终身学习”的角度，为教育与训练系统建构一套“关键能力”（key competence）。1997—2005年，经合组织广泛邀请哲学、人类学、心理学、经济学、社会学等各领域专家，开展了为期近九年的“素养的界定与遴选”研究项目，对素养进行了深入探讨。在该研究项目中，competence与competency是同义词，都作“素养”一词来理解。同时其复数形式“competencies”也得到使用，

意指各种不同的素养。总体而言，素养涵盖了知识、技能及态度的集合。

与上述国际组织的观点一致，Jones 和 Voorhees（2002）等学者在研究中指出，素养是知识、技能、能力在相关工作领域与个体特质相互作用的结果，是个体学习经验的整合，并通过一定的方式表现出来。在这一过程中，个体的特质属于最基础层面，个体特质通过与学习过程中已经习得的知识、技能和能力等认知成分的相互作用，形成一种整合的素养。内在素养会通过一定方式表现出来，可以通过对这些表现的评价来评估素养。其模型具体如图 1-2 所示。

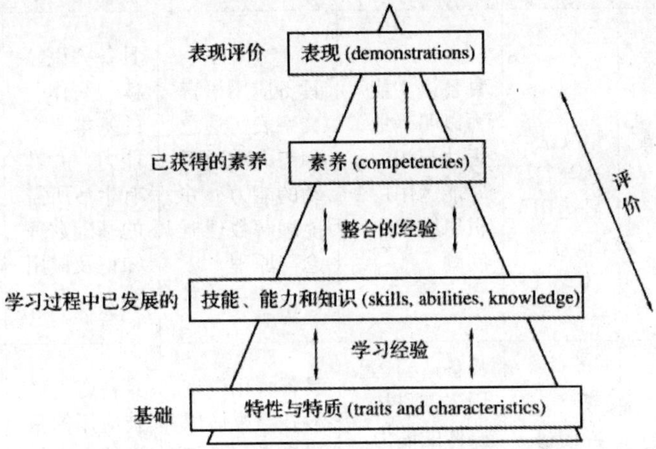

图 1-2 素养的形成与表现

基于经合组织“素养的界定与遴选”的研究，中国台湾的学者近年来也开始进行有关国民核心素养的研究（如陈伯璋等，2007；洪裕宏，2008）。其中，蔡清田（2010，2011a，2011b，2011c）对课程改革中的“素养”问题进行了系统研究。他提出，素养是指个体为了健全发展，必须满足生活情境需求所不可或缺的知识（knowledge）、能力（ability）或技术能力（简称技能,skill）和态度（attitude）。“素养”一词强调整体的概念，包含知识、能力与态度等层面，与认知、情意与技能的教育目标价值导向相契合，比“能力”一词更适合当今社会。他进一步提出，核心素养是指较为核心而重要的素养，是指个体为了发展成为一个健全个体，必须适应生活情境需求，所不可欠缺的知识、能力与态度的全方位国民的核心素养（蔡清田，2011a，2011b，2011c）。核心素养不同于一般素养，需要通过各教育阶段的长期培养得以形成。其具体内涵包括3个维度9种成分：（1）沟通互动（①语文表达与符号运用，②咨询科技与媒体素养，③艺术欣赏与生活美学）；（2）社会参与（①公民责任与道德实践，②人际关系与团队合作，③国际理解与多元化）；（3）自主行动（①身心健康与自我实现，②系统思考与问题解决，③规划执行与创新应变）。具体见表1–2（蔡清田，2011c）。

表1–2　核心素养具体内涵及各教育阶段重点

关键要素	核心素养层面	核心素养具体内涵	18岁	15岁	12岁	6岁
终身学习者	沟通互动	语文表达与符号运用	具备语文能力以明确地表达与沟通，并能运用逻辑思维解决问题	具备应用语言文字表情达意和与人沟通互动的能力，并能理解数理概念与原理	具备“说、读、写作”的基本语文能力，并具有生活所需的基础数理知识及应用能力	具备体验与觉知肢体、口语、图像与文字的能力，并能运用简单的语文或数学符号绘图或记录
		咨询科技与媒体素养	具备适当运用咨询科技媒体的能力与正向态度，并能进行媒体识读与批判	具备善用咨询科技与媒体以增进学习的能力，并能察觉人与科技的互动关系	具备咨询科技应用的基本能力，并能理解传播媒体内容的意义	具备运用生活中基本的咨询科技操作能力，并能丰富生活与扩展经验
		艺术欣赏与生活美学	具备欣赏艺术与生活关联的能力，并能在生活环境中鉴赏艺术与表达美感	具备积极参与艺术活动的态度，并能欣赏各种艺术的风格和价值，以了解艺术与生活环境的关系	具备生活艺术创作与欣赏的能力，并能在生活环境中展现美学涵养	具备感官探索、觉察与赏析生活中各种美好事物的能力，并能运用各种素材表现创作

续　表

关键要素	核心素养层面	核心素养具体内涵	18 岁	15 岁	12 岁	6 岁
终身学习者	社会参与	公民责任与道德实践	具备公民意识与社会责任感，并能积极关心环境生态及参与社会公共事务	具备民主素养与法治观念，培养道德价值观与实践能力，并能主动参与团体事务及关心生态环境	具备生活道德知识与是非判断能力，并能遵守社会道德规范，陶冶关心环境的意识	具备主动参与团体活动与遵守规范的能力，并能在生活中展现尊重与关怀
		人际关系与团队合作	具备尊重与关怀的人际互动关系，并能展现团队合作与沟通协调的精神与能力	具备良好的沟通表达能力，并能相互合作及与人和谐活动	具备理解他人感受的能力，乐于与人互动，并能与团队成员合作	具备与人协商及关心身旁人、事、物的能力，并能调整自己的态度与行为
		国际理解与多元化	具备多元文化的素养与国际化视野，并能主动关心全球议题或国际形势	具备敏察和包容多元文化的涵养，关心本土与国际事务，并能尊重与欣赏差异	具备关心本土与国际事务的能力，并能认识与尊重文化的多元性	具备理解与欣赏人己之间差异的能力，并能接纳多元文化的态度
	自主行动	身心健康与自我实现	具备维护身心健康及发展个人潜能之能力，并能肯定自我价值与实现理想	养成良好的身心健康习惯，并能展现自我潜能、肯定自我价值、积极实践	养成良好的生活习惯，具备身心保健的能力，并能认识个人特质及发展潜能	具备生活自理能力与良好的生活习惯，并能表达自我需求与选择
		系统思考与问题解决	具备系统思考、分析与探索能力，并能积极面对挑战以解决问题	能洞察情境全貌，并能独立思考进行分析，运用适当的策略解决日常生活问题	具备探索问题的思考能力，并能通过体验与实践处理日常生活问题	具备探索环境与发现问题的能力，并能思考问题发生的原因，尝试解决问题

续　表

关键要素	核心素养层面	核心素养具体内涵	18 岁	15 岁	12 岁	6 岁
终身学习者	自主行动	规划执行与创新应变	具备规划、实践与检讨反省能力，并能以创新的态度与作为适应新的情境或问题	具备善用资源以拟定计划，并能有效执行，发挥主动学习与创新求变的能力	具备拟定计划与实践的能力，并能以创新思考方式，适应日常生活情境	具备以图示或符号构思工作计划的能力，并能适应生活情境调整活动的进行

四、启示

回顾以往学者们对核心素养概念的界定，可以得到如下启示。

1. 核心素养概念的演变与人类进步和社会发展密切相关，是社会生产力与生产方式发展变化的产物。历史上不同时期人们所持的不同理解，反映的都是当时社会发展的需求，是当时的人们对“教育应培养什么样的人”这一问题的答案。在以农业经济形态为主导的古代社会背景下，人才的培养重视道德品性；在以工业经济形态为主导的现代社会背景下，人才的培养重视能力本位；而在以信息经济、低碳经济等经济形态为主导的当代社会背景下，人才的培养则需要重视核心素养，它反映了当今时代社会发展的需求。

2. 核心素养是一个复杂的结构，其所涉及的内涵，并非单一维度，而是多元维度的。素养不只重视知识，也重视能力，更强调态度的重要性。一个人即便再有能力，如果没有正确的态度，仍称不上具备“素养”。“素养”要比“能力”的内涵更为宽广，可超越传统的知识和能力，并能纠正过去重知识、重能力、忽略态度的教育偏失（蔡清田，2010）。

3. 核心素养的范畴超越了行为主义层面的能力，涵盖态度、知识与能力等方面，体现了全人素养或全方位的素养，契合我国传统文化“教人成人”或“成人之学”的特色育人观，与《国家中长期教育改革和发展规划纲要（2010—2020 年）》提出的“促进人的全面发展、适应社会需要”的教育质量根本标准一致，有利于在实际教育教学工作中培养德智体美全面发展的社会主义建设者和接班人，完成党的十八大报告所强调的“立德树人”的教育工作根本任务。

4. 核心素养的形成与发展是个不断丰富、优化的动态模式。从个体层面来看，人的素养不是与生俱来的，它有一个形成、发展和逐渐趋于成熟的动态过程，即个体的核心素养是在动态的教育过程中不断丰富和发展起来的；从社会层面看，社会的发展是不断递进超越的进程，它对人才的需求也随之重组更新，而核心素养的内涵也就与之齐头并进，具有鲜明的时代性，这也是其生命力和活力的彰显。总之，核心素养的内涵具有指向未来、不断优化发展的动态性。

第二节　发展学生核心素养的国际共识

在当今教育改革浪潮中，联合国教科文组织、欧盟、经合组织等国际组织，以及世界各个国家和地区都对以“素养”为核心的未来教学和课程给予了高度的关注，以学生核心素养推动教育和课程改革已经成为大势所趋。世界范围内各国政府与组织对核心素养的理解到底是什么？对此，需要进行核心素养概念的国际横向比较。本节总结了经合组织等三大国际组织，以及教育质量较高、经济较为发达，并与我国政治、经济、社会、文化等因素相对接近的若干国家（包括美国、英国、法国、澳大利亚、德国等）对核心素养概念及内涵的界定。

一、经合组织对核心素养的界定

经合组织于 20 世纪 90 年代开始推行“国际学生评价项目”（Programme for International Student Assessment，简称 PISA），旨在对 15 岁学生的数学、科学及阅读进行持续、定期的国际性比较，测试他们是否具备参与未来社会所必需的基础知识和基本技能，并建立定期循环（每三年）的评价指标，为各国制定教育政策提供参考，以此来审视、评估国家及学校教育的整体成效。结果发现，在大部分会员国的公民身上，成年生活所需的关键知识与技能仍有待加强，甚至有些国家有超过三分之一的学生无法完成适当难度的阅读任务，而这实际上却是他们所应具备的核心素养之一。为了促使各国重视公民的核心素养，自20世纪90年代中期之后，经合组织即积极关注素养的界定与调查研究，于1997—2005年实施了大规模的跨国研究项目——“素养的界定与遴选：理论框架与概念基础”（DeSeCo），成为有关核心素养的最有代表性的项目。

DeSeCo从一个广泛的跨学科视角来探讨核心素养，致力于建构一个核心素养的总体概念参照框架，从而为指标的研制和实证结果的解释提供参考，鼓励理论和实践的相互促进，为政策决策者提供参考信息（见图1-3）。该项目指出，核心素养可以使个人拥有良好的、成功的生活。这种成功的生活表现为与他人具有亲密的关系，理解自我和自身所处的世界，与自身的生理和社会环境自主互动，拥有成就感和愉悦感。同时，核心素养对多样的社会和个人均具有包容性，它回答的问题是，普通人要想在社会中安身立命，同时能够应对日新月异的技术发展，需要哪些素养。DeSeCo认为，核心素养是对每个人都具有重要意义的素养，是帮助个人满足各个生活领域的重要需求并带来益处的素养，核心素养必须有价值且可产生经济与社会效益，并且这些素养是能够发展与维持的。

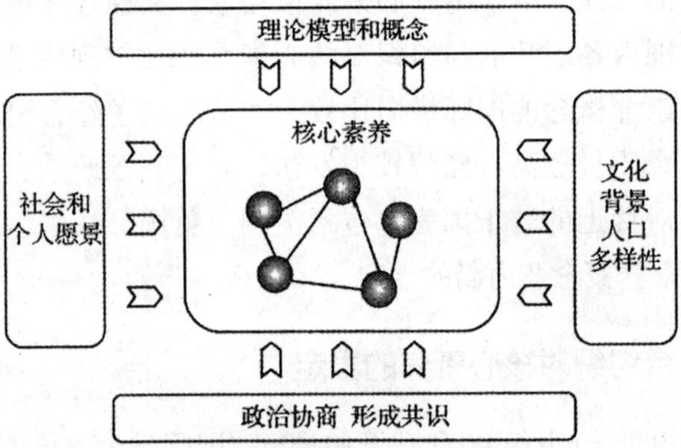

图1-3 DeSeCo对核心素养的界定方案

基于对核心素养的价值定位，DeSeCo将核心素养界定为：个人实现自我、终身发展、融入主流社会和充分就业所必需的知识、技能及态度的集合，它们是可迁移的，并且发挥着多样化的功能。在义务教育结束时，学习者应该具备这些基本的关键素养，并且在后续的终身学习中继续发挥其基础性作用。具体来说，对核心素养概念的界定分为三个维度（OECD，2005）（见表1-3），这些方面对个体适应不同的情境分别起着重要作用。

表1-3　经合组织核心素养的维度与具体内容

核心素养维度	核心素养具体内容
A 能互动地使用工具	A1 互动地使用语言、符号及文本的能力 A2 互动地使用知识与信息的能力 A3 互动地使用科技的能力
B 能在异质社会团体中互动	B1 与他人建立良好关系的能力 B2 合作的能力 B3 控制与解决冲突的能力
C 能自主地行动	C1 在复杂大环境中行动的能力 C2 设计人生规划与个人计划的能力 C3 维护权利、利益、限制与需求的能力

在经合组织对核心素养的界定中，还强调素养的可教性、可学性（蔡清田，2011a，2011b，2011c）。素养不仅可以规划、设计、实施、教学与评价，而且必须经由学习过程进行培养。换言之，“能互动地使用工具”“能在异质社会团体中进行互动”，以及“能自主地行动”等素养，都可以通过学校教育与课程设置使学生获得，并在他们完成学习之后进行相应的评价。

二、联合国教科文组织对核心素养的界定

1996 年，联合国教科文组织发布《学习：财富蕴藏其中》的报告，在终身学习的思想指导下界定了“学会求知、学会做事、学会共处、学会发展”四大终身学习支柱，而后联合国教科文组织教育研究所（UNESCO Institute for Education，简称 UIE）于 2003 年又提出了“学会改变”的第五支柱，并将这“五大学习支柱”作为“21 世纪社会公民必备的基本素质”。这一前瞻性的思想更加关注人终身的全面发展，为教育以人为本的理念奠定了思想基础。

2012 年，联合国教科文组织在《全民教育监测报告》中估算，全世界至少有 2.5 亿名小学生读、写、算不能达标。为全面提高世界各国的教育质量，教科文组织和美国著名智库机构布鲁金斯学会联合启动了“学习指标专项任务”（Learning Metrics Task Force，简称 LMTF），由联合国教科文组织统计所（UNESCO Institute for Statistics UIS）和布鲁金斯学会下设的普

及学习研究中心（Center for Universal Education，简称 CUE）负责具体工作。2013 年 2 月，LMTF 发布了《向普及学习迈进——每个孩子应该学什么（Towards Universal Learning：What Every Child Should Learn）》的研究报告。该研究在深入分析世界各国、各地区教育质量监控项目的基础上，充分征求了全球 500 余名专家学者的意见，提出检测学生学习成果的七个维度，即对儿童和青少年而言最重要的七个学习方面：身体健康、社会情绪、文化艺术、文字沟通、学习方法与认知、数字与数学、科学与技术。

虽然 LMTF 强调这七个维度只能用于检验学生学习成果，未必适用于政策制定和课程教学。但该项目确实建构了基础教育阶段学生应该达成的学习目标体系，可以看作是对学生应具备的核心素养的一种描述，对我国基础教育的发展有重要的启发意义：第一，该学习指标体系非常重视基础教育阶段学生思维能力和工作方式的培养，不仅将“学习方法与认知”作为一个单独的维度，凸显思维能力和工作方式培养的重要性，而且在其他指标维度中也处处渗透着培养学生创造性思维、批判性思维、尊重、沟通、合作和解决问题的能力；第二，非常重视学生社会性能的发展，其中“社会情绪”维度清晰地解释了不同年龄段学生该如何认识自我、认识他人和认识社会；第三，非常重视信息技术能力的培养，LMTF 明确提出应培养学生的信息技术意识和能力，在不同的学习阶段能够有效地运用相应的信息技术；第四，非常重视知识与实践的紧密结合，以数学为例，该指标体系要求学生不仅要掌握基本的识字、运算、代数、几何、统计等相关知识，还要求学生能够用代数模型来解决现实生活中的问题；能够在现实生活中根据数字信息选择商品，并判断收益，能够通过非正式的方式管理个人和家庭的财政（滕珺，2013）。

三、欧盟对核心素养的界定

相较于联合国教科文组织和经合组织，欧盟虽提出核心素养的架构较晚，但却非常完整。欧盟执委会于 2005 年发表《终身学习核心素养：欧洲参考架构》（European Commission，2005），其中指出，“素养”是适宜特定情境的知识、技能和态度的组合。在此基础上，“核心素养”是指一个人在知识社会中自我实现、社会融入，以及就业所需要的素养，其中包括知识、技能与态度。欧盟对核心素养的定位是在义务教育与培训阶段结束之前，年轻人应该具备这些素养，以使他们能够过好成年生活，并以此作为终身学习的基础。同时，按照终身学习的观点，强调需将所有教育与训练系统及成人教育部门纳入其中，希望成年人在其整个生涯中都不断地发展、维持与更新这些素养。欧盟明确界定了终身学习的八大关键素养，涵盖母语交流、外语交流、数学素养与科技素养、数字化素养、主动与创新意识、学会学习、社交和公民素养、文化意识与表达，可将其按经合组织的三维度模型进行归类整理（见表 1–4）。

表1–4　欧盟核心素养的具体内容

核心素养维度（参考经合组织）	核心素养具体内容
A 能互动地使用工具	A1 母语交流 A2 外语交流 A3 数学素养与科技素养 A4 数字化素养
B 能在异质社会团体中互动	B1 主动与创新意识 B2 学会学习
C 能自主地行动	C1 社交和公民素养 C2 文化意识与表达

这些核心素养的内容，是由欧盟会员国的政策决策者、学者专家、实务工作者等各领域人士共同参与制定的，过程可谓相当慎重。部分核心素养彼此重叠及联结，并且相互支持。语言、识字、数学，及信息与科技能力等基本技能是必要的学习基础。学会学习的能力则支持一切学习活动的开展。此外，批判性思维、创造力、主动积极、问题解决、风险评估、做决定能力等贯穿于上述八项核心素养之内，并且扮演着重要角色。

表 1–5 对上述三个组织的核心素养概念界定进行了比较。

表1–5　经合组织、联合国教科文组织与欧盟对核心素养界定的比较

	经合组织	联合国教科文组织	欧盟
概念内涵	3 类核心素养； 9 项具体能力	7 类核心素养；32 – 36 项具体成分（视不同教育阶段而定）	8 类核心素养；含知识、技能与态度维度

续　表

	经合组织	联合国教科文组织	欧盟
提出时间	始于 1997 年，迄今仍持续发展	始于 2012 年，2013 年发布	始于 2005 年，2006 年经欧洲议会采用
背景缘起	知识经济时代需要建构创新能力	为全面提高世界各国的教育质量	促进欧洲社会融合与满足知识社会的需求
发展目标	开发成功的生活与功能健全的社会	确定哪些方面的学习对所有的儿童和青年最为重要	建立全民终身学习的欧洲，促使欧洲成为最具竞争力的经济体
主要负责组织	瑞士联邦统计局	联合国教科文组织统计所，普及学习研究中心	欧盟执委会
指标性质	操作性指标	操作性指标	操作性指标

四、西方主要国家对核心素养的界定

美国在面对重大经济变迁及学生学习能力无法适应社会的情况下，由戴尔、苹果、思科、英特尔等大公司集合在一起，创办了“21 世纪技能联盟”（Partnership for 21st Century Skills，简称 P21），其中主要合作的伙伴有州立学校首席官员委员会（Council of Chief State School Officers，简称 CCSSO）以及国际科技教育学会（International Technology Education Association，简称 ITEA）。由此可知，美国核心素养的确定主要通过业界提供相关经费的赞助，支持相关单位进行研究，最后提出符合当今社会所需的素养。概括起来，美国的核心素养主要指所有学生或工作者都必须具备的能力，其发展目的在于培养具有 21 世纪工作技能及核心竞争能力的人，确保学生从学校所学的技能能够充分满足后续大学深造或社会就业的需求，成为 21 世纪称职的社会公民、员工及领导者。具体来说，21 世纪技能联盟提出的核心素养包括生活与职业生涯技能，学习与创新技能，信息、媒体与科技技能等方面。参照经合组织及蔡清田（2010，2011a，2011b，2011c）的观点，将这些核心素养的具体成分划分为 3 个维度 20 项内容（见表 1–6）。

在英格兰的教育体系中，核心素养是指为了适应将来的生活，年轻人需要具备的关键技能（key skills），以及学习、生活和工作所需的资质。其中的关键技能，主要是一种普通的、可迁移的、对劳动者的未来发展起关键性作用的能力。在苏格兰的教育体系中，使用核心技能（core skills）这一概念，是指为了全面成为一个活跃与负责任的社会成员所必须具有的广泛的、可迁移的技能。与美国类似，英国对核心素养概念的界定也可归为三个方面（见表1–6）。

在法国，“socle（foundation or core）of competences”表示基本素养或核心素养。该词在法语中专门用于义务教育中基于学科和跨学科的素养，强调这些素养是终生学习的基础。法国的素养模型认为一个人的职业能力是与知识（savoir）、技能（savoir–faire）和社交能力（savoir– être）三个方面密不可分的。素养反映了学习的动态过程，知识的积累与传递过程。法国对素养的归纳来自于工作内容分析，这个模型同时是课程编制和测评的基础，其具体界定分为两个方面（见表1–6）。

澳大利亚的核心素养也称为综合职业能力或关键能力，是指为有效参与发展中的工作形态与工作组织所必要的能力。其所强调的并非某个学科或某一职业领域所具有的知识和技能，而是学生终身发展所需要的能力，是一般性的。这项特性也意味着核心素养不仅能帮助学生有效参与工作生活，也能帮助学生有效地接受继续教育或更广泛地参与成人世界。1991年9月，澳大利亚成立“梅尔委员会”（Mayer Committee），1992年2月，该组织提出：公民的核心素养（Mayer Committee，1992）是准备就业的基础；是所有类型职业都适用的一般能力，而非某些行业所需的专门能力；使个体能有效地参与社会环境，包括工作与成人生活的环境；包括对知识和技能的整合与应用；是可学习的；必须能够有效地评价。具体来说，核心素养包括下列7项关键能力（Mayer Committee，1992）：收集、分析与组织信息的能力；沟通观念与信息的能力；规划与组织活动的能力；与他人合作及在团体中工作的能力；运用数学概念及技巧的能力；运用科技的能力；解决问题的能力。同样，为了便于比较，参照经合组织及蔡清田（2010，2011a，2011b，2011c）的观点，也将这些核心素养的具体成分划分为3个维度（见表1–6）。

表1-6　美、英、法、澳、德核心素养的具体内容

维度 国家	A 能互动地使用工具	B 能在异质社会团体中互动	C 能自主地行动
美国	A1 沟通技能 A2 阅读理解 A3 通过写作传达观点 A4 说清楚使他人理解 A5 积极地倾听 A6 批判地观察	B1 人际技能 B2 与他人合作 B3 引导他人 B4 提倡与影响 B5 解决冲突和协商	C1 决策技能 C2 解决问题和做决定 C3 计划 C4 终身学习技能 C5 使用数学来解决问题并与他人沟通 C6 担负学习的责任 C7 通过研究来学习 C8 反省与评价 C9 使用信息和沟通技术
英国	A1 有效的沟通，运用数学 A2 运用科技与信息 A3 熟悉现代语言	B1 个人与人际技巧 B2 与他人合作	C1 解决问题 C2 处理变化 C3 学习与自我提升
法国	A1 掌握法语 A2 掌握数学基本知识 A3 至少会运用一门外语 A4 掌握信息与通信的常规技术	B 具备自由履行公民责任的人文与科学文化	
澳大利亚	A 培养创造科技的能力，尤其是信息和通信的技术	B1 培养自信乐观的生活态度，使其渗透于潜在生活，家庭社区以及工作生活内 B2 赋予道德判断和社会正义伦理的观念，以培养理解世界和对自己行为负责任的能力 B3 成为积极欣赏与理解澳洲政府与市政的公民 B4 理解工作环境与技能 B5 理解且关心自然环境的管理工作、生态维持与发展，并拥有相关的知识技能与态度	C1 具备解决问题以及交流资讯并且计划组织活动的能力 C2 建立并保持健康的生活模式，具备创新并满意的使用，能够充分利用休闲时间的技能和态度

续　表

维度 国家	A 能互动地使用工具	B 能在异质社会团体中互动	C 能自主地行动
德国	A1 有关工作及跨越不同职业领域的知识 A2 判析关系的能力 A3 冲突管理 A4 解决问题 A5 外语的掌握 A6 媒体素养 A7 终身学习的意愿与能力	B1 国际合作能力 B2 交流沟通的能力 B3 领导能力	C1 责任感 C2 勇于进取 C3 自我控制 C4 决策能力 C5 抗压性 C6 创造性 C7 批判性判断 C8 独立行动的能力

在德国，梅腾斯于1974年从职业教育角度首先提出了关键能力的概念，即指那些与特定的专业技能不直接相关的知识、能力和技能，是在各种不同场合和职责情况下做出判断选择的能力，是胜任生涯中不可预见的各种变化的能力。关键能力可以理解为跨专业的知识技能和能力，由于其普遍适用性而不易因科学技术进步而过时或被淘汰。德国对核心素养概念的界定分为专业能力、社会能力、自主能力三个方面（见表1–6）。由于是从职业教育中发展起来的，德国的关键能力内涵和分类具有很强的实践性。

五、中国台湾地区对核心素养的界定

在参考经合组织“素养的界定与遴选”专项研究的基础上，中国台湾地区近年来也开始进行多项有关核心素养的研究（洪裕宏,2008；胡志伟等,2008；高涌泉等，2008；陈伯璋等，2007）。在这些专题研究计划成果报告中，核心素养被界定为能在中国台湾地区的社会文化脉络中，成功地回应情境中的要求与挑战，顺利完成生活任务，获得美好理想结果所应具备的素养。核心素养代表社会成员应该达成的共同素养，具有关键的、必要的、重要的、共同的特质，亦即核心素养是个人处于社会中必须具备的关键素养，不但是个人生活必需的素养，也是现代社会公民的必备条件，更是社会发展不可或缺的人力资本的重要素养。在具体内容上，中国台湾地区对核心素养的界定（洪裕宏，2011）同样也是以OECD的分类为框架的（见表1-7）。

表1-7　中国台湾地区核心素养的层面与具体内容

核心素养层面	核心素养具体内容	
A 能互动地使用工具	A1 阅读理解 A2 数学概念与技术运用 A3 审美能力	A4 沟通表达 A5 使用科技资讯 A6 学会如何学习
B 能在异质社会团体中互动	B1 国际理解（或素养） B2 多元包容 B3 社会参与与责任	B4 尊重与关怀 B5 团队合作 B6 处理冲突
C 能自主地行动	C1 反省能力 C2 创新思考 C3 独立思考 C4 了解自我	C5 问题解决 C6 主动探索与研究 C7 使用科技资讯 C8 组织与规划能力
D 展现人类的整体价值并建构文明的能力	D1 形式的逻辑能力 D2 哲学思想能力 D3 与生活相关的逻辑能力 D4 社会正义	D5 规范相关的逻辑能力 D6 意志价值追求相关的逻辑能力 D7 工具理性

六、启示

通过对大型国际组织及各国核心素养概念的内涵进行梳理，得到如下启示：

1. 核心素养为当代世界所普遍重视，是国际组织与各国政府在进行教育改革与课程改革时密切关注的热点。虽然各国际组织与政府在“核心素养”的具体表达方式上存在差异，但其思想是共通的，即都重视公民关键的、必要的、重要的素养。对“核心素养”的概念进行研究，可以顺应当前联合国教科文组织等国际组织所倡导的教育改革的国际潮流与课程改革的世界发展趋势，与经合组织所推行的“素养的界定与遴选”“国际学生评价项目”“国际成人素养评价项目”等跨国研究项目进行接轨。

2. 核心素养的界定总体上一致，但各国略有差异，一定程度上体现了其各自的民族与国家特色。例如，美国基于其信息经济极为发达的国情，将核心素养界定为生活与职业生涯技能，学习与创新技能，信息、媒体与科技技能等方面，发展目的则定位于培养具有21世纪工作技能及核心竞争能力的人，确保学生后续的大学深造或社会就业。法国根据对工作内容的分析结果，将核心素养界定为知识、技能和社交能力三个方面。德国对核心素养概念的界定是从职业教育中发展起来的，因此与职业工作密切相关，分为专业能力、社会能力、自主能力三个方面。中国台湾地区对核心素养的界定，则定位于能在当地的社会文化脉络中成功适应情境中的要求与挑战所需具备的素养。

3. 核心素养是一个多维度的概念，包括知识、能力与态度等多元层面。它不仅只是知识和能力，也是个人运用社会心理的资源，包括知识、能力和态度，以满足特定情境的复杂要求。例如，有效沟通的素养，包含运用个人的语言知识、信息科技能力，以及对于沟通对象所持有的态度。换言之，核心素养是知识、技能、态度情感的集合，具有整体性，不能孤立地分开进行单独培养或发展，尤其是当素养作为课程目标时，需更加强调其综合性和整体性。

4. 核心素养能够发挥多项功能，是对每个人都具有重要意义的素养。一方面，核心素养可以帮助个人满足各个生活领域的重要需求，有助于个体的升学、就业、融入主流社会、终身发展与自我实现以获得成功生活；另一方面，还可以帮助个体进行社会参与和与异质性群体互动，以达成共同目标，促成社会经济繁荣、政治民主、尊重人权与世界和平、生态持续性发展等人类理想的实现。

5. 核心素养的形成是在个人与社会协同作用下的渐进过程。各国际组织与政府所提出的核心素养内涵虽然存在差异，但均有相互融合与互补之处，并且都强调核心素养的获得是一个持续的、终身的学习过程。个体可以通过不同教育阶段的终身学习，有效地培养并提升自身的核心素养。除了学校，家庭、同伴、工作、政治生活、宗教生活和文化生活等都可以发展人的素养。核心素养的发展不仅是个人努力的结果，它还需要一个良好的社会和生态环境。

6. 核心素养是社会群体成员共有的素养，是个体终身发展所需要的素养，不同于具体职业中的专业素养。专业素养是个人专业生涯发展中成功完成每一项专业工作所需的知识、能力与态度，其强调的是就业训练价值功能与结果本位导向，面向的是特定行业人员；而核心素养则是每名社会成员为了顺利地生活、工作所需的基本知识、能力与态度，其强调的是教育价值功能与过程本位导向，面向的是社会全体成员。

7. 核心素养的架构应兼顾个体与符号（工具）使用、自我发展及与社会之间的关系。经合组织所开展的 DeSeCo 项目将核心素养概念的界定分为三个维度，分别是“能互动地使用工具”“能在异质社会团体中互动”“能自主地行动”。这一框架具有较大的普遍性与概括性，基本能够涵盖多个发达国家所提出的核心素养内容，反映了个体与符号（工具）使用、自我发展及与社会之间的关系。未来对核心素养内涵的界定也应兼顾这些关系。

第三节　学生核心素养的概念与内涵

核心素养的概念从最初萌芽到今天经历了一个长期的发展过程，历史上不同取向下的素养定义都有其特定的前提或目的，是由个人或组织基于各自的时代背景、社会发展需要及现实目的而提出的。考虑到当前我国的教育改革与发展的实际情况，应该对核心素养概念的内涵作何理解呢？

一、核心素养概念的辨析

为真正把核心素养的构想融合到课程、评估和教育实践中。各国在推行国家课程和教育目标的过程中，对核心素养的概念内涵和结构框架展开相应的理论、政策和实践研究，并作为研究成果提出不同的概念表述。例如，经合组织、欧盟、联合国教科文组织和澳大利亚均称为“key competencies”，英、法、德等国称为“key skills”“core skills”或“basic skills”，美国称为“workplace know-how”“21st century skills”“core skills”，新西兰称为“key competence”“essential skills”，韩国称为“key competencies”“critical competencies”。此外，在经合组织的大规模跨国研究项目“素养的界定与遴选”中，研究人员在“key competencies”“core competencies”“key skills”“core skills”等概念上也交互使用（张钿富等，2010）。可见，对核心素养这一概念的表述，世界上有多种不同的方式方法。对应于国际上的各种表述，包括中国台湾地区在内的我国研究者在核心素养概念的翻译上也不尽相同，出现了包括核心素养、核心能力、关键能力、基本能力等不同的译法。考虑上述情况，本节在与英文的互动上基于内涵层面而不是字面层面，在借鉴经合组织等国际组织相关研究的基础上，主要使用"核心素养"这一提法。

（一）对"素养"一词的辨析

1. "素养"一词的语义分析

"素养"所对应的英文词主要有"competence"（或"competency"）"skill"和"ability"等。其中，"competence"源于拉丁文"cum"（with）和"petere"（to aspire），是指伴随着某件事或某个人的知识、能力与态度。也有人将此拉丁文解释为"认知"（cognizance）的察觉和"责任"（responsibility）的态度（Weinert，1999），是指欲达到特定目标所具有的知识、能力、熟练度、技能与态度。在现代语言中，"competence"意指"the ability to do something successfully or effi-ciently"，还指"the scope of a person or group' s knowl-edge or ability"[《新牛津英汉双解大词典(第2版)》，上海外语教育出版社，444 页]。"skill"是指"the ability to do something well"[《新牛津英汉双解大词典(第 2 版)》，上海外语教育出版社,2 061 页]，而"ability"则指"the capacity to do something"[《新牛津英汉双解大词典（第 2 版）》，上海外语教育出版社,4 页]。可见，"competence"的表述较为全面，更贴近中文"素养"一词的意义。因此，经合组织于 1998 年开始推行"素养的界定与遴选"研究项目时，舍弃"skill"一词，采用"competence"一词来表述素养，用以表明素养的内涵涉及知识、技能、态度的组合。此外，中国台湾学者陈伯璋等人（2007）也指出，"competence"与"competency"两者都是指个体为了发展成为一个健全的个体，必须适应未来混沌复杂的生活情境需求，所不可欠缺的知识、能力与态度的"全人"素养或"全方位"素养。素养不只是知识，也不只是能力（OECD，2005），其内涵包括知识、能力或技能、态度（Salganiketal，2003）。从这一角度而言，素养（competency）应该以复数形式（competencies）出现，才能更好地表达这一概念的多维度与多层面性。

在中文里，"素养"意指"平日的修养"[《现代汉语词典（第 5 版）》，商务印书馆，1 302 页]，而"修养"则是指"理论、知识、艺术、思想等方面的一定水平。也指养成的正确的待人处事的态度”[《现代汉语词典(第5版)》,商务印书馆,1 533 页]。“素养”的近义词包括“素质”“能力”,还有“技能”“知能(literacy,有时也译为‘素养’)”等。其中,“素质”是指“人的神经系统和感觉器官上的先天特点,也指事物本来的性质”[《现代汉语词典(第5版)》,商务印书馆,1 302 页]。而“能力”则指“能胜任某项任务的主观条件”[《现代汉语词典(第5版)》,商务印书馆,990 页]。相较而言,“素养”一词更为全面,体现为个体在面对生活情境中的实际问题与可能的挑战时,能运用知识、能力与态度,采取有效行动,以满足生活情境的复杂需要,达成目的或解决问题,是个人生活必须的条件,也是现代社会公民必备的条件(蔡清田,2010)。

2.“素养”与“素质”

“素质”一词在词典中的解释是:人的神经系统和感官上天生的特点,也指事物本来的性质、人的本性。在生理学中,素质是指人的先天生理解剖特点,主要指神经系统、脑、感觉器官和运动器官的特点;在心理学中,素质也有此种含义,并强调是人的心理发展的生理条件,但不能决定心理内容与发展水平。在教育学中,素质的内涵更为广义,是指人在先天生理基础上,通过后天环境影响和教育训练所获得的、内在的、相对稳定的、长期发挥作用的身心特征及其基本品质结构。因此,人们对“素质”的理解存在广义与狭义之争。从教育的本质和功能来看,素质教育中的“素质”主要是指可以塑造的素质,或者说是指可以培养的素质,素质教育中的“素质”虽然也有其相对稳定的一面,但着眼点是指发展中的素质。在这一点上,“素质”与“素养”的含义非常接近。由于一定程度上素质教育是相对于“应试教育”而言的,虽然在“素质教育”中强调对学生“素质”的培养,但素质教育中的“素质”一词尚不能在内涵上完全凸显“素养”的含义。

3.“素养”与“能力”

“能力”(ability)一词在工业社会背景下曾经得到人们的广泛使用,可以理解为是个体所具有的、能胜任某种活动的实力,或者是能够开展或胜任某一项工作的技术能力。可以是先天遗传下来的,也可以是从后天习得的,其范围比较狭隘而不完整,尤其是不包含态度、情感等层面。相对而言,“素养”要比“能力”的内涵更为宽泛,它不仅包括能力,还包括知识、态度、情感、价值观等层面。很明显,如果让学生的学习停留在能力层面或强调能力本位的教学，而不是通过适当的态度加以转化，能力就不会升级转化为素养。例如，会开车是有“能力”的，但会开车却不礼让行人或救护车，便是有“能力”但欠缺“素养”的，因此“能力”不等同于“素养”，“素养”也不能简化为“能力”。此外，“素养”并不是先天遗传得到的，而是需要通过后天的学习与教学获得的，是可学与可教的，这也是“素养”与“能力”的一大区别。

4.“素养”与“技能”

“技能”（skill）是指从操作动作中所展现出来的技巧或技术，与态度、知识综合构成了素养的内涵（Stoof et al，2002）。Stein 等人（2001）提出了 C=（K+S）A 的公式，用以说明素养（Competence，C）并不等于单一的知识（Knowledge，K），也不等于单一的技能（Skill，S），而是包括知识、技能与态度（Attitude，A）等多层面的统一整体。在这一公式中，态度是使用乘法来连接知识与技能的，表明其非常重要的作用：如果态度为正，知识与技能会产生相应倍数的效果；如果态度为负，知识与技能只会产生负面效果。正因为“技能”与“素养”的这些差异，经合组织在 DeSeCo 项目中采用“素养”而舍弃“技能”的提法，用“核心素养”涵盖并取代了“基本技能”（basic skills）“核心技能”（key skill）等概念。

5.“素养”与“知能”（literacy）

“知能”（literacy）是在西方研究文献中与“素养”密切相关的一个近义词，有时在中文中也会被直接翻译为“素养”。例如，国内学者将 PISA 项目中的“literacy”就译作“素养”，并将其界定为“有关学生在主要学科领域应用知识和技能的能力，分析、推理和有效交流的能力，以及在不同情境中解决问题和解释问题的能力”。PISA 项目是经合组织创立的目前世界上最权威的国际学生评价项目，但其测查的内容并非经合组织提出的核心素养全貌，主要是其中的知识、技能与认知能力等较为客观化的部分。相对而言，素养概念内涵更广，不仅包括知识技能，更重视态度、情感等相对主观的非认知因素，这是在理解核心素养内涵时需要特别注意的地方。

总之，“素养”一词的提法较为全面，符合全人教育的理念，与《国家中长期教育改革和发展规划纲要（2010—2020 年）》提出的“促进人的全面发展、适应社会需要”的教育质量根本标准一致，有利于完成当前我国“立德树人”这一教育工作的根本任务。

（二）对“核心”一词的辨析

1. 对“核心”一词的语义分析

“核心”所对应的英文词主要有“key”和“core”。其中，“key”作为名词意指“a thing that provides a means of gaining access to or understanding something”，作为形容词则指“of paramount or critical importance”[《新牛津英汉双解大词典（第2版）》，上海外语教育出版社，1 191 页]。“core”意指“the central or most important part of something, in particular [often as modifier] the part of something that is central to its existence or character”[《新牛津英汉双解大词典（第2版）》，上海外语教育出版社，483 页]。显然，此处“core”更贴近中文“核心”一词的意义。但遵照大多数英文研究资料的表述习惯，核心素养的表述主要还是使用“key competence”。在中文里，“核心”一词意为“中心，（事物的）主要部分”[《现代汉语词典（第5版）》，商务印书馆,554 页]，也指“事物最要紧的部分；对情况起决定作用的因素”[《现代汉语辞海》，中国物资出版社，500 页]。因此，可以理解为：事物最主要且赖以生存和发展的那一部分。

2.“核心”与“关键”

“关键”一词在词典中的释义是“事物最关紧要的部分；对情况起决定作用的因素”（《现代汉语词典（第5版）》，商务印书馆，500 页），该解释与“核心”有较大的相似性，但“核心”一词更能凸显事物“重中之重，中心点”的重要性及地位。以往有涉及“关键能力”这一概念的文献将其定义为有效参与正在出现的工作形式和工作组所必需的能力，是在工作情境中综合应用知识和技能的能力（徐朔，2006）。“关键能力”侧重于职业教育的领域，强调对职业变化的适应能力，它是职业技能和从业能力的综合，主要体现了其工具性。这与“核心素养”有着一定的关联性，但只能代表“核心素养”的“技能”部分。

3.“核心”与“基本”

“基本”意指“根本（的），主要的，大体上”（《现代汉语词典（第5版）》，商务印书馆，631 页）。它强调事物的基础性、根基性作用，而“核心”则侧重中心性的地位。有关基本能力（basic qualification）的概念主要用以表示那些如逻辑性、全局性、批判性和创造性的思维和行为能力、计划能力和学习能力等。同样，“基本能力”也只涉及了“核心素养”的一部分内涵。

总体上，采用“核心素养”这一提法，可以涵盖能力、态度与价值观、知识技能等方面，可以超越我国传统教育中狭义的能力观，转变过去能力观念中重知识、认知技能，轻态度、价值观等非智力因素的现象。在内涵上，则有助于与经合组织、欧盟、联合国教科文组织等国际组织倡导的教育改革潮流接轨，尤其是与经合组织进行的“素养的界定与遴选”“国际学生评价项目”“国际成人素养评价项目”等跨国研究项目接轨。

二、核心素养概念的内涵

（一）核心素养概念的定义

综合世界各个国家和地区及国际组织对核心素养概念内涵的界定，同时考虑不同学科角度对核心素养的研究，以及我国现实需求和教育实际，可以将其界定为：核心素养是学生在接受相应学段的教育过程中，逐步形成的适应个人终生发展和社会发展需要的必备品格与关键能力。它是关于学生知识、技能、情感、态度、价值观等多方面要求的结合体；它指向过程，关注学生在其培养过程中的体悟，而非结果导向；同时，核心素养兼具稳定性与开放性、发展性，是一个伴随终身可持续发展、与时俱进的动态优化过程，是个体能够适应未来社会、促进终身学习、实现全面发展的基本保障。核心素养不仅能够促进个体发展，也有助于形成运行良好的社会。

（二）核心素养概念的解析

综合前述学者们和各国政府、各类组织对核心素养的研究，这一概念具有下列特性，在解析时应加以注意。

1. 在目标上，核心素养的概念指向是对“教育应培养什么样的人”这一问题的回答。由于它的范畴超越了行为主义层面的能力，涵盖态度、知识与能力等方面，体现了全人教育的理念，契合我国传统文化“教人成人”或“成人之学”的特色育人观，与《国家中长期教育改革和发展规划纲要（2010—2020 年）》提出的“促进人的全面发展、适应社会需要”的教育质量标准基本一致，有利于在实际教育教学工作中培养德智体美全面发展的社会主义建设者和接班人，完成党的十八大报告所提出的“立德树人”的教育工作根本任务。

2. 在性质上，核心素养是所有学生应具有的共同素养，是最关键、最必要的共同素养（见图 1-4）。每个人在终身发展中都需要许多素养，以应对各种生活的需要，这些人都需要的共同素养可以分为核心素养，以及由核心素养延伸出来的其他素养，其中最关键、最必要且居于核心地位的素养就称之为核心素养（European Commission，2005；OECD，2005）。核心素养代表了个体普遍应达到的共同必要素养。核心素养代表应该达成的最低共同要求，是每个个体都必须学会获得的、不可或缺的素养。核心素养不仅是共同的素养，更是关键的、必要的、重要的素养。正因如此，联合国教科文组织、欧盟、经合组织等国际组织以及世界教育发达国家都重要强调核心素养的教育价值，把以核心素养为核心的未来课程作为课程改革的重要议题，通过核心素养的建构来优化教育改革的质量。

3. 在内容上，核心素养是知识、技能和态度等的综合表现。"素养"一词含义比"知识"和"技能"更加宽广。"知识"与"技能"主要涉及具体学科领域的知识，或者具有"听""说""读""写""算"等基本技能，而素养指向的并不是某一学科知识，它既包括传统的教育领域的知识、能力，又包括学生的情感、态度、价值观。因此，核心素养是一个复杂的结构，其所涉及的内涵并非单一维度，而是多元维度的。核心素养不仅是知识技能，更重要的是情感、态度、知识、技能的综合表现。这一超越知识和技能的内涵，可以矫正过去重知识、轻能力、忽略情感态度价值观的教育偏失，更加完善和系统地反映教育目标和素质教育理念。

4. 在功能上，核心素养同时具有个人价值和社会价值。"素养"一词的功能超出了"职业"和"学校"的范畴，核心素养的获得可以使学生升学或更好地进行未来的工作，但是素养的功能不仅包括升学和就业，素养的获得是为了使学生能够发展成更为健全的个体，更好地适应未来社会的发展变化，为终身学习、终身发展打下良好基础，能够达到促进社会良好运行的目的。因此，核心素养同时具有个人价值和社会价值，是对个人和社会具有积极意义的重要素养。

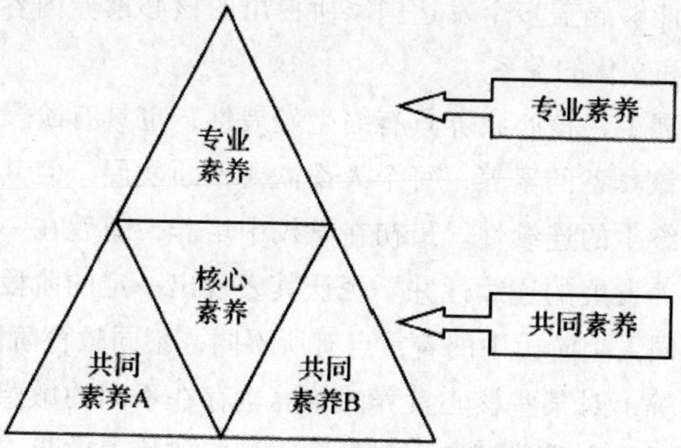

图 1-4　核心素养与其他素养的关系

5. 在培养上，核心素养是在先天遗传的基础上，综合后天环境的影响而获得的，可以通过接受教育来形成和发展。广义而言，有些素养是先天的，有些素养是后天习得的。经济合作与发展组织、欧盟等把教育过程中的素养界定为通过学习而来，即使某些素养存在先天潜能的发展，这些素养也必须是可教、可学的，需要通过有意识的教育过程进行培养，经过学生的学习积累获得。素养并非是与生俱来的，而是后天通过教育得到发展的知识、能力与态度等。因此，核心素养主要是后天学习的结果，可以通过各教育阶段的课程设计与教学实施加以培养。培养的过程侧重学生的自主探究和自我体验，更多地依靠学生自身在实践中的摸索、积累和体悟，是个体认知与元认知建构的过程，是在外界引导下的自我发展、自我超越、自我升华的过程。

6. 在评估上，核心素养需结合定性与定量的测评指标进行综合评价。核心素养具有可教、可学的外显部分，同时，也存在无声、无形但可感、可知的内隐部分。前者能够在特定的情境下通过一定的方式表现出来，能够有效地对其进行定量的测评；而后者则偏向于一种潜移默化的隐性渗透过程，需以定性、形成性评价方式进行评估，强调对核心素养形成过程的高度关注，关注个体在此过程中的感受与体悟。

7. 在架构上，核心素养应兼顾个体与文化学习、社会参与和自我发展的关系。通过对国际上核心素养框架的分析发现，尽管各国所遴选的核心素养指标存在一定差异性，但在核心素养选取时都涉及文化学习领域、个体自我发展领域和社会参与互动领域。这三大领域具有较大的普遍性与概括性，基本能够涵盖多个发达国家所提出的核心素养内容，反映了个体与自我、社会和文化的关系。

8. 在发展上，核心素养具有终生发展性，也具有阶段性。核心素养是所有人都应该具备的素养，每个人都需要不断发展，但其形成不是一蹴而就的，具有终生的连续性。最初在学校中培养，随后在一生中不断发展完善。核心素养发展的连续性并不否认其表现出一定的阶段性特点。核心素养在个体不同人生阶段中的着重点有所不同，不同教育阶段（小学、初中、高中、大学等）对某些核心素养的培养也存在不同的敏感性，即一些核心素养在特定的教育阶段可能更容易取得良好的培养效果，这为核心素养的培养提供了有利条件。

9. 在作用发挥上，核心素养的作用发挥具有整合性。经合组织指出素养是基于行动和特定情境而言的。在不同的情境下，核心素养的作用发挥并非是孤立的，而是表现出一定的整合性，不同核心素养发挥的作用大小可能存在差异。对此，澳大利亚的梅尔委员会提出，任何核心素养本身不构成一套独立的体系，为了完成某一目标，可以将知识、技能、情感态度等素养通过整合的方式加以应用。核心素养的整体特性不仅决定了其学习获得具有系统性，也决定了它们可以在实践应用中相互交叉与整合，共同发挥价值。这对于教育教学的启示是，核心素养的功能是整合性的，每个核心素养都具有独特的重要价值，不存在孰轻孰重的问题，需要基于情境进行整合性的作用发挥，不能单独地进行价值比较。

三、核心素养概念在教育中的定位

（一）宏观上

综合世界各组织及国家的研究经验，在充分考虑我国社会主义初级阶段现实国情，以及我国基础教育阶段和高等教育阶段发展特殊性的基础上，学生核心素养的概念需要找准定位，厘清与教育、教学、课程等方面的关系。对此，借鉴相关研究与证据，认为学生的核心素养是对党和国家的宏观教育目标的解读与落实，是连接宏观教育理念、教育目标和具体学科的教育内容、教学方式的中介环节，是对党的教育方针政策、国家总体教育目标的解释框架（见图 1–5）。

（二）微观上

建构学生的核心素养，需要在跨越不同具体学科领域的水平上对基础教育和高等教育阶段所预期的教育结果有一个整体性的思考和构思。从问题定向的角度，对核心素养的具体定位可以考虑以下几个方面。

1. 将核心素养作为修订课程方案的指导。一方面，就课程方案中课程目标、培养目标现有话语体系的表述而言，离一线教师的教学语言尚有一定距离，具有改进和完善的空间。对核心素养开展研究，有利于在修订课程方案时使人才培养目标的表述更加科学；另一方面，就课程设置和课程结构的调整而言，如何在课程改革的过程中调整、增减课程，应采取哪些依据？这些问题也需要对核心素养展开研究。只有明确了学生核心素养的内容，具体的课程调整才有依据，才能对完善课程结构发挥参照和指导作用。

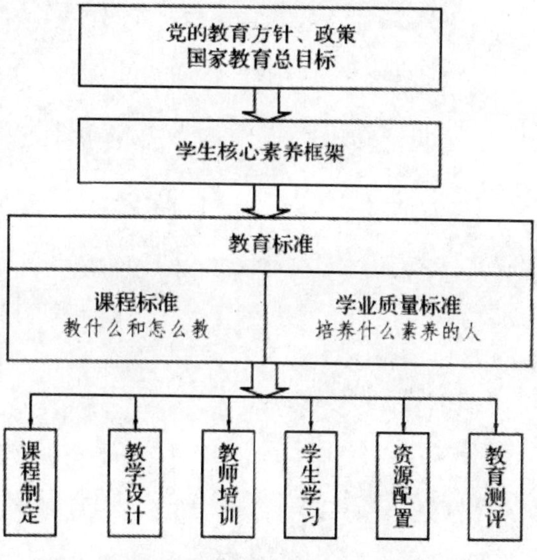

图 1-5　核心素养框架在国家教育系统中的地位

2. 将核心素养作为修改和完善课标的指导。通过研究各学段的学生核心素养，进一步完善各学科的课程目标，在保证学科体系完整的前提下，合理地调整学科内容，明确界定出学生在完成各阶段教育学习过程中，所应具备的核心素养及其应达到的具体水平，进而修订、完善学业质量标准。

3. 将核心素养作为考试改革的指导。核心素养强调了学生在知识、能力、态度、品格等方面的表现，在关注基础知识学习积累的同时，重视信息搜集、综合分析与应用、问题解决、过程性体验与态度形成等综合能力、综合素养的培养。将为进一步的考试改革提供新的思路和参考，为落实“德育为先，能力为重，全面发展”的育人要求提供保障。

第二章　小学科学教育概述

第一节　小学科学教育的产生与发展

一、小学科学教育的产生——传授科学知识

（一）科学教育的兴起

科学教育最早是在大学中开始的。17 ~ 18世纪，科学本身有了很大发展，但是直到20世纪工业革命以后才进入了大学课堂，并逐步进入中学。小学开设科学课的时间更晚。可以看出，科学教育的发展是由科学技术的发展所推动的，是根据社会的需求所产生的。

16 ~ 17世纪，是近代科学的建立时期，无论在科学知识、科学思想还是科学方法上，都开创了一个新纪元。特别是在物理学和天文学方面，在17世纪达到了一个高峰。此后随着微积分的创立、血液循环的发现、显微镜的发明、化学元素概念的确立，数学、生物学和化学也都取得了重大的进展。18世纪60年代开始的工业革命，是人类历史上的第一次技术革命，它始于纺织工业的机械化，以蒸汽机的广泛使用为标志。这次技术革命使社会生产力空前高涨，使人类从农业和手工业时代进入了工业化时代。但此时的学校教育仍然保持着古典主义的传统。这种状况不适应社会发展的需求，一些学者开始抨击教育中存在的弊端，要求提高自然科学在学校课程体系中的地位，加强科学教育，培养适合时代发展的人才。

从16世纪开始，培根、夸美纽斯、弥尔顿和洛克就倡导进行科学教育，传播自然科学知识。19世纪下半叶，欧洲出现了两种截然相反的教育主张：一种强调科学知识，另一种坚持古典主义教育传统。这一时期为科学教育的发展做出积极努力的人有：英国的教育学家乔治、考姆、郝胥黎、斯宾塞，经济学家亚当·斯密，伦理学家边沁等。

在科学教育发展之初，其目的是为了培养适应社会发展需要的人。大工业的发展需要具有科学技术知识和技能的劳动力，这时能进入大学的人只是极少的一部分，对于绝大多数学生来说，小学或中学毕业就会进入社会。基于这样的背景，亚当·斯密提出，从英国的社会生产来看，需要向儿童讲解怎样使用机械的工艺原理，使他们掌握实用知识。英国的教育家威廉·佩蒂主张将初等学校改为劳动学校，以便使儿童能学习木工、物理学和数学仪器的制作、雕刻、园艺等。斯宾塞在《什么知识最有价值》中提出，为圆满的生活做准备就是衡量知识的唯一标准。斯宾塞认为，世界上的一切生活都离不开科学知识，科学知识在指导人们生活的各种活动中具有最高的价值，是使文明生活成为可能的一切进程能够正确进行的基础。

（二）对科学教育内容的认识

1. 科学与技术是融合的，以满足生活需要为根本。斯宾塞把人类活动归为四类：直接保全自己的活动；为获得生活必需品而间接保全自己的活动；目的在于抚养教育子女的活动；与维持正常的社会政治关系有关的活动。以此为基础构成了以自然科学为基础的课程体系。斯宾塞的课程包括：生理；与生产活动有间接关系的知识，如力学、数学、光学等。学生除了解和熟悉事物物理的、化学的或生命的特征外，还要获得设计、生产、盈利等知识和技能。在斯宾塞的观点中，科学知识和适应社会生产、加工、分配等生产性的、社会性的谋生活动的技术、技能都非常重要，二者内容也是相融合的。

2. 更广阔的大科学教育观。郝胥黎比斯宾塞更进一步，他认为，富有新意的科学教育应包括以下几个方面的内容：第一，体育锻炼，使学生具有强壮的体格；第二，家政教育，使学生具有家政方面的知识和技能；养成勤俭和合理安排生活的习惯；第三，智力训练，使学生学会运用知识的方法（阅读、书写和算术），以及要求理解事物的欲望，获得一定数量的真实知识（尤其是自然科学的基础知识），受到一定的工艺训练（包括绘画），并且使学生懂得拉丁文和希腊文，以获得任何科学知识范围的全面知识；④伦理学和神学教育，使学生熟悉基本的行为准则，培养他们的道德情感，适应社会生活，能忍受生活的压力，并对他们进行以《圣经》本身内容为限的宗教教育。

郝胥黎强调智力训练的重要性，同时他也主张，自然科学和人文学科的课程在学校教育中要保持平衡。他对只重视科学教育而忽视人文教育的现象提出批评。他认为："除了自然科学，还有其他文化形式，这样的事实被忽略了；或者甚至为了自然科学而扼杀和削弱文学和审美的文化，对于这种倾向，我深深地感到遗憾。这种对于教育性质所持的狭隘观点，和我坚持的应当把一种全面的、完全的科学文化引入各类学校的主张毫无共同之处。"

3. 强调科学方法的训练。杜威在 20 世纪初提出了一种重要的思想"思维训练说"，这一学说不仅改造了当时的课程，还对科学教育产生重要影响，使科学教育更加重视科学方法的训练。

1910 年，杜威发表了《我们怎样思维》。他认为精神活动是行为的一种作用。理性以及实验性智慧的作用总是通过经验加以尝试的。思维不是超越经验的东西，而是由人类行为生活中的不安和疑问引起的。在解决问题的过程中，思维发生作用，知识与技能得到掌握。这种行为注意的观点，带来不同于传统知识灌输的教学方式变化。

杜威提出了"反省性思维"的概念。这种思维是由于某种困惑、混乱或疑问引起的。反省性思维的基本要求包括：好奇心、暗示、整理。好奇心使经验得以扩大，使思维发展为反省性思维。活动在反省性思维的形成中扮演着重要的角色。学校开设园艺、烹调、纺纱、劳作等系列性、系统化的活动。通过这些活动让学生掌握生物、化学、物理等实际的学科知识，同时，还要让学生通过这些活动掌握实验性探究或实证的方法。

4. 强调技术的科学教育。马克思看到工业革命给社会带来的巨大变化，从而认为："要使儿童和少年了解生产各个过程的基本原理，同时，使他们获得运用各种生产最简单工具的技能。对儿童和少年应当按不同年龄循序渐进地授予智育、体育和技术教育课程。"马克思既重视教育与生产劳动相结合，也重视技术教育。1919 年，俄共第八大会议通过的党纲中，在国民教育方面确定："对 17 岁以下的全体男女儿童实施免费的普通教育和综合技术教育"。这里所指的综合技术教育是将科学基础的学习、技术教育及生产劳动相结合的一个系统，研究整个现代技术的成就、原理和各部门之间的关系，研究现代技术的发展趋势并搞清楚发展方向。

（三）小学科学教育的产生

科学启蒙教育在 19 世纪初开始进入小学课堂。最初的科学启蒙教育形式是裴斯泰洛齐倡导的实物教学（object teaching）。实物教学的主要做法是教儿童详细描述各种动物、植物和矿物，使其观察和学习自然现象。通过实物教学，希望儿童学会观察和交流——两种“研究”科学的基本能力。这种教学方法在 19 世纪 50 年代的美国盛行，但很快就不再流行了。19 世纪 90 年代到 20 世纪初，杜威的实用主义教学思想在美国产生了很大的影响。这一时期的科学教育注重儿童自身的需要，增加了健康和卫生教育，此外还强调科学方法的训练。

二、培养科学家的时代——重视科学方法

科学教育在经历了最初的融合之后，科学开始与技术分离，科学教育成为主流，科学教育的目的也演变为培养科学家。科学课程发生本质性的变革，是从 1957 年苏联人造地球卫星上天开始的。首先在美国掀起了一场科学课程改革的狂飙，继而席卷全世界，经久不衰。这些连续不断的改革彻底改变了科学教育的面貌，从根本上扭转了人们对科学教育的认识，导致科学课程本身从内容结构到编制、实施都发生了巨大变化。

（一）科学教育改革的产生

经过两次世界大战，欧洲的经济和科学技术事业遭到了严重破坏，而美国这一后起之秀却在战后一跃而成为资本主义世界的超级大国。同时，世界分成了资本主义和社会主义两大阵营，拉开了冷战的序幕。美国与原苏联的武器竞赛是刺激科学技术发展的直接动因，同时也产生了对科学技术人员的迫切需求。英国不甘于日趋衰落的境地，希望能通过加强本国科学技术的竞争力来提高其国际地位。

自然科学的发展带来了新技术革命。20 世纪 50 年代，是航天技术的开创阶段，是电子计算机走向应用和以集成电路为代表的微电子技术产生的时期，也是传统工业应用电子计算机等新兴技术实现全面技术革新的时期。1945—1960 年，美国约有 8 000 种职业从劳动市场上消失，同时也出现了 6 000 多种新职业。英国战后新工业部门发展很快，包括汽车制造业、飞机制造业、电气工业、化学工业以及人造纤维工业等。而这些行业由于新技术革命发生了很多变化。

美国进步主义教育思想的影响一直持续到战后。这时的科学教育内容陈旧，学生虽然学习了许多科学事实，但并没有把它们纳入概念的结构。以科南特和里科弗为代表的具有要素主义思想的教育家和科学家对此进行

了猛烈抨击，主张美国的科学教育必须改革。

（二）新的科学课程计划的推出

科学教育课程改革的结果主要表现为：研制了一系列的科学课程计划；发展了课程方法论；推动了世界科学教育的改革。

这次课程改革最直接的成果就是研制出一大批新的科学课程计划及教材。它标志着一个新时期的开始，从此社会的需要与自然科学家向往传授更多科学知识的愿望融合在一起了。这些新计划体现了科学课程内容的现代化，注重理论知识，从根本上改变了科学课程内容陈旧的问题，开创了科学教育的新篇章。

第一代课程计划的特点为：①目标是把尖子学生培养成科学家；②由科学家组织编写教材，课程为学问中心的课程；③以单科计划为主，教学方法和学校原有的教学结构相一致；④以新的教学理论为指导思想。皮亚杰的发生认识论和结构主义心理学、布鲁纳的结构课程论思想、施瓦布的探究学习理论以及加涅的学习理论都在新课程中有所体现。

此后，又出现了第二代科学课程计划，如小学理科课程 SCIS 和 ESS 小学理科课程。这些科学课程计划的特点有以下几点：

1. 在课程研制中科学家的作用降低，而科学教育专家、教育心理学家以及来自教育技术和课程理论等相关领域的学者起着更重要的作用。

2. 课程对象从针对少数尖子学生到面向全体学生，层次上也从高中扩展到小学甚至幼儿园，课程形式上由原来的单门学科发展为单科课程与综合课程并重。新的综合性的课程有《科学——一个探索过程》（SAPA），它是小学科学教育课程，采用“探究——研讨”教学法。

3. 从过去着重于课程内容到兼顾教学方法。如 ESCF 强调学生的探究，以经验为中心组织学习，重视学习的个别化。

（三）课程理论的发展

改革之前，美国的课程受进步主义影响，是一种以学习者为中心的设计。而这次科学教育改革中课程理论也有了新的发展。这种新的课程设计为学科中心或称学问中心。古德莱德 1966 年评论说：“如果说前代的课程开发是以儿童中心或社会中心为特征，那么，这次的课程开发就得命名为学科中心或学问中心了。”学科设计强有力的倡导者是金和布劳内尔（King & Brownell）。他们把学科定义为自治的论述区域，具有下列特征：人的特征、人类想象的表现、活动领域、传统、探究方式、概念结构、专门用语或其他符号系统、文学遗产与交流网络、价值与情感姿态以及教学区域。以学校是“智力世界的缩影”的假设为依据，强调理解学科的要素、明确学科的基本逻辑或结构（即学科的关键概念、观点和原理的种种关系），理解学科独特的探究方式。

这种学科设计课程的兴起与改革的目的相一致。正如西尔伯曼所说：“其一，课程改革运动，是对于进步主义教育的普及化及最终导致的反理智主义思潮的一种反叛而产生的。”这种课程带有明显的理智主义倾向，其目的就是要培养学者和科学家。因此，首要的是要发展学生的智力。对此布鲁纳说得很清楚：也许可以认为，教育的最一般目标就是追求卓越性，不仅意味着教育成绩优异的学生，而且也意味着帮助每一个学生获得最好的智力发展。

布鲁纳、施瓦布和费尼科斯都对学问中心课程有过详尽的论述。布鲁纳的课程论思想集中体现在其著作《教育过程》中。他强调学科结构、儿童智力发展和发现法，其大胆的假设“任何学科都能够按照某种正确的方式，有效地教给任何年龄阶段的任何儿童”支撑了新的科学课程设计。不仅课程的目的是为了培养科学家，而且学生的学习也可以向科学家一样。他认为：学习物理学的小学生其实就是一个物理学家，向物理学家那样学习物理学，比起做别的事情来较为容易。这些思想都是对过去的一种挑战，由于它是建立在心理学理论基础上并有很强的理论性，尽管存在着一些不足，但仍然很有价值，并对世界教育产生深远的影响。

费尼克斯的理论阐明了以学问为中心课程编制的理论根据。他认为学问的知识具有典型或结构。这些典型形式的理解对于教学来说是本质性的。他分析了学问与学科的关系得出结论：不属于学问之基础构造的知识，不能作为教学内容。他强调知识的内在发展这一客体逻辑。这种观点为科学课程注重学术性提供了理论依据。同时，他还强调探究方法，认为学生必须通过学习有代表性观念构成的学科内容，掌握学问的探究方法；学科只要是以学问的形式结构编成的，它就是探究方法、学问认识方法在教育上的具体化。

三、科学为大众——培养科学素养

苏联“卫星冲击”所带来的对尖子学生——小科学家培养的热望，很快就被美国现实社会中所面临的大量问题淹没了。20 世纪 60 年代，人力资本理论的提出和学校向社会所做的承诺，使人们满怀希望地把教育作为社会改革的有力杠杆，作为“向贫困宣战”的武器。但是，教育没有实现它的允诺，不仅那些贫困的黑人及少数民族的地位没有改变，而且到了 70 年代美国所面临的问题更加严峻。经济危机、失业率上升、环境污染、越南战争及水门事件使美国公众普遍愤世嫉俗，转而对政府持不信任态度，对教育感到失望。在这种情况下，美国的教育重点发生了转移，生计教育、环境教育成为这一时期教育的热点。政府为摆脱困境，把注意力转向了这些新兴的教育理论。因为生计教育宣称是“跟由于缺少技术而造成失业和半失业现象做斗争的一种方式”，能够实现当年杜威的“使人皆能为社会服务”“促进社会之安宁与进步”的理想；而环境教育则旨在认识人类是以什么媒体同环境发生相互作用。这些新的教育思想以及政府与公众态度的转变影响了科学教育的目标，使科学教育目标从培养科学家、工程师向培养科学素养的方向转换。

（一）科学教育面向全体学生

20 世纪 80 年代以后，随着新技术革命带来的产业结构变化，使各国对于具有一定科学技术文化的人才需求成为迫切问题，各国间由经济竞争开始转向科学竞争和人才竞争。回顾 60 年代以来的科学改革的成果，美国惊讶地发现 90 % 的美国人都是科盲。“我们正在培养的新一代美国人是科学盲和技术盲”，而且“少数科学和技术英才同一般对待有科学成分的问题所知甚微或根本不知道的公民之间的裂痕越来越大”。1989 年，美国科学促进会提出一份报告，名为《为所有美国人的科学：达到科学、数学合计数素养目标的 2061 方案报告书》，简称 2061 计划。这项计划成为美国基础教育阶段科学教育改革的重要指导文件，其核心思想是让所有的儿童都能具有科学素养，这里的科学素养涵盖了技术的内容。此后又发表了《面向全体美国人的科学》，这份文件中的第三章内容是“关于技术的性质”，阐述了技术与科学的关系、有关设计的一些问题和为改造世界而不断发展技术中存在的一些争论点；在第八章关于“被设计的世界”中，阐述了认识如何通过某些关键性的技术领域来塑造和控制世界的一些基本原则等。

世界上的许多国家都在 20 世纪 80 年代末、90 年代初改革科学教育。例如，英国的国家课程把科学教育列为核心课程，开设技术课包括技术与设计和信息技术；澳大利亚在1991年制定了国家科学教育标准；加拿大的各个省纷纷制定了新的科学教育标准；美国不仅提出了2061计划，还制定了美国国家科学教育标准。新一轮科学教育改革的重要特点是既注重科学教育的普及，又强调科学教育质量的提高。

（二）更新科学教育目标

在20世纪80年代，以后的科学教育改革中，各国都重新制定了科学教育标准，科学教育的目标更加广泛，从科学知识、科学方法拓展为培养科学素养。虽然各国的科学教育标准的具体内容有所不同，但都是以培养学生的科学素养为目标。

（三）以探究为科学教育的核心

20世纪70年代科学课程的教学方法有三种：历史考察、科学鉴赏和动手做。

“历史考察”方法中，教师帮助学生回顾科学家在过去年代里所得出的结论。由于教师面临着资料不足、时间少、教科书又只是些概要内容，因此，他们只能对“科学史”采取一种“指定问题——复习——考试”的教学模式。这种教学方法中学生处于被动地位，不需要实验设备。

“科学鉴赏”方法用演示来加强对过去科学成果的展示。用这种方法可以提高学生的动机与兴趣，但是教师仍然把课本作为课堂的基本核心。这是一种“指定问题——举例证明——讨论考试”的模式，教师可以保证对学生的控制，使教学不过于枯燥。

“动手做”的方法很少采用。这种方法的使用步骤为：学生先选定一个题目，然后在实验室中动手操作或进行研究，最后在教师的指导下写出研究报告。它对于设备、教师、学生的时间及学生的责任心要求很高。

全美科学教师协会（NSTA）在70年代末进行了一次全国性的大规模调查，调查结果认为70年代美国的科学课程有八项特征：

1. 科学实验的地位相对来说十分重要；

2. 将“探究活动”作为核心；

3. 注重学科“结构”；

4. 讲科学的内容和过程堪称精确地、完整地代表着科学的观点，是课程的出发点；

5. 对科学前沿的新发现密切关注；

6. 强调科学是为了高一级的科学研究做准备；

7. 强调学生学习科学家知晓的并且运用的主要概念和独特的过程；

8. 教师对工作胜任与否，取决于教师所掌握的科学知识多少。

从这八项特征来看，当时的科学课程注重科学学科的需要，其内容的理论性、前沿性、连续性、结构性都加以考虑，从学生学习的角度出发，注重探究过程，这是受布鲁纳和加涅的教学理论影响的结果。当时这类课程的突出代表是："科学：活动过程"，强调科学教育应通过探究过程进行，认为由基本的过程到整体的过程需运用一系列"探究技能"：观察、使用空间关系、分类、使用教学、测量、沟通、预测、推理、控制变项、解释资料、建立假设、操作性界定以及实验等。

（四）重视科学、技术与社会的结合

新的科学教育非常重视学生对科学本质、技术本质的理解，以及对科学、技术、社会之间关系的理解。当今社会中科学技术几乎渗透到生活的每一个角落，科学技术也带来了很多的社会问题，如环境、生态、伦理等。如何合理地运用科学而又避免它带给人类的反面作用，是具有科学素养的人必须做出抉择的问题。因此，各国的科学教育目标中都把培养科学素养作为重要方面。

科学教育的发展过程也反映出科学的发展带来的社会变化而引起的人员需求的变化。不同时代对人的要求是不同的，人们对学习机制的认识也不同，因而产生出不同的科学教育理论和方法。

四、科学课程化——培养科学探究能力

我国 2002 年新颁布的小学课程标准，给小学科学课程以明确的目标定位，即以培养科学素养为宗旨的科学启蒙课程。其中科学素养包括：必要的科学知识、科学的思维方式、运用科学知识和方法解决问题的意识和能力、对科学的理解，以及科学的态度与价值观。

由此，确立了小学科学教育的六个方面的基本任务：①培养儿童对科学的兴趣和求知欲；②引领儿童学习与周围世界有关的科学知识；③帮助儿童体验科学教育活动的过程和方法；④使儿童了解科学、技术与社会的关系；⑤使儿童乐于与人合作、与环境和谐相处；⑥为儿童后继的科学学习、为其他学科的学习、为终身学习和全面发展打下基础。

根据小学科学课程的根本任务，确立小学科学教育的总目标是：

1. 知道与周围常见事物有关的浅显科学知识，并能应用于日常生活，逐步养成科学的行为和生活习惯；

2. 了解科学探究的过程与方法，尝试应用于科学探究活动，逐步学会科学地看问题、想问题；

3. 保持和发展对周围世界的好奇心，形成大胆想象、尊重证据、敢于创新的科学态度，以及培养爱科学、爱家乡、爱祖国的精神；

4. 亲近自然、珍爱生命，积极参与资源和环境的保护，关心科技的新发展；

小学科学的分目标内容包括：科学探究、情感态度与价值观、物质世界、生命世界、地球与宇宙。

1. 物质世界

（1）通过对物质世界有关知识的学习，了解物质的常见性质、用途和变化。

（2）对物体的运动、力和简单机械以及能量的不同表现形式具有感性认识。

2. 生命世界

（1）了解生物世界的轮廓。

（2）形成一些对生命活动和生命现象的基本认识。

（3）对人体和健康形成初步的认识。

3. 地球与宇宙世界

（1）了解地球、太阳系的概况及其运动变化的一般规律。

（2）认识人类与地球环境的相互作用。

（3）懂得地球是人类唯一家园的道理。

4. 科学探究目标

（1）知道科学探究涉及的主要活动，理解科学探究的基本特征。

（2）能通过对身边自然事物的观察，发现和提出问题。

（3）能够运用已有的知识，做出自己对问题的假想答案。

（4）能根据假想答案，制定简单的科学探究活动计划。

（5）能通过观察、实验、制作等活动进行探究。

（6）会查阅、整理从书刊及其他途径获得的科学资料。

（7）能在已有知识、经验和现有信息的基础上，通过思维加工，做出自己的解释或结论，并知道这个结果应该是可以重复验证的。

（8）能用自己擅长的方式表达探究的结果并进行交流、参与评议，知道对别人研究的结论提出质疑也是科学探究的一部分。

5. 科学态度目标

（1）有保持与发展想要了解世界、喜欢尝试新的经验、乐于探究发现周围事物奥秘的欲望。

（2）爱并善待周围环境中的自然事物，初步形成人与自然和谐相处的意识。

（3）知道科学已经能解释世界上的许多奥秘，但还有许多领域等待我们去探索，科学不迷信权威。

（4）形成用科学提高生活质量的意识，愿意参与和科学有关的社会问题的讨论与活动。

（5）在科学学习中能注重事实，克服困难，善始善终，尊重他人意见，敢于提出不同的见解，乐于合作与交流。

（6）意识到科学技术对人类与社会的发展既有促进作用，也有消极影响。

要实现科学教育总目标，就要遵从以下科学教育的基本理念：①科学课程要面向全体小学生；②学生是科学学习的主体；③科学学习要以探究为核心；④科学课程的内容要满足社会和学生双方面的需要；⑤科学课程应具有开放性；⑥科学课程的评价应能促进科学素养的形成与发展。

第二节　小学科学教育的目标与小学生科学核心素养

小学科学教育的目标就是培养小学生的科学素养，完成这一目标的课程就是小学科学课程。对此，我国教育部于 2017 年 2 月新颁布的《小学科学课程标准》中已经明确指出，小学科学课程是以培养学生科学素养为宗旨的实践性、综合性课程。这就说明小学科学课程的性质，它是一门以培养学生科学素养为目的实践性综合课程。

一、小学科学教育的目标概述

2017 年 2 月颁布的《小学科学课程标准》，充分考虑小学生的年龄特点与认知规律，反映国际科学教育的最新成果，兼顾我国小学科学教育的实际情况。

小学科学课程的学习周期比较长，基于学生的年龄特征与认知规律，新课程标准把小学六年学习时间划分为 1 ～ 2 年级、3 ～ 4 年级、5 ～ 6 年级三个学段。小学科学课程以培养学生科学素养为宗旨，涵盖科学知识，科学探究，科学态度，科学、技术、社会与环境四个方面的目标，每个方面分为总目标和学段目标。

我国 2017 年新颁布的小学科学课程标准，给小学科学课程以明确的目标定位，即以培养学生科学素养为宗旨，并为他们继续学习、成为合格公民和终身发展奠定良好的基础。其中，科学素养是指了解必要的科学技术知识及其对社会与个人的影响，知道基本的科学方法，认识科学本质，树立科学思想，崇尚科学精神，并具备一定的运用它们处理实际问题、参与公共事务的能力。

由此，确立了小学科学教育六个方面的基本任务：①学生通过科学课程的学习，保持和发展对自然的好奇心和探究热情；②了解与认知水平相适应的科学知识；③体验科学探究的基本过程，培养良好的学习习惯，发展科学探究能力；④发展学习能力、思维能力、实践能力和创新能力，以及用科学语言与他人交流和沟通的能力；⑤形成尊重事实，乐于探究、与他人合作的科学态度；⑥了解科学、技术、社会和环境的关系，具有创新意识、保护环境的意识和社会责任感。

（一）科学知识目标

1. 了解物质的基本性质和基本运动形式，认识物体的运动、力的作用、能量、能量的不同形式及其相互转换。

2. 了解生物体的主要特征，知道生物体的生命活动和生命周期；认识人体和健康，以及生物体与环境的相互作用。

3. 了解太阳系和一些星座；认识地球的面貌，了解地球的运动；认识人类与环境的关系，知道地球是人类应当珍惜的家园。

4. 了解技术是人类能力的延伸，技术是改变世界的力量，技术推动着人类社会的发展和文明进程。

（二）科学探究目标

1. 了解科学探究是获取科学知识的主要途径，是通过多种方法寻找证据、运用创造性思维和逻辑推理解决问题，并通过评价与交流等方式达成共识的过程。

2. 知道科学探究需要围绕已提出和聚焦的问题设计研究方案，通过收集和分析信息获取证据，经过推理得出结论，并通过有效表达与他人交流自己的探究结果和观点；能运用科学探究方法解决比较简单的日常生活问题。

3. 初步了解分析、综合、比较、分类、抽象、概括、推理、类比等思维方法，发展学习能力、思维能力、实践能力和创新能力，以及运用科学语言与他人交流和沟通的能力。

4. 初步了解通过科学探究达成共识的科学知识在一定阶段是正确的，但是随着新证据的增加，会不断完善和深入，甚至会发展变化。

（三）科学态度目标

1. 对自然现象保持好奇心和探究热情，乐于参加观察、实验、制作、调查等科学活动，并能在活动中克服困难，完成预定的任务。

2. 具有基于证据和推理发表自己见解的意识；乐于倾听不同的意见和理解别人的想法，不迷信权威；实事求是，勇于修正与完善自己的观点。

3. 在科学学习中运用批判性思维大胆质疑，善于从不同角度思考问题，追求创新。

4. 在科学探究活动中主动与他人合作，积极参与交流和讨论，尊重他人的情感和态度。

（四）科学、技术、社会与环境目标

1. 初步了解所学的科学知识在日常生活中的应用。

2. 初步了解人类活动对自然环境、生活条件及社会变迁的影响；了解社会需求是推动科学技术发展的动力；了解科学技术已成为社会与经济发展的重要推动力量。

3. 初步了解在科学技术的研究与应用中，需要考虑伦理和道德的价值取向；热爱自然、珍爱生命，具有保护环境的意识和社会责任感。

要实现科学教育总目标，就要遵从以下科学教育的基本理念：第一，科学课程要面向全体小学生；第二，倡导探究式学习；第三，保护学生的好奇心和求知欲；第四，突出学生的主体地位。

在新的科学课程目标中，可以看出增加了科学、技术、社会与环境目标，要求从科学技术与日常生活的联系、科学技术与社会发展的联系、人类与自然和谐相处 3 个方面描述科学、技术、社会与环境，培养小学生具有思考科技与社会的关系，增强社会责任感，用科技解决社会问题的思维模式。

二、小学科学课程目标——培养科学素养

课程目标是教育理想、教育目的的体现，是培养目标在特定课程门类或科目中的具体化、操作化表述。在现行的国家课程标准中，已经用“课程目标”概念代替了“教学目标”概念。与教学目标相比，课程目标要求全面体现素质教育的精神，从知识目标的一维表述，发展成为“科学知识”“科学探究”“科学态度”“科学、技术、社会与环境”的四维呈现。在国家课程标准中，各课程门类或科目在课程目标的规定上，总体降低了知识性的要求，但由于课程目标表述的是一种公民素养的基本要求，因而更重视和关注非知识性的要求，从人的发展角度来看，应该是提高了要求，或者准确地说，是对课程实施和教学提出了适应时代需要的新要求。

小学科学课程的总目标是培养学生的科学素养，并为他们继续学习、成为合格公民和终身发展奠定良好的基础。学生通过科学课程的学习，保持和发展对自然的好奇心和探究热情；了解与认知水平相适应的科学知识；体验科学探究的基本过程，培养良好的学习习惯，发展科学探究能力；发展学习能力、思维能力、实践能力和创新能力，以及用科学语言与他人交流和沟通的能力；形成尊重事实，乐于探究、与他人合作的科学态度；了解科学、技术、社会和环境的关系，具有创新意识、保护环境的意识和社会责任感。

20 世纪末期，科学教育出现了以科学素养培养为科学教育最高宗旨的发展趋势。科学素养被认为是：“人们经由科学的学习，所获得的知识、能力、态度等各方面智力的增进。”克劳普法（L.E. Klopfer）认为，科学素养是指：“每个人所应具备的对科学的基本解释，它包括五个方面的内容：第一，了解重要的科学事实、概念原则和理论；第二，把有关科学知识应用

于日常生活情境中的能力；第三，具有利用科学探究过程的能力；第四，理解科学性质的一般原理和关于科学、技术与社会的相关作用；第五，具有明智对待科学的态度以及具有与科学有关的事物的兴趣。”

科学素养是一个融科学知识、科学方法、科学态度和科学价值观等多种因素为一体的复合概念。美国《国家科学教育标准》指出：“所谓有科学素养是指了解和深谙进行个人决策、参与公民事务和文化事务、从事经济生产所需的科学概念和科学过程。有科学素养还包括一些特定门类的能力。”“有科学素养就意味着一个人日常所经历的各种事物能够提出、发现、回答因好奇心而引发的一些问题；有科学素养意味着一个人已有能力描述、解释甚至预言一些自然现象；有科学素养意味一个人能读懂通俗报刊刊载的科学文章，能参与就有关结论是否有充分根据的问题所做的社交谈话；有科学素养意味一个人能识别国家和地方决定所赖以基础的科学问题，并能提出有科学技术根据的见解来；有科学素养的公民应能根据信息源和产生此信息所用的方法来评估科学信息的可靠程度；有科学素养还意味着有能力提出和评价有论据的论点，并且能恰如其分地运用从这些论点得出的结论。”美国《面向全体美国人的科学》中也指出：“具有科学素养的人应该意识到科学、数学和技术是相互依赖的人类认识与实践的成果，它们具有的力量也受到限制；理解科学的基本概念和原理；熟悉自然世界并认识它的多样化和统一性；能将科学知识和科学思维方式运用于个人和社会的目的。”英国《国家课程标准》指出，科学素养标准中的能力标准应该包括：科学应用能力、科学调查能力、科学交流能力、自我教育能力和科学创造能力。

我国科学课程标准指出，科学素养是指了解必要的科学技术知识及其对社会与个人的影响，知道基本的科学方法，认识科学本质，树立科学思想，崇尚科学精神，并具备一定的运用它们处理实际问题、参与公共事务的能力。提高公民的科学素养，对于公民改善生活质量，增强参与社会和经济发展的能力，建设创新型国家，实现经济社会全面、协调、可持续发展都具有十分重要的意义。小学科学课程要按照立德树人的要求培养小学生的科学素养，为他们的继续学习和终身发展打好基础。

科学素养概念的提出是基于科学技术高速发展及其给人类生产带来的巨大影响。还缘于人类日益增长的征服自然的能力和欲望使环境日益恶化所敲响的警钟。

21世纪是高科技时代，科学素养不再是少数人的专利。一个国家综合国力的强弱越来越取决于各类人才的质量与数量，取决于劳动者的素质，特别是全体公民的科学素养。科学课程的目标就是要全面提高学生的科学素养。

第三节　小学科学教育的价值取向与内容

价值取向指某些价值观成为一定文化所选择的优势观念形态，或为个体所认同并内化为人格结构中的核心部分，具有评价事物、唤起态度、指引和调节行为的定向功能。可将它作为一种社会文化的倾向加以研究，也可把它作为一种人格倾向予以探索。本文中所提到的“价值取向”指行为主体基于一定价值观的影响下所形成的长期的在处理各种问题时的基本立场、态度和取向。

一、小学科学教育的价值取向

我国中小学科学教育是基础教育，在教育目标价值取向上与大学科学教育或专业教育有所不同，它应把培养学生的基本科学素养确定为教育目标价值取向，而不是着眼于培养未来的科学家或专门人才。把科学素养作为中小学科学教育目标价值取向，要求把掌握适用性宽广的科学概念、科学方法及科学技能，关注科学——技术——社会之间的联系，关心科学与技术的社会价值，培养学生的科学精神、科学态度和科学探究能力等作为科学教育的目标。美国《国家科学教育标准》所规定的学校科学的目标是：培养学生能“由于对自然界有所了解和认识而产生充实感和兴奋感；在进行个人决策之时恰当地运用科学的方法和原理；理智地参与那些就与科学技术有关的各种问题举行的公众对话和辩论；在自己的本职工作中运用一个具有良好科学素养的人所应有的知识、认识和各种技能，因而能提高自己的经济生产效率。”英国《国家课程标准》中确定的科学教育目标：第一，使学生了解科学概念；第二，训练科学研究方法；第三，建立科学与其他知识的联系；第四，了解科学对社会的贡献；第五，认识科学对个人发展的贡献；第六，认识科学知识的本质。美英两国科学教育目标都是以培养学生科学素养为价值取向的，反映了国际科学教育发展的趋势。

我国中小学科学教育目标过去曾强调工具理性、学科本位，关注传授知识的完整性、系统性、逻辑性和结构性。随着世界科学教育改革的不断深入，在实施素质教育、核心素养的大背景下，我国的科学教育开始向实施科学素养教育转轨，并从小学开始就注重对学生进行科学启蒙教育。2001年颁布的义务教育阶段科学课程标准和2017年颁布的新课程标准中都把培养学生科学素养作为科学教育的目标。以培养学科科学素养为价值取向的科学教育目标，正指引我国中小学科学教育走向深入。

二、核心素养导向下的小学科学教育内容

《小学科学课程标准》指出："小学科学应选择贴近儿童生活的、符合现代科学技术发展趋势的、适应社会发展需要的和有利于为他们的人生建造知识大厦永久基础最必需的内容，即这些内容既要满足社会可持续发展的需要，又要满足学生个体自我发展的需要。"这充分体现了小学科学课程改革的目标。

满足社会的可持续发展需要是由科学课程的功能定位所决定的。科学教育既要解决一个人能自如地融入现代社会生活，能驾驭和享受各种高新科技的成果，具有使用日常科技新产品，参与科技新技术的能力，又要有科学创造与发明的能力，能参与各种有意义科技问题的开发与研究，为科学技术的发展做贡献，还要正确认识科学技术与社会发展的关系，能积极参与各种科学技术与社会有关的问题讨论与行动，如环保、人口、健康等。能自觉抵制科学技术有损于人类社会健康发展的种种负面效应，正确对待科技发展与社会进步的关系。实现上述目标，小学科学教育的内容要符合科学技术发展的趋势，站在当代科技发展的最前沿，将最新成果编入小学科学课程，并使它符合社会发展的主流价值观与需要，充分体现科学教育与人文教育的融合。

同时，课程内容也充分考虑小学生的年龄特点，从小学生的现有经验出发，选择他们周围熟悉的现象与事物进行教学。能被儿童理解与接受，符合科学启蒙的需要。强调手、脑结合，强调动手实践，亲身体验与感悟。让他们充分感受到科学给人类社会所带来的巨大变化，培养其学科学、爱

科学、用科学的情感，促进世界观、人生观、价值观的形成与发展。

我国小学科学的内容标准包括：物质科学领域、生命科学领域、地球与宇宙科学领域、技术与工程领域等内容。强调科学探究是学习科学的中心环节。科学探究不仅可以使小学生体验到探究的乐趣，获得自信，形成正确的思维方式，而且可以使他们识别什么是科学，什么不是科学。科学探究不仅涉及提出问题、猜想结果、制订计划、观察、实验、制作、搜集证据、进行解释、表达与交流等活动，还涉及对科学探究的认识。科学探究能力的形成依赖于学生的学习和探究活动，必须紧密结合科学知识的学习，通过动手动脑、亲自实践，在感知、体验的基础上，内化形成，而不能简单地通过讲授教给学生。在小学阶段，对科学探究能力的要求不能过高，必须符合小学生的年龄特点，由扶到放，逐步培养。在具体的教学实施过程中，可以涉及科学探究的某一个或某几个环节，也可以是全过程。

科学的价值就在于要推动社会的进步，促进人类社会的发展。而小学科学课程的内容就是要帮助学生掌握最基本的科学基础知识和基本技能，提高学生的科学素养，促进人类社会的进步和科学技术的发展。

第四节　小学科学教师的科学素养与小学生科学核心素养发展

《小学科学课程标准》指出："小学科学课程是以培养科学素养为宗旨的基础性课程。"小学科学教师作为小学生科学学习的启蒙者、科学知识的传播者，其专业化程度的高低直接影响着小学科学教学质量和小学生核心素养的养成和发展。因此，小学科学教师必须具备的科学素养有以下几方面内容：

一、学科知识

小学科学教师对科学学科内在的概念、原理、原则、方法等系统知识以及知识之间关系的掌握情况，决定了小学科学教师的素养层次。

在学科知识方面，小学科学教师需要关注小学科学课程所涵盖的相关学科的结论性知识，更要关注对科学学科性质的理解，以及科学知识和技术与个人发展、社会生活之间的关系。为了实现对科学性质的理解，教师需要通过学习体验知识的生产过程，经历科学探究实践；通过“科学探究的学习过程，增强对科学探究的理解，掌握科学探究式教学的实质，形成一定的提出问题、观察实验、收集信息、形成猜想、技术设计、交流合作和科学思维的能力”。唯有如此，在小学科学教学中，才有可能将系统的学科知识内容贯穿于具体的科学探究任务之中。

二、引导儿童进行科学探究的能力

“探究”作为小学科学教学的核心，强调学生在学习过程中的主动性，强调他们经历过程、体验过程、在思考与探索过程中，主动建构知识的思想方法；除此之外，探究式科学教学还旨在使学生利用原有的知识和生活经验，像科学家那样进行思考和探究，在智慧的积极参与中，理解现象、探究本质、交流观点、建构知识。

毫无疑问，把科学探究简化成课程上的科学教学，起关键作用的是教师。正如美国著名科学教育专家阿瑟·A·卡琳所说：“虽然探究教学是模仿科学家进行研究所经历的一般过程，但由于儿童受到发展水平的限制，不可能完全像职业科学家那样进行探究，中小学的科学探究活动应该是比较简单的形式，学生在探究中能够理解自己在做什么，使科学探究适合儿童发展水平的关键是教师，教师制订教学计划、准备材料、设置情境、进行引导、提出问题、提供信息、讲解、解释——教师要为儿童在真实世界里动手做科学探究进行各项准备。这些是教师引导儿童进行科学探究所负的责任。”在引导学生进行科学探究的过程中，教师需要具备的不仅是丰富的知识和对一般科学探究方法的理解与掌握，更重要的是，能够将科学探究的内容、方法和过程与特定年龄段、不同能力层次学生的实际情况以及特定的教学情境联系起来。

引导小学生进行科学探究是小学科学教师应该加以强化的能力。小学科学教师，要想形成这种基本的探究教学能力，一方面，需要教师在职前与职后专业学习过程中形成探究习惯，把知识的系统学习融入科学研究的过程；另一方面，小学科学教师还要充分了解小学生的心理与生理发展规律、小学生的生活经验以及他们将前科学概念转化成科学概念的机制和特点。一旦具有扎实的学科基本功，对学科课程中不同分支学科间关系、学科知识与社会生活之间关系、学科内容与学生发展之间关系形成了深度理解把握，并在教学过程中不断反思，生成和积累教学经验和教学智慧，高水平的小学科学教学素养形成也就指日可待了。

三、教育学、心理学知识

丰富的教育学、心理学知识，是形成教师专业知识的基础。新的小学科学教育课程标准倡导一种课程共建的文化，需要教师改变传统的教师中心观念，形成一定的科学文化积淀，包括新的科学世界观、科学探索观、科学教育观，同时关注有关儿童发展的最新研究进展，关心自己所处地域文化的独特性，并把观察、思考和学习融入专业实践之中。

小学科学教师在教育学、心理学方面所需要的，并不仅是纯粹的系统知识。教育学、心理学学科知识，具有较强的抽象性，很难直接运用到日常的课堂教学与学校生活中。因此，如何把系统的教育学、心理学理论知识与小学科学教学的特点和性质结合起来，与小学生的学习和生活经验结合起来，并转化成教师对学生、学科教学的态度和能力，对于小学科学教师是个不小的挑战。教师职前和职后教育的核心任务，即是培养小学科学教师基于教育理论建构自己对小学科学及其性质的理解，形成恰当地处理知识的确定性与教学现实的情境性之间矛盾的能力。

四、对科学哲学与科学史的学习与把握

把科学哲学和科学史纳入小学科学教师培养的必修课程体系之中，是当今国际小学科学教师培养的基本趋势。20 世纪 80 年代之后，“如何通过科学教学使学生能够获得对科学本质的理解，不仅学到科学知识和基本技能，而且具有科学精神和创新能力”，一直是国际科学教育界的核心话题。科学史、科学哲学和科学社会学等课程，是有助于教师形成对科学性质理解的基础学科。

正如论者所言，科学史和科学哲学“给我们提供了科学发展的历史、科学研究范式转换的轨迹，以及科学发展过程中的经验和失误，有助于我们理解科学的本质、科学与技术发展之间的关系、科学与技术在人类发展过程中的功过得失，以及科学技术对于社会发展而言所存在的局限性和破坏性”。对科学哲学、科学史的了解和理解，有助于提升小学科学教师对科学性质的洞察力。20 世纪后半期，科学性质以及科学教育性质演变的历史，

为人们提供了一幅理解科学史、科学哲学对科学性质和小学科学教学产生巨大作用的清晰画面。

科学史和科学哲学也是小学科学教学的基本内容。随着小学科学教育改革的不断深化，小学科学教育的目的与功能也逐渐明朗化，并被各国政府和教育主管部门认可和提倡：小学科学教育的目的，在于提高儿童的科学素养。要达到这一目的，必须拓展小学科学教育的内容，加大小学科学教育的整合力度，总体来说，小学科学教育改变了传统的知识取向，涵盖知识、技能、过程、方法、思维、情感、态度和价值观，科学史和科学哲学渗透在科学教学的各个方面。美国的科学课程体系把科学教育的内容分为八类，其中包括“科学的历史与本质”。在我国的小学科学教育中，“加强科学文化的教育，加强科学发展历史的教育”，也成为课程改革的追求目标。

五、学科教学知识

学科教学知识，是教师在知识学习与经验积累的基础上，对学科知识、教育学和心理学系统理论知识，以及教学法知识等的整合和提升。对于个人来说，它涉及个体对学科系统知识的理解和把握，也包含对学习者可能出现的偏见和误解、相应的教学策略及其对教学的具体环境的理解。学科教学知识“具有情境性和实践性的特征。从教学实践的角度考察，学科教学知识主要体现于教师在实际教学中如何根据学生的特点和自己对这一学科内容的理解来设计教学情境、表征某一个具体的教学内容”。

教师的专业知识是教师职业体现专业特征的基础性保障，是他们进行专业性活动的条件和依托。对于小学科学教师，关键在于处理专业知识与教学情境之间关系的能力。在小学科学教师培养过程中，不但要打好理论学习的基本功，而且要使之理解和体验教学实践的不确定性，处理好两者之间的关系。提升小学科学教师在情境性教学事件中依据理论进行问题诊断和恰当处置的能力，有利于促进小学科学教师的学科教学法知识的增长和教学能力的同步提升，是小学科学教师培养机构的重要任务。

使“静”态知识进入“动”态，把“死”的知识变“活”，推动教师实现从“知识型”向“能力型”“创造型”的转变，是目前小学科学教师教育应该重点解决的问题。教师自身的实践经验、高质量的教师职前和职后教育、相关部门的帮助与支持，都是解决这一问题的关键因素。

第三章　小学科学教育的理论基础

第一节　认知心理学与小学科学教育

一、认知心理学概述

认知心理学是认知科学和心理学的一个重要分支，它对一切认知或认知过程进行研究，包括感知觉、注意、记忆、思维和语言等。认知心理学有广义、狭义之分，广义的认知心理学是指凡是研究人的认识过程的，都属于认知心理学，而目前西方心理学界通常所指的认知心理学，是指狭义的认知心理学，即所谓的信息加工心理学，它是指用信息加工的观点和术语，通过与计算机相类比，模拟、验证等方法来研究人的认知过程，认为人的认知过程就是信息的接受、编码、贮存、交换、操作、检索、提取和使用的过程，并将这一过程归纳为四种系统模式：即感知系统、记忆系统、控制系统和反应系统。强调人已有的知识和知识结构对他的行为和当前的认知活动起决定作用。其最重大的成果是在记忆和思维领域的突破性研究。

20世纪五六十年代，认知心理学登上历史舞台，之后便以其独特的理论视角影响着心理学。不同的研究机构从20世纪90年代就开始部署“脑的十年”（1990—2000年，由美国心理学会倡导）和“心智的十年”（2012—2022年，由《科学》发表的一份宣言）。《科学》期刊于2005年在其125周年的纪念刊中列举了125个科学前沿问题，其中与认知心理学相关的“意识的生物学基础”“记忆的存储和提取”“合作行为的演化”都被列在前25名。由此可见，心理学，尤其是认知心理学及其相关学科，对人类了解自身和外部世界的关系发挥着重要作用。

二、认知心理学的发展和研究取向

认知心理学研究人的高级心理过程，主要是认识过程。在认知心理学中存在着不同的观点，它们各有不同的研究途径。当前从信息加工观点研究认知过程是认知心理学的主流。当代认知心理学（这里指信息加工理论）是建立在一种隐喻上的：人脑在许多方面都像一架程序控制的计算机。这意味着把人的心智过程看成是一种信息加工系统。它对来自各方面的包括内部和外部的信息进行变换、简约、加工、存储和使用，以实现不同的认知目的。由此可见，个人的知识与经验在信息加工过程中起到十分重要的作用。

认知心理学认为：人的信息加工系统主要由三个子系统构成。一是认知系统，它是一个有限的、多阶段的信息加工系统。说它“有限”主要是由于选择性知觉和每一阶段对信息处理能力或容量的限制。因此，人们必须发展和培养有效的认知策略来提高各阶段信息加工的能力。目前把认知策略纳入认知系统正为人们所接受。二是认知监控系统，又称元认知系统。它是对认知过程或信息加工的自我监控，主要由三方面内容构成：①自我监控的知识；②自我监控体验；③自我监控实施。三方面相互作用紧密联系构成自我监控能力，表现为知道自己具有何种知识与何种策略，同时又能依照情境的需要，有能力使用特定的知识和策略去处理特定的心智问题。三是反应系统，它控制着一个系统从运动动作到语言和表情的全部输出。人们对三大系统的认识是在大量心理学实验研究后才意识到的。其中，当代认知心理学在知识领域中的一项重要研究即“专家与新手”的比较，能很好说明上述理论假设。该项研究认为，在知识领域内，专家与新手的差异除了专业知识上的差别外，重要的是在认知加工过程中个体认知策略以及自我监控（元认知）能力上的差异。正因为如此，它已成为后来教学心理学研究的重要领域。

基于上述观点，当代认知心理对人心智能力的探讨有三种取向：①探讨人类的知识与经验是如何获得的；②贮存在头脑中的知识与经验是如何表征的；③知识和经验是如何与来自各方面的信息产生相互作用，以达到各种不同心智运作和认知的目的。经过 30 年的理论与实验研究，基本内容的框架已凸现出来。目前，第一个问题研究主要依据奥苏伯尔的“认知结构同化论”，诺曼和鲁梅哈特等人的“图式理论”以及安德森的“激活论”。第二个问题研究主要是依据“命题网络理论”“图式理论”“产生式系统理论”以及佩维奥的“双编码理论”。第三个问题研究除了上述理论支持外，主要还有元认知理论。正是这三个取向和相应的研究成果改变了教学观念和研究思路。

三、认知心理学与小学科学教学观念的更新与思考

行为主义认为，教学过程只涉及两个因素：教育者的教学操纵，学习者的结果操作，这两者都是外部可观察的事件。教学研究的任务，就是研究“教学操纵”如何影响“结果操作”，探讨这两者之间的关系。行为主义进一步认为，“结果操作”是由“教学操纵”直接决定的，这就完全排除学习者内部因素，如知识与经验的作用。当代认知心理学的教学观不仅要研究教学操纵和结果操作等外部事件之间的关系，更重视外部事件和内部事件之间的关系。内部事件主要指学习者特征、学习过程和学习结果。认知心理学的教学观认为教学过程中至少涉及五种因素：①教学操作；②学习者特征；③学习信息加工过程；④学习结果获得什么类型知识；⑤结果操作。由此可见，认知心理学的教学观把教与学有机地结合在一起。加涅把它称为匹配关系。加涅进一步指出，“教”是用来激活、支持和完善内部学习过程的外部事件安排，“学”是指由于经验而引起学习者行为和潜能（知识）的变化。梅耶认为，教学是理解教学环境和学习者特征如何相互作用，从而导致学习者认知生长的活动。

基于上述认知心理学观点，小学科学教学应注意以下几方面内容：

1. 教学要重视对学生已有知识经验的分析

现代认知心理学认为，学生已有的知识经验是新学习的基础。学习是新旧知识发生相互作用，新材料在学习者的头脑中获得新的意义，即认知结构的组织和重新组织。运用于小学科学教学中，教师要有效施教，必须以了解学生原有的认知结构为前提。因为，学生头脑中已有的地理知识网络及该知识网络达到的水平是学生进行新知识学习的基础。教师了解了学生头脑中的知识网络结构，就可以有针对性地开展教学，帮助学生完善认知结构。信息加工心理学认为，教学目的之一就是要促使学生头脑中所具有的知识网络逐步完善、逐步深化，更加系统化，使之既有利于新知识的

获得与储存，又有利于知识能迅速而准确地回忆起来。

现代认知心理学的知识观认为，程序性知识不能像陈述性知识那样，可以直接陈述，它只能借助活动的形式来间接推测。最常用的考查学生程序性知识的方法是谈话法和问卷调查。平时，教师可以通过向学生提一些此类的问题，如“你是怎样思考的”，“你这样做的原因是什么”，或让学生写出详细的答题步骤等方式对学生的程序性知识进行一定了解。

2. 教学要考虑知识的类型进行有针对性的指导学习

现代认知心理学对陈述性知识和程序性知识习得过程和条件的研究，尤其是对程序性知识（平常所指的技能和方法）习得的解剖，对在教学过程中如何开展教学，促使学生在掌握知识的同时，又学会了学习、发展了技能以及思维，具有重要的指导意义。

在传统教学中，经常把科学能力的发展与科学知识的学习分割开来，认为它们是平行发展的，即教师把科学能力培养独立在科学知识的学习之外，认为是教学的两个不同任务。而现代认知心理学知识观揭示出两者存在重要的依存关系，掌握了程序性的科学知识就是发展了学生的能力。现代认知心理学的知识观还指导教学中将知识向能力转化的具体过程和操作方法。要让学生习得技能和方法，首先，教师要有意识地向学生传授有关的知识，使之以陈述性知识形式贮存在学生原有的知识网络中；其次，有意识创设一系列的练习，使这些知识条件化，转化成“如果 / 则”形式的产生式；最后，通过更加复杂和综合的情境，使习得的众多分散、孤立的产生式在头脑中建构成一个具有连锁反应的产生式系统，知识达到自动化程度。

上述理念落实到具体的教学中，对于陈述性的科学知识（一般的概念、原理、规则），教学只需做到学生理解了其意义，并有效地保持、巩固这些知识。而对于程序性科学知识的教学，就不能仅限于了解概念、规则，还要有意识地创设一些情境，进行变式练习，使学生能运用这些概念、规则分析问题和解决问题。

3. 教学要重视学生主体性的发挥

现代认知心理学的知识观揭示出知识不是对客观世界的直观反映，而是认知主体在与客体接触中主动建构其意义的过程。这启示，在小学科学教学中，学生对教学活动的主动参与是学生真正习得知识的前提，即学习的主体不是教师，而是学生。

学生主体地位的树立，教学的重心必然发展转变，由传统的重视教师传授向重视学生的参与转变。如何去调动学生的主体性？现代认知心理学十分强调学习的情境性和社会性。小学科学教学内容密切联系生活，身边的很多事物和现象都可以引入课堂作为素材，教师要善于观察和收集，对它们精心设计，把它们作为创设学习情境的良好素材，这既使学生感受到科学学习的价值，激发学习兴趣，调动学生的主动参与性，又使学生获得了完整的知识。同时，教师还要重视合作学习的开展，因为知识不仅是个体在与客观环境相互作用中建构起来的，社会性的作用同样重要，甚至更加重要。人的高级心理机能的发展是社会性相互作用内化的结果。另外，每个学习者都有自己的经验世界，受学生个体认知经验、文化生活背景等因素的影响，对同一问题的认识也会有不同的思维方式和看法见解，不同学习者可以对某种问题形成不同的假设和推论。合作学习通过学习者之间相互沟通和交流、相互争辩和讨论，有助于学习者建构起新的、对问题更丰富、更灵活的理解；同时，也为学习者知识建构创设了一个广泛的学习共同体。在这个学习共同体中，每个成员完成认知的一部分，既能使学生体验到自己是学习的主人，也能使学习者完成单个学习者难以完成的复杂学习任务，减轻了不必要的竞争压力，不仅提高了学习效率，还培养了学生的协作精神。

4. 教学要重视学生良好认知结构的形成

现代认知心理学的研究表明：良好的认知结构有利于知识的迁移和新知识的有效学习。知识传授和学习对学生素质的发展毫无疑义是非常重要的，但并不意味着头脑中的知识越多，解决问题的能力越强。实践研究表明，如果学生没有良好的认知结构，即使头脑中贮存了解决某个问题所需的知识，也不一定能保证解决问题。因此，教师教学必须从传统重知识的数量向重知识的质量和结构转变，从传统重教材知识的逻辑结构向重学生头脑的知识组织结构转变。良好的认知结构主要表现在知识条件化、结构化、自动化以及策略化等方面。

（1）知识条件化。很多时候，学生有知识，但是不懂得运用，用现代认知心理学的解释，学生对知识的掌握仅处于陈述性知识阶段。要使学生会运用，还必须由陈述性知识向程序性知识转化，即将知识与知识运用的情境结合，形成条件化知识，即以“如果/则”形式贮存的产生式。

（2）知识结构化。实验研究表明，“专家”和“新手”之间的知识组织结构差异主要是“专家”的头脑中知识按层次排列，“新手”则采用水平排列，且零散和孤立。因此，解决问题时，“专家”更注意问题结构，而“新手”更多注意问题的表面细节。要使学生知识结构化，教师在教学中，必须重视对知识的小结化，即用纲要图或流程图等形式把所传授知识之间的内在联系表达出来，展示给学生，使学生对所学知识形成很好的组织。

（3）知识自动化。人的记忆容量有限致使许多问题得不到及时和很好地解决。如果，一个知识的各个方面经过练习而紧密地结合在一起，并达到自动化的熟练程度，那么，这个知识可以在头脑中表征为一个具有组块性的知识网络。在运用时只需占据较少的工作记忆空间，从而使更多的空间空余出来用以考虑问题的其他方面。实验研究也表明，“专家”的知识表征组块多，工作记忆就有更多的空余时间。要使知识自动化，唯一的办法就是精练，在课堂上精讲多练，练习要注意一定变式的运用，以拓宽知识适应的范围，使条件化的知识达到熟练的自动化程度。

（4）知识策略化。策略化是指头脑中要贮存关于如何学习和思维的策略性知识，并且在“执行的控制过程”之中，运用策略知识去监控自己学习和思维的信息加工过程。如何在教学过程中，训练学会学习和学会思维？首先，要重视策略性知识，即方法知识的传授学习，如合理复习的方法，思维的方式等；其次，是结合练习，使抽象的方法知识条件化；最后，是条件化的策略性知识达到熟练的自动化程度。

第二节 构建主义理论与小学科学教育

一、建构主义理论概述

建构主义（Constructivism）也被译作结构主义，其最早提出者可追溯至瑞士的皮亚杰（J.Piaget），他是认知发展领域最有影响的一位心理学家，他所创立的关于儿童认知发展的学派被人们称为日内瓦学派。皮亚杰关于建构主义的基本观点是，儿童是在与周围环境相互作用的过程中，逐步建构起关于外部世界的知识，从而使自身认知结构得到发展的。

建构主义有四个基本概念，即图式、同化、顺应、平衡。图式是指个体对世界知觉的理解和思考的方式，是心理活动的框架或组织结构。图式是认知结构的起点和核心，图式的形成和变化是认知发展的实质，认知发展受同化、顺化和平衡的影响。同化（assimilation）是指个体在感受刺激时，把它们纳入头脑中原有的图式之内，使其成为自身的一部分。顺应（accommodation）是指学习者调节自己的内部结构以适应特定刺激情境的过程。当学习者遇到不能用原有图式来同化新的刺激时，便要对原有图式加以修改或重建，以适应环境。平衡（equilibration）是指学习者个体通过教师调节机制使认知发展从一个平衡状态向另一个平衡状态过渡的过程。

建构主义理论的内容很丰富，但其核心用一句话就可以概括：以学生为中心，强调学生对知识的主动探索、主动发现和对所学知识意义的主动建构。

二、建构主义学习理论

建构主义学习理论的基本内容可从“学习的含义”和“学习的方法”两个方面进行阐述。

（一）关于“学习的含义”

建构主义的理论认为，学习者（学生）所收获的知识不是通过教师传授得到的，而是学习者在一定的学习情境和获取知识的过程中，借助教师和学习伙伴的帮助，利用必要的学习资源（文本的、视频音频的、网络的、人力的、物力的），通过自我和合作搭建的方式而获得。由于学习是在一定的情境即社会文化背景下，借助其他人的帮助即通过人际间的协作活动而实现的意义建构过程，因此建构主义学习理论认为“情境”“协作”“会话”和“意义建构”是学习环境中的四大要素或四大属性。

1.“情境”

“情境”即学生进行学习的环境和氛围，学生所处的学习环境中的情境必须有利于其对所学内容的意义建构。这就要求教师在教学设计时不仅要考虑教学目标分析，还要考虑学情分析（教学资源分析、学习内容分析、学生分析），还要考虑有利于学生建构意义的情境创设问题，并把情境创设看作是教学设计的最重要内容之一。

2.“协作”

“协作”是同学之间师生之间的合作，这种合作发生在学习过程的始终。协作对学习资料的搜集与分析、假设的提出与验证、学习成果的评价直至学生知识、科学过程技能和情感态度价值观结构的搭建均有重要作用。

3.“会话”

“会话”是学生在学习过程中的交流和沟通，是协作过程中不可或缺的环节。合作的同学之间必须通过会话，商讨如何完成规定的学习任务，在探究学习过程中遇到问题如何处理，对于同学之间的评价、教师的评价如何应对等；此外，协作学习过程也是会话过程，在协作中，个体和群体学习成果通过会话达到相互共享，因此会话成为达到意义建构的重要手段之一。

4.“意义建构”

“意义建构”是整个学习过程的最终目标，是学生在知识方面、科学过程技能和方法方面以及情感态度和价值观方面最终要达到的目标。在学习过程中，帮助学生建构的意义就是要帮助学生对当前学习内容所反映的事物的性质、规律以及该事物与其他事物之间的内在联系达到较为深刻的理解。这种理解在大脑中的长期存储形式就是前面提到的“图式”，也就是关于当前所学内容的认知结构，换一个角度理解就是，学生通过科学学习活动在自身头脑中形成的文字、情境、思维等方面的影像。由以上所述的“学习的含义”可知，学生获得知识和能力的多少，取决于学习者根据自身经验去建构的能力，而不取决于学习者记忆和背诵教师讲授内容的能力。

（二）关于“学习的方法”

建构主义所提倡的是既强调学习者是学习内容信息加工的主体作用，又不忽视教师在学生学习过程中的指导作用，教师是学生知识、能力和技能以及情感、态度价值观方面建构的设计者、组织者、帮助者和促进者，而不是知识的传授者与灌输者，这是一种体现新课程理念的教师角色定位。学生是自身知识、能力和情感、态度价值观结构的主动建构者，而不是外部刺激的被动接受者和被灌输的对象。因此，要求学生在学习过程中从以下几个方面发挥主体作用：

1.要用探索法、发现法去建构自身知识、能力和情感、态度价值观结构；

2. 在自身知识、能力和情感、态度价值观建构的过程中，要求学生主动去搜集并分析有关的信息和资料，对所学习的问题要提出各种假设并努力加以验证；

3. 要把当前学习内容所反映的事物尽量和自己已经知道的事物相联系，并对这种联系加以认真的思考。“联系”与“思考”是自身知识、能力和情感、态度价值观结构建构的关键。如果能把联系与思考的过程与协作学习中的协商过程结合起来，则学生建构自身知识、能力和情感、态度价值观结构的效率会更高、质量会更好。协商有“自教师协商”（即指自己和自己争辩什么是正确的）与“相互协商”（即指学习小组内部相互之间的讨论与辩论）。

教师要成为学生建构自身知识、能力和情感、态度价值观结构的帮助者，就要求教师在教学过程中从以下几个方面发挥指导作用：

1. 激发学生的学习兴趣，帮助学生形成正确的学习动机；

2. 通过创设符合教学内容要求的情境和提示新旧知识、能力和情感、态度价值观结构之间联系的线索，帮助学生建构当前所学习内容的结构。

3. 为了使学生自身知识、能力和情感、态度价值观结构的建构更有效，教师应在可能的条件下组织讨论与交流，并对协作学习过程进行引导，使之朝有利于学生自身知识、能力和情感、态度价值观结构的建构方向发展。引导的方法包括：提出适当的问题以引起学生的思考和讨论；在讨论中设法把问题一步步引向深处以加深学生对所学内容的理解；要启发诱导学生自己去发现规律、自己去纠正和补充错误的或片面的认识。

三、建构主义的教学思想

建构主义所蕴含的教学思想主要反映在知识观、学习观、学生观、师生角色的定位及其作用、学习环境和教学原则等 6 个方面。

（一）建构主义的知识观

1. 知识不是对客观现实的纯粹反映，任何一种再现知识的符号系统也不是对客观事实绝对真实的表征，它只不过是人们根据自身的理解对客观世界的一种解释、假设或假说，也不是问题的最终答案，人们认识客观事物是随着手段和方式的进步而不断发展的，因而，人们对事物客观反映必将随着人们认识程度的深入而不断地变革、升华和改写，出现新的解释和假设，这也是科学不断发展，对一些客观事物的描述在不断变化的原因。

2. 知识并不能绝对准确概括客观物质世界的本来面目，也不能提供对任何活动或问题解决都实用的方法。在解决具体问题中，是需要知识的使用者针对具体问题的情景对原有知识进行再加工和再创造。

3. 知识不可能以实体的形式存在于个体之外，知识不可能像人们看到和可以触摸到的一些客观事物一样实实在在，不富于变化。例如，在你面前的汽车，虽然可以被开动，但它仍然是不变的汽车。尽管人们通过语言赋予了知识一定的外在形式和表现力，并且获得了较为普遍的认同，但是不同的人对同样的知识可以有不同程度的理解。真正的理解只能是由学习者自身基于自己的经验背景而建构起来的，取决于特定情况下的学习活动过程。否则，就不叫理解，而叫死记硬背或生吞活剥，是被动的复制式的学习。

（二）建构主义的学习观

1. 学习不是由教师把知识、科学过程技能和情感态度价值观简单地传递给学生，而是由学生自己在一定的学习情境中重新建构的具有自身特征的一个过程。学生不是简单被动地接收信息，而是主动地建构自身知识、能力和情感、态度价值观的结构，这种建构是无法由他人代替的。

3. 学习应该是根据自己的生活经验和知识、能力背景，对外部信息进行主动地选择、加工和处理，从而更加丰富和完善自身知识、能力和情感、态度价值观结构的过程和结果。外部信息如果没有通过学习者自身内部起变化，对学习者来说是没有什么意义的，外部信息存在的意义就在于，学习者通过新旧知识、经验、技能和情感间反复的、双向的相互作用过程而建构成的学习者新的结构。

3. 学习意义的获得，是每个学习者以自己原有的知识、经验技能和情感为基础，对新信息重新认识和编码，建构自己的理解。在这一过程中，学习者原有的知识经验因为新知识经验的进入而发生调整和改变。

4. 同化和顺应，是学习者认知结构发生变化的两种途径或方式。同化是认知结构的量变，而顺应则是认知结构的质变，同化过程是学习者认知结构中各相关元素量的积累过程，顺应则是学习者的认知结构中相关元素发生质的变化的过程。同化——顺应——同化——顺应循环往复，平衡——不平衡——平衡——不平衡，相互交替，人的认知水平的发展，就是这样的一个过程。

（三）建构主义的学生观

1. 建构主义认为，学习者对所有的学习内容都有一些原始的认知，学生进入学习状态时并不是大脑空空进入学习情境的。学生的原有认知可能是正面的，也可能是反面的，可能是中立的。学生之所以面对一些新的学习内容面面相觑、无所适从，就是因为这些原有认知没有被有效挖掘。他们已经在日常生活和以往的学习中形成了有关的知识经验，对任何事情都有自己的看法。即使有些问题从来没有接触过，没有现成的经验可以借鉴，但当问题出现时，他们还是会基于以往的经验，依靠他们的认知能力，形成对问题的解释，提出假设。

2. 教师在教学过程中不能对学习者的已有知识、技能、情感和经验熟视无睹，更不能简单强硬地采用由外向内的“填灌”，而应当把学习者原认知结构中的各元素作为起点，引导学习者生成新的认知结构。教师在教学中要倾听学生的观点，思考这些观点的源头，并以此为据，引导学生丰富或调整自己的解释。

3. 教师与学生、学生与学生之间需要共同针对某些问题进行探索，并在探索过程中相互交流和质疑，了解彼此的想法。由于经验背景差异的不可避免，学习者对问题的看法和理解千差万别，对于学生所处的学习集体来说，这些差异是一种宝贵的现象资源。学习个体在学习中主要是通过自身起作用的，但是教师的影响作用也不可低估。

（四）师生角色的定位及其作用

1. 在新课程的理念下，教师在学生学习中的角色定位应该是学生建构新的知识、能力和情感体系的设计者、引领者、合作者和伙伴，是学生建构知识、能力和情感大厦的忠实支持者。教师应该给学生提供复杂的真实问题，而不是假问题，引导学生主动开发或发现这些问题，而且必须认识到复杂问题有多种答案，激励学生对问题解决提出多种方式方法。教师给学生提供的应该是有结构的材料，而不是作用不大或者是不相干的材料。教师必须和学生合作共同创设一种良好的学习环境，学生在这种环境中，可以通过实验、独立探究、合作学习等方式来展开他们的学习。

2. 教师要在学生建构自己的认知结构时激发其学习兴趣，引发和保持学生的学习动机。为使学生的建构更为有效，教师应组织协作学习，展开讨论和交流，并对协作学习过程进行引导，使之朝有利于意义建构的方向发展。

3. 学生的角色是教学活动的主体和学习内容的积极建构者。当学生面对复杂的、真实的认知情境时，需要采取一种新的学习风格、新的认识加工策略，并且确立自身是知识和能力建构主体的健康心态。学生在自我构建过程中要承担更多管理自己学习的机会；教师应当注意使机会永远处于维果斯基提出的“学生最近发展区”，并为学生提供一定的辅导。教师要引导学生善于把当前学习内容与自身已有知识经验联系起来，并对这种联系加以认真思考。建构主义认为将联系、思考和协商过程相结合是意义建构的关键和最好结果。

（五）建构主义的学习环境

建构主义认为，学习者的知识、能力和情感价值观结构是在一定情境下，借助于他人的帮助，如人与人之间的协作、交流、利用必要的信息等，通过自主探究和与人合作建构而获得的。理想的学习环境应当包括情境、协作、交流和意义建构四个部分。

1. 情境。学习环境中的情境必须有利于学习者对所学内容的意义建构。在教学设计中，创设有利于学习者意义建构的情境是最重要的环节或方面。

2. 协作。在一定意义上具有协商的意识，是协商下的合作，应该贯穿于整个学习活动过程中。教师与学生之间，学生与学生之间的协作，对学习资料的收集与分析、假设的提出与验证、学习进程的自教师反馈和学习结果的评价以及意义的最终建构都有十分重要的作用。

3. 交流。是协作过程中最基本的方式或环节。协作学习的过程就是交流的过程，在这个过程中，每个学习者的想法都为整个学习群体所共享。交流对于推进每个学习者的学习进程，是至关重要的手段。

4. 意义建构。是教学过程的最终目标。教师在学习过程中帮助学生深入建构就是要帮助学生对当前学习内容所反映事物的性质、规律以及该事物与其他事物之间的内在联系达到较深刻的理解，在原认知的基础上再进一步深化和完善自身的认知。

四、建构主义教育思想在小学科学教育中的应用

（一）建构式小学科学教育的学习原则

在建构主义看来，在教学过程中，科学素养（很重要一部分是科学知

识、科学思想、科学方法和科学价值观）永远只是主体建构活动的结果，它是不能传递给被动的接受者的。科学素养必须由每一个认知者主动建构。根据建构主义理论，可以得出小学科学教育的学习原则：

1. 提出与学生相关的问题

这里所说的提出与学生相关的问题，不是指学生可以随心所欲想学什么就学什么，而是指教师备课和教学所涉及的问题必须是学生所关注的、引起他们兴趣的。例如，可以采用一个使学生感到惊奇的演示、一次有趣的活动或一个好问题。建构主义者对好问题的标准是：①要求学生做出一个可检验的预测；②利用不很昂贵的设备或器材；③有一定的复杂性，可以使学生提出多种解决问题的途径；④适合于小组活动。

2. 围绕基本概念组织学习活动

建构主义强调完整地学习科学的基本概念。在这一点上，建构主义者与后现代主义课程理论家多尔一样，主张课程的内容必须是“少而精”的。“少”强调的是最基本的科学概念、理论、模式等，类似于布鲁纳的学科结构概念，而与布鲁纳观点不同的是，建构主义主张在情境中进行教学，而不是学习抽象的、理论化的、脱离情境的知识。“精”则是要求学得深、学得透，使学生掌握思想、过程和方法，理解科学的本质，能够举一反三，因而终身受益。这也正是小学科学新课程中提出的科学教育内容要“一英寸宽，一英里深”这一观点。

3. 引出并重视学生的观点

这是体现建构主义教学思想最重要的策略。教学虽然可以促进知识、科学过程技能和情感态度价值观的建构，但知识、科学过程技能和情感态度价值观的建构不是直接教的结果。在教学过程中，学生能否理解知识、获得科学过程技能和情感态度价值观的体验，关键在于通过教师的引导和启发，学生能否主动地建构。而在这种建构过程中，学生已有的思想和观点揭示了许多其当前的观念和思维过程。为了了解学生的想法，教师必须倾听学生述说对所要研究问题的观点，这不仅是为了确定对与错，更重要的是为了懂得学生正在思考什么，怎样思考的，其假设是什么，并有针对性地教学。

4. 在教的情境中评价学生的学习

评价的真正目的在于使教师确定学生是否掌握了所学习的内容，即使掌握了还要摸清掌握到什么程度，这应该是一个连续的过程。因此，在上课时，教师就要监测学生是否理解和掌握了学习内容。如果教师感到学生并没有理解和掌握，就要确定学生缺乏理解和掌握的原因，并调整教学方案，针对他们的问题进行教学。

（二）建构主义应用于小学科学教育教学中，对学生认知能力的影响

据美国《科学教育》杂志 2005 年 9 月报道，台湾交通大学 Ying-Tien Wu、Chin-Chung Tsai 就建构主义在小学科学课程教学中的长期应用，对学生的认知结构和信息加工策略的影响进行了为期 5 个月的研究。

研究通过对实验组（69 位小学 5 年级学生）和对照组进行了分析比较研究。并把对照组分为高成就组和低成就组。得出以下结论：①接受建构主义教学的学生取得了明显的学习成就，并能够将所学知识有效地整合到自己的认知结构、元认知管理以及信息加工策略中；②实验组中的高成就和低成就的学生都能够在不同程度上从建构主义教学中获益；③高成就的学生在对信息加工策略的使用上，优于对照组；④实验组学生在认知结构的获得、元认知的丰富、认知结构的整合以及认知结构的改善等方面，优于对照组。

（三）将建构主义教学方法引入小学科学教学的实例

建构主义者认为，每位学习者必须用对自己有意义的方式去学习——这是唯一可以与个体已经拥有的知识、经历或概念相联系的学习途径。小学科学的学习不是对环境观察的复制，而是自己思考和处理的结果。用建构主义的教学方法来进行小学科学的教学时，教师的基本工作是让学生们能够自己发现并做出相关联结，从而形成有效的、内化了的、适合于自教师的意义。

小学科学教学不同于语文、数学和外语这些课程，学生完全可以自己去构建自己的科学世界，教师只是一个指导者、合作者和环境的提供者。另外，由于学生现在的学习任务很重，他们往往把科学课当作放松自我的课程，利用科学课本身的探索性和学生的好奇心以及他们放松的心理，最容易帮助学生形成学习和自我发展的构建能力。

利用建构主义来进行小学科学教学时，没必要按正常的教学严格进行，应以实验、分组、讨论，甚至是“玩”的形式，让学生较随意的参加探究活

动、发表看法、动手实验、提出异议等。因此，上课的形式是自由的，没有固定的模式，这样才能调动学生的积极性，令其思维活跃，并且提出新问题，进而自己去想办法解决。例如，小学三年级科学课的《磁铁》《轮子》《溶解》等课程，完全可以在玩中学，让学生通过游戏、比赛、讨论、分组合作等形式学习。

案例：

现以小学六年级的《空气的污染和保护》为例，进行教学设计和分析。针对这一题目，设计教学过程如下：

1. 结合春天空气污染严重的事实，设计教学活动；
2. 走出教室，亲身感受空气的清新和污染；
3. 学生结合实际生活和查阅资料，提出空气污染的例子；
4. 分析空气污染的危害；
5. 讨论治理空气污染的举措。

引用数据比较：

众所周知，我国北方春天的空气污染严重，沙尘天气让所有人畏惧，为了让学生进一步了解，可以列举天气预报的城市“大气清洁度指数”来充分说明，并且和其他城市进行对比。例如，轻微污染、严重污染、不利于户外活动等。如下表（表 3-1）：

表3-1

城市	大气洁净度指数
沈阳	59
大连	67
鞍山	47
抚顺	53
本溪	47
丹东	59
锦州	40

分别在空气清新和空气污染严重的两天带学生到操场走走，亲身感受空气污染带来的不适，有了正反两方面的对比，比较容易分析出空气污染的害处。

联系实际：

在联系实际这一环节中学生会举出很多关于空气污染的例子，教师在这一环节可以充分利用多媒体手段来进行教学，展示空气污染的影像资料，这样既体现了教学方式的多样化，又易于学生理解。

讨论：

空气污染的危害有很多，学生们各自的看法也不尽相同，在这一环节，可让同学们根据他们平时的知识积累展开热烈的讨论，教师在最后给予总结。

展开想象：

这一环节是培养学生创新能力的关键环节，要充分调动学生创新思维。解决空气污染的举措和办法也是多种多样，学生完全可以在已知的基础上充分发挥自己的想象力，提出一些与众不同的看法，教师应对这种创新型想法给予肯定和鼓励。

通过以上四个环节，学生构建了自己的新知识和能力，教师为其提供环境和前提准备。整个过程活动的主体是学生，而不是教师一味地讲授，这是区别于以往教学过程的主要之处。另外，为了提高学生的兴趣及继续探索的欲望，教师可以在开始及最后讲个小故事，如温室效应、臭氧层的补丁等，既是当今科学界的热点问题，又是有趣的故事来激发学生对这方面的继续思考。

结论：

对学生的科学素养提升建构能力的培养不是一朝一夕就能完成的，应当抓住小学生思维活跃、易于激发这一特点在小学为学生创造环境，而小学科学恰恰提供了这样的环境，教师应充分利用这一学科，运用建构主义教学理论为学生提供环境和指导，进而培养学生的创新思维，以适应社会对人才的新需求。

第三节 多元智能理论与小学科学教育

一、多元智能理论

（一）多元智能的概念及其种类

多元智能理论自1983年由哈佛大学发展心理学家教授霍华德·加德纳（Howard Gardner）提出以来，迄今已有近25年的历史，已经逐渐引起世界广泛关注，并成为20世纪90年代以来许多西方国家教育改革的指导思想之一。

在《心智的结构》一书中，加德纳把智能定义为："智能是在某种社会或文化环境的价值标准下，个体用以解决自己遇到的真正难题或生产及创造出有效产品所需要的能力。"

加德纳认为，支撑多元智能理论的是个体身上相对独立存在着的、与特定的认知领域和知识领域相联系的八种智能：语言智能、节奏智能、数理智能、空间智能、动觉智能、自省智能、交流智能和自然观察智能。

1. 言语语言智能（Verbal-Linguistic intelligence）

语言智能，指听、说、读和写的能力，表现为个人能够顺利而高效地利用语言描述事件、表达思想并与人交流的能力。这种智能在记者、编辑、作家、演讲家和政治领袖身上有比较突出的表现，如丘吉尔（Winston Churchill）、周恩来等。

2. 音乐节奏智能（Musical-Rhythmic intelligence）

节奏智能，指感受、辨别、记忆、改变和表达音乐的能力，表现为个人对音乐包括节奏、音调、音色和旋律的敏感以及通过作曲、演奏和歌唱等表达音乐的能力。这种智能在作曲家、指挥家、歌唱家、演奏家、乐器制造者和乐器调音师身上表现得比较突出，如音乐天才莫扎特（Mozart）、歌唱家帕瓦罗蒂、郭兰英，小提琴家盛中国、作曲家雷振邦和谷建芬等。

3. 逻辑数理智能（Logical-Mathematical intelligence）

数理智能指运算和推理的能力，表现为对事物间各种关系，如类比、对比、因果和逻辑等关系的敏感，以及通过数理运算和逻辑推理等进行思维的能力。这种智能在侦探、律师、工程师、科学家和数学家身上表现得比较突出，如相对论的提出者爱因斯坦（Albert Einstein）、数学家陈省身、计算机——激光照排专家王选等。

4. 视觉空间智能（Visual-Spatial intelligence）

空间智能，指感受、辨别、记忆和改变物体的空间关系并借此表达思想和感情的能力，表现为对线条、形状、结构、色彩和空间关系的敏感以及通过平面图形和立体造型将它们表现出来的能力。这种智能在画家、雕刻家、建筑师、航海家、博物学家和军事战略家身上有比较突出的表现，如画家毕加索、刘海粟，我国明朝的航海家郑和等。

5. 身体动觉智能（Bodily-Kinesthetic intelligence）

动觉智能，指运用四肢和躯干的能力，表现为能够较好地控制自己的身体、对事件能够做出恰当的身体反应以及善于利用身体语言来表达自己的思想和情感的能力。这种智能在运动员、舞蹈家、外科医生、赛车手和发明家身上有比较突出的表现，如我国的体操运动员李宁、舞蹈家杨丽萍、美国的篮球运动员迈克尔·乔丹等。

6. 自知自省智能（Intrapersonal intelligence）

自省智能，指认识、洞察和反省自身的能力，表现为能够正确地意识和评价自身的情绪、动机、欲望、个性、意志，并在正确的自教师意识和自教师评价的基础上形成自尊、自律和自制的能力。这种智能在哲学家、小说家、律师身上有比较突出的表现，如我国历史上最伟大的思想家、教育家和哲学家孔子等。

7. 交往交流智能（Interpersonal intelligence）

交流智能，指与人相处和交往的能力，表现为觉察、体验他人情绪、情感和意图并据此做出适宜反应的能力。这种智能在教师、律师、推销员、公关人员、谈话类节目主持人等身上表现得比较突出，如美国黑人领袖、社会活动家马丁·路德·金。

8. 自然观察智能（Naturalist intelligence）

自然观察智能，指观察自然界中的各种形态，对物体进行辨认和分类，能够洞察自然或人造系统的能力。学有专长的自然观察能力表现在农夫、动植物学家、猎人、生态学家和家庭设计师身上，如著名的昆虫（苍蝇）专家薛万琦等。

（二）多元智能理论的内涵

1. 每一个体的智能各具特点

通过加德纳的多元智能理论可以看出，人的各种智能不是以整合的方式存在，而是相对独立的，各自有着不同的发展规律并使用不同的符号系统。各种相对独立的智能以不同方式和程度有机地组合在一起。即便是同一种智能，其表现形式也不一样。例如，同样具有较高逻辑——数理智能心算能力的两个人，其中一个可能是数学家，而另一个可能是文盲，但他们都有很好的心算能力。正是这种在个体身上体现的智能差异性，使得每一个人看起来都“与众不同”。换言之，根据加德纳的多元智能理论，作为个体，每个人都同时拥有相对独立的八种智能，但每个人身上的八种相对独立的智能在现实生活中并不是绝对孤立、毫不相干的，而是以不同方式、不同程度有机地组合在一起。正是这八种智能在每个人身上以不同方式、不同程度组合，使得每一个人的智能各具特点。

加德纳认为，每个人的智能都有独特的表现方式，每一种智能又都有多种表现形式，很难找到一个适用于任何人的统一评价标准，来评价一个人的聪明和成功与否，因为每一个人的某一种智能强度是不一样的。正如无法指出丘吉尔、莫扎特、爱因斯坦、毕加索、乔丹、柏拉图和马丁·路德·金谁更聪明、谁更成功，只能说他们各自在自己的领域内怎样聪明、怎样成功。不能说上述八种智能哪一种重要、哪一种不重要。它们在个体智能结构中都占有重要的位置，处于同等重要的地位，只不过表现的程度和方面不一样而已。

2. 个体智能的发展方向和程度受环境和教育的影响和制约

在多元智能理论看来，个体智能的发展受到环境包括社会环境、自然环境和教育条件的极大影响与制约，其发展方向和程度因环境和教育条件不同而表现出差异。尽管各种环境和教育条件下的人们身上都存在着八种智能，但不同环境和教育条件下人们智能的发展方向和程度有着明显的区别。

加德纳认为，在正常条件下，只要适当的外界刺激和个体本身的努力，每一个个体都能发展和加强自己的任何一种智能。在加德纳看来，影响每个人的智能发展有三种因素，即先天资质、个人成长经历和个人生存的历史文化背景。这三种因素是相互影响、相互作用的。加德纳指出，虽然人的天赋对智能类型起决定作用，但智能的发展水平高低取决于个体后天的历史文化教育活动。其中，开启经历和关闭经历就是两个重要的变化过程，是个体智能发展的转折点。

前者起到开启智慧的作用，后者则起到扼杀智慧的作用。前者如著名的爱因斯坦，它激励爱因斯坦产生了探究宇宙奥秘的欲望，开启了他的数学——逻辑思维型智能的发展。后者则通常与耻辱、内疚、恐惧等消极经历有关，它会中断一个人某种智能发展的路程，从而使这种智能失去进一步发展、完善的机会。

3. 智能强调的是个体解决实际问题的能力和生产及创造出社会需要的有效产品的能力

在加德纳的多元智能理论看来，智能应该强调两个方面的能力，一方面是解决实际问题的能力；另一方面是生产及创造出社会需要的有效产品的能力。根据加德纳的分析，传统的智能理论产生于重视言语——语言智能和逻辑——数理智能的现代工业社会，智能被解释为一种以语言能力和数理逻辑能力为核心的整合能力。

4. 多元智能理论重视的是多维度地看待智能问题的视角

在加德纳看来，承认智能是由同样重要的多种能力而不是由一两种核心能力构成，承认各种智能是多维度地、相对独立地表现出来而不是以整合的方式表现出来，应该是多元智能理论的本质之所在。

5. 存在于个体身上的智能类型不是仅限于上述几种

加德纳认为，个体到底具有多少种智能是可以商榷和改变的，所提出的八种智能观点，在某种程度上还只是一个理论框架或构想。他不仅不否认其他智能的存在，而且提出人身上可能还存在着其他的智能，如灵感、直觉、幽默感、烹调能力、创造能力和综合其他各种能力的能力等。按照加德纳的观点，某种能力是否可以成为多元智力中的一种，需要看它是否得到足够证据的支持，如果有，就可以在多元智能框架中增加它们。

6. 智商和多元智能无必然的联系

加德纳等人在对人的智商与多元智力的关系进行研究测验后，发现两者无明显的关联。因而，加德纳得出结论：传统的智商测验无法预测儿童在多元智能领域中的表现。相反，多元智能测验可以帮助教师和家长了解儿童将来可能有杰出表现的倾向，从而进行适当的教育。

二、多元智能理论对我国教育改革的意义

多元智能理论在美国教育改革的理论研究与实践中产生了积极的影响，并且成为当前美国教育改革的重要理论基础之一。近些年来，随着该理论被介绍到我国，同样受到我国广大教育工作者的青睐，运用多元智能理论分析我国教育问题，尤其是教育改革的新问题，对于教师们树立良好灵活多变的智能观、教学观、学生观、评价观，促进我国教育改革和学生素质的整体提升具有非常现实和深远的意义。

（一）智能观

根据多元智能理论，大多数人具有完整的智能，但每个人的认知特征又显示出其独特性，在八种智能方面每个人所拥有的量是不同的，八种智能的组合与操作方式各有特色。长期以来，我国的学校教育偏重于培养和发展学生的语言和数理逻辑能力，强调语文和数理化等学科的教学，而忽视对学生其他能力方面的开发和培养，从而贬低了其他认知方式的重要性。因此，学生的多种智能在传统的学业方面未能受到尊重，他们的特长可能难以被发现，这对于学校和社会都可能是巨大的人力资源浪费。

真正有效的教育必须认识到智力的多样性和广泛性，并使培养和发展学生各方面的能力占有同等重要的地位。音乐、体育、美术、历史、地理、社会常识等学科，对促进学生智力的多方面发展具有同等重要的价值。值得教师们深思的是，狭隘的智力观必然导致狭隘的教育内容，而狭隘的教育内容只可能培养出片面发展的学生，这在一定程度上会阻碍甚至扼杀学生多方面的潜在能力，从而限制学生自然、良好地发展。

（二）教学观

我国传统的教学基本上以“教师讲，学生听”为主要形式，辅之以枯燥乏味的“题海战术”，而忽视了不同学科或能力之间在认知活动和方式上的差异。这既违背了教学规律，也违反了因材施教的原则。多元智力理论认为，每个人都不同程度地拥有相对独立的八种智力，而且每种智力有其独特的认知发展过程和符号系统。因此，教学方法和手段就应该根据教学对象和教学内容而灵活多样，因材施教。

教师应当让学生积极地参与教学活动，并根据不同的教学对象和内容采取不同的教学方式，即使是同样的教学内容也可以通过不同的方式和手

段帮助学生理解和掌握，使学生成为学习的主人。学校和教师的任务就是要设计出适合学生特点的有效方法，从而促进每个学生全面充分地发展。对教师而言，更重要的是，不仅要辨认教师们身心系统的智能，而且要认识到教师们能够为学生创设一个生活和学习的“聪明环境”，使他们置身于积极、富有营养、充满刺激和交互作用的环境里，才能够持续地促进心智能力的发展。

（三）评价观

多元智能理论对传统的标准化智力测验和学生成绩考查提出了严厉的批评。传统的智力测验过分强调语言和数理逻辑方面的能力，只采用纸笔测试的方式，过分强调死记硬背知识，缺乏对学生理解能力、动手能力、应用能力和创造能力的客观考核，是片面的和局限的，不能真实、准确地反映学生解决实际问题的能力。根据多元智能理论，智力和教育测验应当通过多重渠道，采取多种形式，在不同的实际生活和学习情境下进行；教师应从多方面观察、记录、分析和了解每个学生的优点和弱点，并以此为依据设计和采用符合学生特点的不同课程、教材和教法，帮助学生“扬长避短”。

测验的目的不应该是对学生分类、排名次或者贴标签，而应该是帮助教师和家长认识和了解学生的学习特点和需要，并采取适当的措施，帮助每一个学生充分发展其潜能。应当明确智力测验是手段，不是目的。多元智能理论指出，人的智力不是单一的能力，而是由多种能力组成的综合体。因此，学校的评价指标、评价方式也应当多元化，并使学校教育从纸笔测试中解放出来，注重对不同人的、不同智能的培养，应加大情景化考试力度，以发现每个学生在环境测试中显露的区别于他人的智能特征。从而使学生能够在智力测验中发现自教师的价值，使教师通过这一过程更加充分了解和认识学生的不同潜能特征，从而把握和提供适合他们的教育途径和方法。

（四）学生观

根据多元智能理论，每个人都有其独特的智力结构和学习方式，所以，对所有学生采取同样的教材和教法是不合理的。加德纳所倡导的“以个人为中心”的多元智能学校教育理论，有如下几项原则：①学校教育必须以学生为本，学校教育的每项改革必须以学生的学习和发展为最大效益；②

所有学生都有能力学习，具有多元智能和不同的发展潜质，学校教育应为每一个学生提供均等的发展机会，建构一种可选择性的教育以适合不同学生的不同潜质、不同学习方式和不同发展需求；③学校教育必须以合作的方式和家庭、社区建立密切的关系，以保证学生有机会获得广泛的学习与发展经验，使学生的学习与自身的生活建立真实而完善的联系。多元智能理论及教育实践的发展，要求教育者思考一个新的问题，学校教育为每一个孩子的发展做好准备了吗？而这正是当今学校教育改革需要慎重考虑的首要问题。真正有效的教学是能够将学生的智力特点与教师的教学方法结合起来。同时，多元智力理论也为教师们提供了一个积极乐观的学生观，即每个学生都有闪光点和可取之处，教师应该从多方面去了解学生的特长，并相应地采取适合其特点的有效方法，使其特长得到充分的发挥。而且教育应面向全体学生，相信所有的儿童都能学好。

学习有困难的学生，很可能是因为他们所在学校的教育方式和手段不适合他们，没能充分发挥他们的潜力造成的。学习困难学生可能是由于学习策略的知识与操作没有被激活，并在学习中不能自如地使用造成的，这就需要教师在教学过程中给予指导。教师应根据教学内容和教育对象的不同，采用多样化的教学策略和方法，使学生能够用他们自己所理解的方式去获取知识，以满足不同学习风格的需求，保障每位学生学习、享受教育资源和发展的权利。这样，不同的学生都可以得到同样好的教育，每个学生都可以得到良好的发展，从而成为有用的人才。

（五）发展观

按照加德纳的观点，学校教育的宗旨是开发多种智能并帮助学生发现适合其智能特点的职业和业余爱好。让学生在接受学校教育时，发现自己至少有一个方面的长处，学生就会热切地追求自身内在的兴趣。而这种追求不仅可以培养学生对学习的乐趣，同时也是学生坚持不懈努力学习的内在动力，这正是熟练掌握学科原理和创造发明所必备的品质。

按照“短路理论”，如果缺乏创设相关环境和给予强化而不去唤醒学生们的潜在能力，相关的神经功能就会衰退，这些能力也会自我衰退，甚至消失。然而，传统课程设置只将语文、数学和外语看作“主科”，将科学、体育、音乐和美术等视为“副科”，学校和家长也在不同程度上存在只重视语、数、外，而忽视科、体、音、美的现象，致使学生的科、体、音、美等多种潜能被压抑。

多元智能理论强调：学校及教师应明确在当前课程计划和课外活动中，包含了哪些在学生身上可以培养的多元智能要素，教师应致力于普及这些要素，确保所有的学生能够从中受益。在课程设计方面，不仅应重视学生不同侧面的智力，还应拓展发展智力的空间，尽可能地发掘每一个学生的潜在能力。当每个学生都有机会挖掘自身的潜能而高效地学习时，他们必将在认知、情绪、社会甚至生理各方面展现出前所未有的积极变化。

需要指出的是，多元智能理论并不是对传统教育的简单否定，而是一种扬弃。多元智能理论为教师们理解智能和教育的关系提供一个新的视角。不同教育理念的渗透和整合，将为我国教育改革开辟广阔的道路。

三、学生在学校学习中的多元表现及认识误区

（一）学生在学校学习中的多元表现

1. 语言文字智能（Verbal-Linguistic intelligence）

对语言智能强的学生来说，他们喜欢玩文字游戏。在学校里，他们对语文历史之类的课程比较感兴趣，在谈话时常引用他处读来的信息，喜欢阅读、讨论及写作。这一类的儿童在学习时是用语言及文字来思考，对他们而言，理想的学习环境必须提供下列的教学材料及活动：阅读材料、录音带、写作工具、对话、讨论、辩论及故事等。

2. 数学逻辑智能（Logical-Mathematical intelligence）

对逻辑数学智能强的学生来说，他们在学校特别喜欢数学或科学类的课程；喜欢提出问题并动手实验以寻求答案（假如每天给教师的盆景多浇一倍的水会怎样？植物离开土壤能否正常生长？）；喜欢寻找事物的规律及逻辑顺序；对科学的新发展有兴趣，喜欢在他人的言谈及行为中寻找逻辑缺陷，对可被测量、归类、分析的事物比较容易接受。这一类的儿童在学习时是靠推理来思考，对他们而言，理想的学习环境必须提供下列的教学材料及活动：可探索和思考的事物、科学资料、可操作的实验材料、参观博物馆、天文馆、动物园、植物园等科学方面的社教机构。

3. 视觉空间智能（Visual-Spatial intelligence）

空间智能强的学生对色彩的感觉很敏锐，喜欢玩拼图、走迷宫之类的视觉游戏；喜欢想象、设计及随手涂鸦，喜欢看书中的插图，学几何比学

代数容易。这一类的儿童在学习时是用意象及图像来思考，对他们而言，理想的学习环境必须提供下列的教学材料及活动：艺术、积木、录影带、幻灯片、想象游戏、视觉游戏、图画书、参观美展、画廊等艺术方面的社教机构。

4. 身体运动智能（Bodily–Kinesthetic intelligence）

身体运动智能强的学生很难长时间坐着不动；他们喜欢动手建造东西，如缝纫、编织、雕刻，或木工甚至跑跑跳跳、触摸环境中的物品。他们喜欢在户外活动，与人谈话时，常用手势或其他的肢体语言，喜欢惊险的娱乐活动并且定期从事体育活动。这一类的儿童在学习时是透过身体感觉来思考，对他们而言，理想的学习环境必须提供下列的教学材料及活动：演戏、动手操作、建造成品、体育和肢体游戏、触觉经验等。

5. 音乐旋律智能（Musical–Rhythmic intelligence）

音乐旋律智能强的儿童在学习时是透过节奏旋律来思考，对他们而言，理想的学习环境必须提供下列的教学材料及活动：乐器、音乐录音带、CD、演唱实践、听音乐会、弹奏乐器等。

6. 人际关系智能（Interpersonal intelligence）

人际关系智能强的人通常比较喜欢参与团体性质的运动或游戏，如篮球、桥牌；而不喜欢个人性质的运动及游戏，如跑步、玩电动玩具。当他们遭遇问题时，他们比较愿意找别人帮忙；喜欢教别人如何做某件事。他们在人群中感觉很舒服自在，通常是团体中的领导者，他们适合从事的职业有政治、心理辅导、公关、推销及行政等方面的需要组织、联系、协调、领导、聚会的工作。这一类的儿童靠他人的回馈来思考，对他们而言，理想的学习环境必须提供下列的教学材料及活动：小组作业、朋友、群体游戏、社交聚会、社团活动、社区参与等。

7. 自知自省智能（Intrapersonal intelligence）

自知——自省智能强的学生通常能够维持写日记或睡前反省的习惯：常试图由各种的回馈管道中了解自己的优缺点；经常静思以规划自己的人生目标；喜欢独处，他们适合从事的职业有心理辅导、神职等。这一类的儿童通常以深入自省的方式来思考，对他们而言，理想的学习环境必须提供他们秘密的处所、独处的时间及自我选择等。

8. 自然观察智能（Naturalist intelligence）

自然观察智能强的学生喜欢与自然界中的事物相处，喜欢探究事务的真相，喜欢观察、探究和动手实践，喜欢对物体进行辨认和分类，喜欢洞察自然或别人的内心世界。他们适合做自然科学家、侦探、心理学家和设计师等。

（二）在多元智能实践中的认识误区

1. 认识层面的表面化，实践中搞“花架子”

多元智能理论倡导多元情境化的教学，在实践中容易造成在认识层面上的表面化，实践中搞“花架子”。多元情境化的教学方法，并不是多元智能理论所首创，长期以来，老师们多用来“激情、激趣”。而多元智能理论在此基础上又赋予它新的功能：其一是为因材施教服务，适应不同智能类型学生的学习风格；其二是为深刻理解而教，多元智能理论创始人加德纳认为，任何一个重要、复杂的概念都可以运用多种方式来理解和表达，多元情境化的教学正是为深刻理解这些重要、复杂的概念服务的。对多元情境化教学功能的重新定位，有助于避免走入误区，避免出现应该达到的重要教学目标没有达到，而不重要的教学目标花费的经历和时间很多的后果。

由于不能很好地领会多元智能理论的内涵，容易造成一些问题。问题之一，认为只要涉及一些教学情景和策略，就是多元智能，教学活动只要涉及数值和图形的关系就是逻辑智能，涉及反思和总结就是自省智能，活动中有背景音乐就成了音乐智能；问题之二，对学生放任自由，不加引导和强化。按照多元智能理论的观点，任何人都具有八大智能，如果认为在教学中可以对学生放任自由，对学生的学习不加引导和教学目标的规范，这样就可以实现学生多元智能培养的观点是非常危险的。实际上每个学生都有不同类型的智能，有可能在某一方面还有发展，这时教师要认真帮助学生鉴别，进行适当引导和强化，这样才有可能培养出多元发展的学生。

2. 造成实践中将“会学”与“学会”相对立

在实施基础教育课程改革目标的初期，将“学会”转变为“会学”，是基础教育实践者经常思考和努力实践的教学思想。实际上，“学会”和“会学”是应该相互转换的，这二者绝不是“非此即彼”由一端转向另一端的关系。而在实践中将“会学”与“学会”相对立，是许多教师经常出现的问题。多元智能理论强调教学必须关注学生“如何思考”，也就是“会学”。但是，所谓“会学”的标准是能够运用所学的知识、技能、思维方法和态度以及价值观来解决实际问题，将“会学”与“学会”辩证地统一起来，是在教学中必须注意的问题。

3. 在实践中将一种教学思想的优势夸大化

在实践中认为探究学习能够达到一切教学目标，使教学中传授法、谈话法、研讨法和演示法等教学方法失去了作用，是教学实践中容易出现的问题。加德纳曾经倡导过研究性学习，认为在小学阶段主要是探究学习，他在强调研究性学习的重要价值之后，告诫人们：没有任何医治教育百病的灵丹妙药，也没有通向知识天堂的阳光大道。有的知识需要背诵，那就应该背诵，有的知识需要计算，那就应该计算。他认为各种教学方法都有其独特的作用，教学方法是多元的，不要用一种方法来覆盖全部教学过程。就此拓展和延伸，在小学科学教学中，传授法、演示法、研讨法等教学方式也一样适合培养学生的多元智能，只要在教学中应用得恰如其分就行。

四、根据小学生的智能差异特点，进行小学科学教育

（一）小学生的智能差异性分析

每个学生由于生理特征和能力（如年龄、健康、感知觉能力）不同，情感动机（如自尊心、同情心、好奇心及对成败的反应等）不同，知识背景（对不同学科或同一学科的知识结构和深浅类型层次）不同，智力类型（如有的学生逻辑推理能力强，对数的相关概念敏感；有的同学音乐欣赏能力和表达能力强等）不同，家庭和社会背景（家庭经济条件、父母文化类型层次与家庭氛围以及社会地位与交往能力等）不同，就决定了学生在小学科学学习中的表现不同。

由于学生存在上述差异，所以有的学生倾向于用自己的感觉器官感知客观事物的信息，并以此对客观事物进行分析和判断；有的学生可能更习惯凭自己的直觉想象和顿悟对事物做出判断；而有的学生则可能更愿意根据客观事物所传递出的表象和实质特征进行逻辑分析，进行抽象思维判断。

由于有的学生比较理性化，重视客观性与逻辑性，而有的学生则更倾向于情感型，比较主观，重视感性思维。因此，教师在进行科学教育时要关注学生这些特点，根据学生智能类型的差异因材施教，使不同的学生有不同方面的成长。

（二）利用科学教学过程提升学生多元智能

学生在接受和处理信息上有差异是符合学生认知特点的，教师在日常的科学教育活动中因势利导是非常重要的。但是，在传统的小学科学课堂上，还有一种现象是很普遍的：教师讲得多，学生悟得少。要解决这一问题最好的办法是，教师在科学课堂中给予学生足够的时间和空间，让学生自己去探究解决问题。

科学课的主要教学形式是以探究活动为主的教学。学生在探究活动中，学生的逻辑智能、人际交往智能和语言智能最先得到发展；随后在这两种智能的基础上，学生的运动智能、空间想象智能得到发展；最后通过学生的自我评价，发展学生的自我反省智能和认识自然智能。使学生的多元智能在科学课的探究活动中能淋漓尽致地体现。教师必须针对学生的个体智能差异来激励、引导学生养成科学探究的兴趣。

学生的科学探究活动各有侧重点：

1. 有的活动主要是在观察研究中探究，学生的自然观察智能和视觉智能在活动中为主体。例如，一位教师教学《纸的观察》时，让每个组准备报纸、卫生纸、普通白纸、牛皮纸、宣纸、蜡光纸、白板纸等，然后让他们观察。

师：说说你们是怎么观察的，有什么发现？

生：发现纸上有小洞。

生：把纸对着光看有小孔，能透光。

生：有的有点透明，有的不透明。

生：卫生纸软，报纸也有点软，白板纸硬一些。

生：透光的纸软一些，不透光的纸硬一些。

生：蜡光纸和其他的纸不同，一折就响，有的不响，有的一面还发亮。

生：我发现了三个秘密，都是关于卫生纸的。卫生纸有很多小孔，有点透明，很不好撕整齐，撕了有很多小毛边。

生：蜡光纸不同，用刀割开没有毛边。

生：用剪刀剪开也不会有毛边。

生：有，刀不快割开的也有毛边，用放大镜看更清楚。

2. 有的活动主要是在实验中探究。探究以学生的逻辑——数理智能为主。例如，在研究液体时，一位教师进一步拓展教材，让学生认识不同液体相混时的情形，为理解密度打下基础。过程是这样的：教师出示洗洁精、色拉油、红色的水、蓝色的酒精，首先让学生猜测一下，如果将它们混倒在一起将会是什么样？

生：可能会全混在一起。

生：可能会是多种多样的。

生：会变成五颜六色。

生：油会浮在上面，水在下面。

生：可能会全混在一起变成一种新的颜色。

生：可能会变出新的气味。

孩子们利用已有的生活经验猜测着、议论着，这个问题显得很有意思，而接下来他们迫不及待地想去动手试验，学生在不知不觉中培养了自己的运动智能、人际交往智能、自我反省智能。

3. 有的活动，学生主要是通过对资料的收集以及资料的整理来探究，它主要是对学生数理智能和认识自然智能的培养。学生的逻辑思维能力是不同的，对收集资料的认识深度也是不同的，他们在整理探究过程中，教师要充分肯定学生的认识成果，使他们都能享受成功的乐趣，都能感受到获取知识掌握技能的愉悦，从而有求知的欲望，产生一种内在的助推力。学生节奏智能主要在探究的情景中体现，科学探究活动中主要发展学生观察、活动的节奏性。

多元智能理论认为：合作交流能依据学生的能力、性别、个性特征、专长、爱好等方面的个体差异混合组成优势互补的群体，使得每个参与者的思维进入了最佳状态，产生最佳的群体合作效应。对于问题体系中的开放型问题，可以经常利用合作交流、讨论的方法解决。合作可以是同桌之间，4 人为一小组，6 人为一小组，或自由组合等。小组合作学习的开展具体有哪些活动，每一个活动间该如何处置，这是合作学习的基础。学生带着问题，自主探索，激烈讨论，教师及时鼓励学生敢说、敢疑、敢动手操作、敢问、敢讨论，充分发挥它们的各种智能。下面引用的一线骨干教师教学的《有趣的指纹》教学片段就是一个合作学习的实例。（注：生 1 为小组长，生 2 为记录员，生 3 生 4 是主要讨论者）

师：关于指纹，同学们有哪些问题？请各小组先讨论并将你们的问题及看法简单地记录下来，如果小组解决不了这些问题，待会儿全班一起来交流。

生 1（小组长）：同学们现在开始讨论，请生 2 记录，请生 3 先说（该小组科学学习相对较弱的同学），大家再来补充，大家同意吗？

小组成员：同意。

生 3：老师，关于指纹，我有，两个问题。第一，每一个手指上的指纹为什么都不一样（生 4 已经举手，要进行反驳）？

生 1：请生 3 先讲完，你再补充、提出意见；请生 3 继续。

生 3：第二，就是如果没有指纹，会怎么样？

生 1：请大家补充。

生 4：生 3 讲得不对，我们手指上的指纹并不是都不一样的，你们看老师的食指与小拇指的指纹就是一模一样的。我也有一个问题，每一个人的指纹都有区别，那人类一共有多少种指纹呢？

师：有的同学觉得指纹有两种，一种是箕形，像老师的大拇指；另一种是螺旋形，就像老师的中指。大家还有什么补充吗？刚才小组提出的几个问题，前面的大家都已经讲到了，老师也有一个问题，公安部门是怎么知道那些坏蛋指纹的呢？

此时，课堂看起来乱哄哄的，其实正是学生自主参与过程最强烈的时候，同学们通过小组合作，通过逻辑思辨，通过讨论和质疑，发展了自己的逻辑智能、语言智能和人际交往智能。

另外，对学有余力，基础好的学生设计一些更加开放的问题，可以在课内或课外解决。在课堂中通过生生互动、师生互动，课外通过收集资料、调查和采访等形式学习，能激发学生参与学习兴趣，培养与他人相互沟通，相互理解的能力，充分培养学生的交际智能。有时让学生上黑板来分析问题，解决问题，给学生搭建展示他们思维的平台，在问题解决中形成共识，培养学生果敢、镇定的品质以及语言智能、交际智能、数理逻辑智能、自知自省智能和观察智能等。

（三）给所有学生提供多元智能提升的机会

大量的研究表明，学生学科成绩的好坏一方面和学生自身智商、学习方法和努力程度有关；另一方面还和教师对学生期望值的高低有一定关系，当教师对学生关注和帮助得多，学生受到了直接的鼓舞和激励，就越能够保持和提升该学科学习成绩的热情和动力，当然学生和教师的关系必须是融洽的。因此，教师对学生的智能促进作用是不可低估的。

另外，客观地讲，男、女生在智力层次和类型上是没有多大区别的，之所以在现实中存在差异，一方面是由于中国几千年的传统思想意识束缚了世人的潜意识；另一方面现实生活中从事科学研究和工程技术领域，以及政府官员中女性典范的比例太少，影响了女生对科学课程的关注和执着。还有一个重要方面，我国的家庭中，父母从小就对孩子进行明显的性别角色教育，这也是女生形成畏惧科学教育的原因之一。

作为科学教师，应当如何在教学活动中真正体现“男女生平等”的观念？专家们提出了一些建议：

1. 平等的高期望值——无论对男生，还是对女生，教师应该有相同的期望值，不应该有性别歧视，对于女生的学习教师应该更加关心，相信女生与男生一样有能力学好科学。

2. 鼓励与反馈——教师应在科学课中给女生更多动手做试验的机会，树立女生学习科学的信心和斗志，多给予鼓励和支持，让女生表现自己的学习成果，引导女生走出学习科学的误区。

在班级活动中，让男女生轮流做小组活动的领导人和实验操作者，对男、女生的活动表现出同等的兴趣，并及时反馈。

在过去的科学教学中，在男、女生混合的小组实验活动中，男生更多充当的是动手操作者，而女生则是记录员，或者是观察者和听众。改变这一状态的办法之一是：在小组分工时明确男女生的角色地位，避免出现女生成为旁观者的尴尬局面；办法之二是：由女生组成单一性别的活动小组，在女生组成的小组内进行角色轮换，国外甚至有人尝试让女生在由单一性别组成的班级中学习科学，这一做法可以在平行年级中尝试一下具体效果，如果可行再推广，但是必须解决好年级排课表冲突的问题。

3. 在做中学——人们应认识到由于社会文化和家庭传统观念等因素的影响，女生在使用工具方面的经历大大少于同龄男生。例如，从婴儿出生的第一天起，父母及亲戚朋友就已经在选择服饰、玩具等方面表现出明显的差异性。男孩子很早就开始摆弄机械的、电动的或其他需要组装的玩具，从而对结构、运动学和简单工具的使用有较早的认识，由于这种优势，男孩子就有了较强的动手能力和动手操作意识；另外，在家庭和社会教育中，往往教育男孩子要顶天立地，做个男子汉，这一点也有利于男孩子争强好胜、表现欲望强品行的形成。而女孩子接收到的玩具较多的属于洋娃娃、布偶一类，在家庭和社会教育中教育女孩子温柔、听话、理解别人的品行，从而使女孩子形成了细腻、从属的性情。科学教师如果在科学课中运用“动手做，做中学”的教学方法，多给女孩子机会，则将有效弥补女生在这方面的“先天不足”，是达到男女生科学教育机会平等的重要途径之一。很重要的一点，如果能够改变社会的一些认识偏见，从小塑造学生一些正确的心理品质，对学生将来学习自然科学也是非常必要的。

另外，教师在选用科学教学的材料时，应注意男、女性代表的平衡，避免过多地选用与男性有关的材料，应多选择一些中型材料；在教学活动中应有意识地注意宣传女性典范的事迹，树立女生学习科学的信心；创造条件让男、女生都有机会品尝成功的喜悦。使女生对科学学习更感兴趣，对自己更有信心，构成所谓的“良性循环”。

总之，如果教师能够树立良好的男女观念，通过适当的方法消除性别歧视和学习科学的差异性，利用多元智能理论，进行科学有效教学，一定会使所有的学生在各项智能方面都得到很大的提升。

第四章 核心素养导向下的小学科学知识

科学知识是核心素养的组成部分之一。随着科学的发展，科学研究越来越深入，在科学领域由于科学对象性质的区别产生了分化，形成诸多的科学学科。虽然儿童感知的科学世界是一个统一的整体，但是科学教师需要明确和把握不同学科的特点，进行有效或者高效的科学教育。本章依据《小学科学课程标准》对小学科学内容划分的“物质科学”“生命科学”“地球与宇宙科学”和“技术与工程”四个领域。

第一节 物质科学领域

一、主要知识内容

人们生活在物质世界中，每时每刻都在接触各种各样的物质，感受自然界和人类生活中所发生的、丰富多彩的物质运动和变化。物质世界中的各种现象和过程，都有着内在的规律性。物质科学就是研究物质及其运动和变化规律的基础自然科学。

本领域内容的学习将有助于增强学生探究物质世界奥秘的好奇心，形成“世界是物质的，物质是运动的”的观点，使学生感受到物质科学对促进社会进步、提高人类生活质量的重要作用，帮助学生初步养成乐于观察、注重事实、勇于探索的科学品质。

在本领域中，有以下主要概念：

1. 物体具有一定的特征，材料具有一定的性能；

2. 水是一种常见而重要的单一物质；

3. 空气是一种常见而重要的混合物质；

4. 物体的运动可以用位置、快慢和方向来描述；

5. 力作用于物体，可以改变物体的形状和运动状态；

6. 机械能、声、光、热、电、磁是能量的不同表现形式。

物质科学领域学习内容的知识结构图如下：

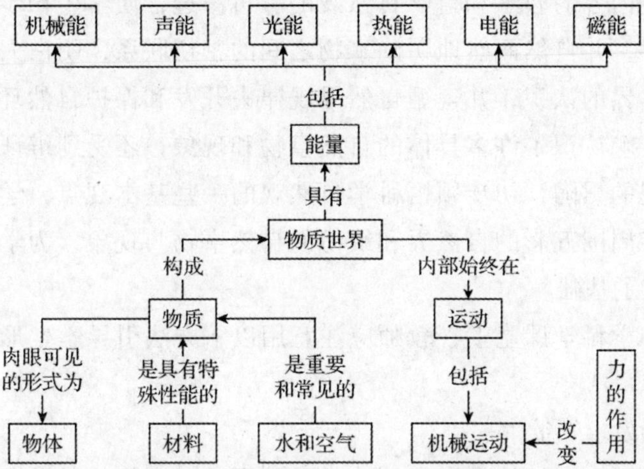

图 4–1　物质科学领域知识结构图

二、“物质科学”与物质观、运动观

课堂教学是培养学生核心素养的主要渠道，在小学科学课堂中，到处蕴含着“自然是由物质组成的”“自然界的物质是运动变化的”等辩证唯物的科学自然观，这是对小学生进行辩证唯物科学物质观、运动观教育，培养学生科学素养的最佳途径。

在低年级，《科学》教材提供的各种具体的自然事物和现象，如花草树木、鱼虫鸟兽、水和空气、天气的阴晴雨雪、太阳的东升西落等，进行科学自然观的有机渗透，使学生从感性上认识自然界及其各种自然事物与现象，激发学生的好奇心及了解自然、探索大自然的求知欲。在中年级，重点渗透“自然界的物质是运动变化的”科学自然观。在这个过程中，注意不是简单地把“运动”“变化”等概念硬“塞”给学生，而是在引导学生学习具体的自然知识、感受自然世界的同时，更多地认识和关注自然界的变化，丰富感性认识，积累感性经验，促进科学自然观的逐步形成。到了高年级，则重点向学生进行“自然界的物质是相互联系的”“物质的运动变化是有规律的”科学物质观、运动观教育。

在《科学》教材中，既有探索自然界物质是相互联系的内容，如绿叶制造养料与水分、阳光的联系，种子的萌发与空气、温度之间的关系等；也有探索自然界物质运动变化规律的内容，如热的传导、月相的变化等。通过这些内容的教学和科学自然观的有机渗透，使学生初步掌握一些自然变化规律，并自然而然地明确事物之间的密切联系，明白人类能不断地加深对自然界的认识，并遵循自然界规律去开发和保护自然环境的道理。学生不仅接触认识了许多具体的自然事物和现象，还受到辩证唯物的物质观和运动观的熏陶，初步领悟科学自然观的一些基本观点，学习用正确的观点去看待周围五彩的自然界和缤纷的自然事物与现象，为学生科学素质的形成奠定了基础。

在小学科学课堂上，教师应注意用以下方法引导学生形成物质观与运动观：

1. 激发求知欲

好奇心和求知欲是激发创造活动的原动力。新的科学课程标准倡导以学生为主体进行科学探究活动，学生在探究活动这个大舞台上应成为“主角”，而教师则应成为学生探究道路上的组织者、合作者和引导者。教师要想方设法吸引学生，激发他们的学习兴趣。例如，在教学《浮与沉》时，先做个小实验，把一片树叶和一个小铁块放进水槽里，同学们发现树叶能够漂浮在水面上，铁块会沉到水底。教师马上提问：“钢铁做的轮船为什么能浮在水面上呢？物体在水中的浮与沉由什么因素决定的呢？”同学们被老师的问题吸引住，顿时勾起好奇心和求知的欲望。教师让同学们继续观察实验：拿一个鸡蛋放入水槽中，鸡蛋沉下去了。接着教师往水里加盐，轻轻搅拌，盐溶解在水里，鸡蛋又慢慢浮起来了，学生更加好奇了，个个睁大眼睛，感到非常惊讶。这时教师适时提问：“鸡蛋为什么在水中‘跳舞’，有时沉，有时浮？想知道答案吗？学习了这节课内容就明白了。”同学们一下子就活跃起来，就这样在问题中把同学们带进了有趣的课堂。

2. 提高观察力

传统教学方式主要靠粉笔、黑板、挂图或模型，学生兴趣不大，这就需要教师结合教材要求，师生共同合作，使科学课堂生动、形象、有趣，变得活起来。例如，在探究声音的产生问题时，为了让所有的学生了解音叉在发声的同时也在振动，可以把装有水的玻璃水槽放在投影仪上。先把不发声的音叉放入水中，观察发现水面没有变化。再把用小锤敲击后的音叉放入水槽，所有学生都看见水波动起来，不由得惊叹。适时引导，让学生思考水波为什么会荡漾起来，从而联系到音叉在振动，学到了知识：声音是由物体振动产生的。通过学生认真观察，在科学教学中，可以增加教学的趣味性，为学生创造良好的学习环境和活跃的课堂气氛。

3. 发展创新思维

传统的教学模式难以胜任以探究性学习为主的科学课堂教学，教师可以结合教材内容来创设情景，提出学生们感兴趣的问题，来激发学生的好奇心，引导学生用实验的方法，促进学生思维发散，培养学生的创新思维。例如，教学《空气有重量吗》时，在提出“空气是否有重量呢，有什么办法证明自己的想法”的问题后，学生们对此展开讨论并交流了自己的想法。由于学生的想法有些是不一定能实现的，于是教师出示了结构性的材料：带有量角器和指针的杠杆尺，两头可移动的塑料套，塑料套上有长尾夹的挂绳、橡皮泥、笔盖以及气球等材料。学生们想到了四种方案：分别是用两个气球的一组、气球和笔盖的一组、气球和橡皮泥的一组，还有先两边气球充气再漏气等。通过实验用具的依托，学生打开思维匣子，在相互启迪下完善实验方案。课堂上充分发挥学生主体作用，给学生创设一个轻松、民主、愉快的学习氛围，使不同层次的学生在互补互促中共同提高，学生学得主动、学得轻松。用多种实验材料，设计出不同的实验方案，观察到相同的现象，得出共同的结论。这样的学习过程中，激发学生发散思维，培养学生学会用多种方法解决问题的能力，实现创造力的培养。

总而言之，在“物质世界”相关知识教学时，只有把新的教学理念融入科学课程的改革实践中，转变传统教学方式，才能使小学科学教学向着更有益于培养学生科学素养的方向健康发展，培养学生辩证唯物科学物质观、运动观，让学生认识世界甚至改造世界。

第二节　生命科学领域

一、主要知识内容

生命世界包含动物和植物等多种生物类群，生物的生存都需要一定的条件，如营养物质、适宜的温度、水和空气等。在此基础上，生物个体能够生长、发育和繁殖后代，从而使这些生物类群得以延续；植物能够制造营养物质，可供自身利用；而动物则不能制造营养物质，只能利用植物等生物制造的营养物质。生物之间以及生物与环境之间相互依赖和相互影响，它们组成一个有机的整体。

本领域内容的学习，有助于激发学生了解和认识自然界的兴趣，帮助学生初步形成生物体的结构与功能、局部与整体、多样性与共同性相统一的观点，形成热爱大自然、爱护生物的情感。

在本领域中，有以下主要概念：

1. 地球上生活着不同种类的生物。

2. 植物能适应环境，可制造和获取养分来维持自身的生存。

3. 动物能适应环境，通过获取植物和其他动物的养分来维持生存。

4. 人体由多个系统组成，分工配合，共同维持生命活动。

5. 植物和动物都能繁殖后代，使它们得以世代相传。

6. 动植物之间、动植物与环境之间存在着相互依存的关系。

生命科学领域学习内容的知识结构图如下：

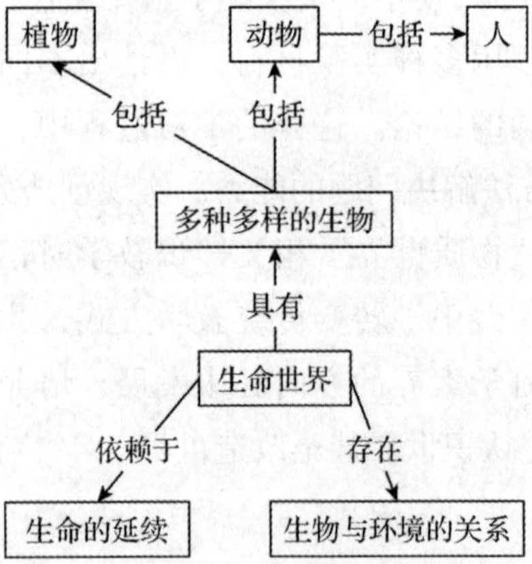

图 4-2　生命科学领域知识结构图

二、“生命科学”与生命观、价值观

小学阶段“生命科学”的教学内容有其独特的意义，生命教育要引导和教育学生热爱生命、珍惜生命、享受生命、优化生命、激扬生命。做好科学教学中“生命科学”的教学，对学生形成正确的生命观、价值观具有决定性意义。作为小学科学教师，在教学中要有意识地在课堂教学和课外活动中培养学生的核心素养，不仅让学生学到“生命科学”的相关知识，而且让学生真正理解生命的意义，培养正确的生命观与价值观。

（一）渗透生命教育要遵守循序渐进原则

科学课要体现科学是一种文化现象的特点，就必须构建一种新型的课堂文化，关注学生人文精神的培养，尊重学生的生命体验，放飞灵性，让课堂焕发生命的活力。构建生本的课堂文化，充分发挥学生的积极性，有利于挖掘学生的潜能；构建生命的课堂文化，树立科学的生命观和价值观，使学生的人格和自主得到充分的尊重和肯定，充满感动，充满灵性；构建生活的课堂文化，使学生的学习脱离教室的单一框架，让学生融入大自然、大世界中去体验和感悟，充分发挥学生已有的知识经验和聪明才智；构建生动的课堂文化使学习科学不再机械和乏味，而是拥有欢声笑语，在幽默、轻松、自由的环境中探究和发现。

生命教育，在理解生命的基础上，引导生命的自我发展，促进生命的精彩与辉煌。小学的孩子们是通过直接接触有生命的东西以及观察它们的生命周期和它们的居住环境建立对生物概念的理解的。这些经历起源于孩子们的惊讶感和天生的兴趣，他们往往会提出“植物如何找到吃的东西？一共有多少种不同的动物？为什么有些动物会吃别的动物呢？最大的植物是什么？恐龙到哪里去了？”之类的问题。理解生命体的特性、生命体的生命周期和自然环境各部分之间复杂的相互作用都始于这类问题，始于对于生命体个体如何维系和延续生命的认识。了解生命体在各自环境中生存的方式，有助于进一步了解生物多样性以及一切有生命的有机体的生存、是如何依赖于有生命和没有生命的环境。孩子们的世界与家庭、学校和直接接触的环境密切相关，因此，对生命体的研究应该包括对学生们接触到的自然界的观察和其中的相互作用。学生的经历和活动为高年级阶段主要生物学概念循序渐进的发展奠定了基础，如进化、遗传、细胞、生物圈、相互依赖性、生命体的行为、生命系统的物质和能量等。

学生们对生命体特性的看法来自其“有生命”和“无生命”的基本概念。随着学生们对生命体广泛的接触，并在后来建立起生命科学的知识基础，他们应该逐渐抛弃拟人化生命观。在诸如分类之类的课堂活动中，小学学生一般会采用互相排斥的分类而不是层次型分类。例如，年龄小的孩子们可能会把对象分为两组，而年龄大一些的孩子们会同时采用多组分类。学生们在小学高年级之前不会采用前后一贯的分类，如生物学家所做的那样。

当学生们研究生命体的生命周期时，教师会注意到年龄小的孩子们不理解诸如从种子到秧苗或者是从幼虫到成虫的生命连续性。不过教师会发现，大多数学生到了小学二年级就懂得孩子与他们的父母会有某些相似之处。学生还能够区分后天获得的性状与遗传性状。不过学生可能会抱有一种幼稚的遗传观念，包括相信特性只能从双亲之一遗传，某些特性只能从父亲或母亲一方遗传，或者所有的性格只不过是双亲性格的混合物。

年龄小的孩子们习惯于对单一生命体进行具体的思考。例如，一提动物就想到宠物或动物园中的动物。他们还没有充分建立起生命体依赖于其环境的概念。例如，生命体依赖于环境的各个方面和有助于动物生存下来的行为。小学低年级学生能够理解两种生命体之间的食物链方法来解释生命体，许多孩子把“生命”与任何以某种方式活动的物体联系起来。这种生命观逐渐发展成一种以运动为定义性特性的观点。虽然生命科学和其他自然科学有一定共性，如遵循基本的物质运动规律，有相似的科学研究方法、相似的思考等，但生命科学有其因研究的对象不同、发展的历史不同、运用的方法不同等方面，需要就小学科学生命科学特征多作一些探究和思考，渗透生命教育要遵守循序渐进原则。

（二）合理选择小学科学生命世界的研究内容

生命教育的内容包括生命意识、生命安全、生命尊严、生命关怀和生命价值等。对于小学生来说，教师怎样合理的对研究内容进行选择极为重要，因为生命世界涉及的内容广泛而且复杂。例如，在小学低年级通过对身边的植物以及常见动物的认识，使学生初步认识生命世界和生命的价值。而在《我们来养蚕》这一内容，由于地理差异，住在北方的孩子无法完成此项内容，教师可以将此内容改为饲养黄粉蝶等身边感兴趣的小动物，并做好观察记录。

小学中年级可以通过《植物生活的秘密》让学生走近植物，认识植物各种器官的作用，让学生明确阳光与植物的关系，了解叶子光合作用、蒸腾作用等。例如，《多种多样的动物》的教学，是学生在学习了身边的植物以及常见动物的基础上深入学习的，使学生继续保持探究动物的热情，引导他们从“认识是什么”提升至“探究为什么”，将探究技能训练黄粉蝶以及收集观察实验方面用新的探究任务引向深入。例如，《植物的一生》以辣椒为例，通过让学生亲历种植、观察、记录、整理数据等活动，使学生建立感性认识，感受生命世界的神奇与伟大。又如，《生生不息》揭示繁殖是生命的共同特征中一个重要组成部分，人类在探索自然的活动中逐渐掀开生物繁殖方式的秘密，利用这些发现不断更新生物技术使人类增产增收。

小学高年级的《认识我们自己》这一单元，对学生来说既熟悉又陌生，充满神秘感。学生在此由浅入深地探究有关自己身体的问题，围绕着呼吸系统、神经系统进行研究。在了解过程中，使学生认识到良好的生活习惯、合理的体育锻炼有利于身体健康。《显微镜下的世界》设计了“解开微生物结构的秘密”“无处不在的微生物”“微生物怎样生活”“微生物的功与过”等内容，本单元研究的内容需要使用科学工具显微镜，让学生探访微生物这个神秘的世界。《遗传和变异》让学生知道遗传是有规律的，再初步掌握遗传规律对改善生活的作用。《营养与健康》让学生将已掌握的科学知识应用于生活，合理膳食，健康生活。

总之，合理的选取教学内容，恰当地安排教学方式，有利于学生对生命世界更好的认识，更有利于科学课的有效教学。

（三）科学课的生命教育教学形式要灵活多样

在科学教学中，根据科学课程的教学特点，根据不同年级学生心理特点、不同教学内容选择有效教学方式，科学教师可以通过读、写、听等各种方法，把生命教育渗透到教学活动中去，教师在渗透生命教育过程中，既不能倾盆大雨，也不能从主观臆想出发，而是要紧扣教材的知识点，在保证完成知识点教学目标的前提下，针对学生的实际情况，细水长流地渗透、滴灌，在“润”字上多下功夫，实现生命教育渗透目标；也可以在教学中采用案例分析、调查研究、演讲、小品、游戏、演习、看录像、查资料、做小报等形式来完成，让学生在灵活多样的教学活动中认识自我，学会调适，感悟人与自然、人与社会、自我与他人和谐相处的重要性，陶冶学生心灵，培养学生“认识生命、珍惜生命、尊重生命、热爱生命”的意识，让学生在日常学习和实践中感悟生命的意义和价值。

例如，《身体的结构》一课的学习，在教学中让每位学生体验用一只手系红领巾很费时，很不灵活；再让学生体会如果一只脚不好，一只脚来回走路，很不方便，身体不易保持平衡。通过这些体验活动，让学生知道身体左右对称是有很大作用的，感受人体构造的精巧与和谐之美。进而引导启发学生对身体有残疾的人要怎么做呢？采取小组讨论、汇报的形式让学生谈谈自己的想法以及日后的做法，让学生知道在生活中如果遇到身体残疾的人，不能去嘲笑他们，而要去帮助他们，一件正常人做起来非常容易的事情，对身体残疾的人来说，可能是非常困难的事情，进而引导学生发扬人道精神、关心残疾、弱势群体，形成正确的生命观和价值观。

生命教育的关键，是教师。教师要具有强烈的生命教育意识和有效实施生命教育的能力。教师要开展研究，研究教材和教法，积极探索符合学生身心发展需要的新思路、新方法，不断提高实施生命教育的实效性和针对性。日常教师的人格魅力很重要，积极乐观向上的生活态度和人生价值观，也潜移默化地影响着学生，因此，这种教育资源是活生生的、动态的。

生命教育是人生的终身教育，希望全社会都共同营造生命教育的良好氛围。作为科学教师，在教学中要有意识地在课堂教学和课外活动中随时渗透生命教育知识，点燃孩子的生命之灯，激发孩子生命的活力，提升孩子生命的价值与质量，满足学生的生命发展需要，“促进生命全面、自由而有个性的发展”，从而使学生更加珍视生命、热爱生命、敬畏生命、追求生命的价值，这是培养学生核心素养过程中十分重要的内容。

第三节　地球与宇宙科学领域

一、主要知识内容

地球是目前人们认识到的宇宙中唯一适合人类生存的星球。地球与宇宙中的有关现象、事物和规律，具有时间和空间的复杂性，需要对它们运用实地观察、长期观测、建构模型、模拟实验、逻辑推理等方法进行研究。

本领域内容的学习，将有助于激发学生对地球和宇宙的探究热情，发展空间想象、模型思维、逻辑推理等能力，初步建立科学的宇宙观和自然观，以及人地协调的可持续发展观。

在教学中，教师应帮助学生形成以下主要概念：

1. 在太阳系中，地球、月球和其他星球有规律地运动着。

2. 地球上有大气、水、生物、土壤和岩石，地球内部有地壳、地幔和地核。

3. 地球是人类生存的家园。

地球与宇宙科学领域学习内容的知识结构图如下：

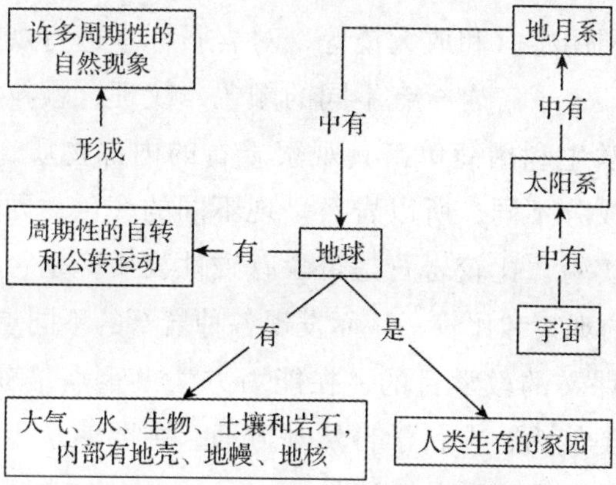

图 4-3 地球与宇宙科学领域知识结构图

二、“地球与宇宙”与世界观、发展观

地球与宇宙科学领域的学习，有助于激发学生对自然现象发生的原因保持无穷的想象力，认识到科学的进步和人类智慧的潜力。在地球与宇宙科学的教学中，应帮助学生形成关于宇宙的内容、地球组成物质的内容、人与地球的关系内容三个主要概念，帮助学生初步建立科学的自然观、世界观和发展观。

对于小学《科学》地球与宇宙领域的学习内容，不同学段有着具体的学习目标。不同内容的知识，认知过程是不同的，相应的课文结构也应不同。从中心内容考虑，该领域的学习从以下六方面内容提高学生的核心素养。

1. 以认识自然事物间的不同与相同为中心内容

这类课文的中心内容是指导学生认识自然事物间的不同与相同，这是区分、识别事物的第一步。认识不同与相同的基本方法是观察、比较，整理不同与相同的重要手段是分类，因此，这类课文的结构可以按照“观察——比较”的思路进行设计，有些含有“分类”的内容，探究问题的基本方法包括观察、实验、比较、分类。

例如，认识地球物质组成中的《沙和黏土》一课，可以首先引导学生使用放大镜等简单工具进行观察比较，再通过触摸、闻气味、摇动等方法，从颜色、气味、颗粒大小、黏度、摇晃时发出的声音等方面进行观察和记录，从而发现土壤的组成物质——沙和黏土之间的不同点和相同点。

再如，同样为认识地球物质组成中的《各种各样的岩石》一课，可以首先引导学生利用感官和放大镜等，对岩石标本进行观察比较，观察描述岩石的外部特征，了解岩石有不同的颜色、纹理、颗粒大小和粗糙程度等特征；再引导学生利用简单工具观察岩石的内部物质，比较岩石的硬度，知道由于矿物成分不同，所以岩石呈现不同的颜色，硬度也各不一样；接着再通过简单实验，比较岩石是否含有磁性物质，是否具有遇酸反应现象等。综合以上的观察和比较，从而发现各种岩石的不同点和相同点。

这一类型课文的教学目的，在能力方法上重点培养学生的观察能力、比较能力和分类能力；在科学自然观方面，主要使学生体会到自然事物是多种多样的，即认识物质的多样性。

2. 以认识某种自然事物的形态、构造、性质、变化为中心内容

这类课文的中心内容是指导学生认识某种自然事物的形态、构造等个别的显著特征，以及事物变化过程和呈现的现象。认识自然事物形态、构造、性质、变化的基本方法是观察、实验，同时要全面认识自然事物必须用分析、综合的方法。因此，这类课文的结构可以按照“观察（实验）——分析——综合”的思路进行设计，探究问题的基本方法包括观察、实验、比较、分析、综合。

例如，《认识由于地球运动产生的季节》一课，目的是使学生认识四季的基本特征。可以首先引导学生观察不同季节里天气的冷热、河水的变化、植物的生长、动物的生活、人的生产生活、活动等各自是什么样的，描述一年中随着季节变化产生的现象；然后引导学生把以上观察、比较的结果综合起来，认识春、夏、秋、冬四季的特征以及变化的规律。

再如，认识地球物质组成中的《土壤的成分》一课，可以首先引导学生观察土壤标本，观察“土壤是什么样的，土壤中有什么”，然后引导学生用实验的方法，分别认识土壤中有空气、沙和黏土、腐殖质等；在此基础

上，通过做对比试验，比较沙质土、黏质土和壤土的特征；之后引导学生把以上的观察和实验结果综合起来，认识“土壤是由沙、黏土、水、空气、腐殖质等成分构成的物质”，土壤中含有的沙和黏土等物质的比例不同，形成不同质地的土壤。

这一类型课文的教学目的，在能力方法上重点培养学生的观察能力、比较能力和分析综合能力；在科学自然观方面，主要使学生体会到自然界是由各种各样的物质构成的，物质是变化的等。

3. 以认识自然事物的变化规律或原因为中心内容

这类课文的中心内容是指导学生认识自然事物变化的规律或原因。规律是在对反复出现的事物进行观察、比较的基础上，由个别到一般归纳出来的，因此，这类课文的结构可以按照“问题——观察（实验）——比较——归纳”的思路进行设计，探究问题的基本方法是观察、实验、比较、归纳。需要强调的是，对于地球与宇宙领域而言，许多内容需要较强的空间想象力，许多学生对抽象的空间概念与实际观测的现象联系起来都感到闲难，这就要求教学中采取特殊的观察和实验方法，其中模拟实验就是一种重要途径。而对于这类模拟实验，必须注意几个“原则”，如模拟实验应清晰地反映科学规律与科学原理、模拟实验设备的选择应符合科学事实、模拟实验应加强规范化操作，且应操作简单、直观易懂等。

例如，认识地球运动规律的《地球的自转》一课，可以首先提出与昼夜现象有关的问题，然后引导学生模拟地球自转的运动模式，理解昼夜交替与地球自转有关的原因，解释地球自西向东围绕地轴自转是昼夜交替与天体东升西落现象的成因。再如，《地球的公转》一课。可以首先提出与季节变化有关的问题，引导学生理解季节变化最关键的因素是太阳高度不同，导致地面获得的热量不同；然后引导学生模拟地球围绕太阳公转的运动模式，将地球上物体影子的变化（太阳高度的直观体现）与地球运动联系起来，说明正午时物体影子的位置和形状随着季节呈现有规律的变化，进而知道四季的形成与地球围绕太阳公转以及地球自转轴与公转轨道保持倾斜有关。

这一类型课文的教学目的，在能力方法上重点培养学生的模拟实验能力和归纳概括能力；在科学自然观方面，主要使学生体会到自然界是有规律的，只有认识和遵循自然规律，才能很好地利用自然、改造自然和保护自然，使学生形成正确的世界观和发展观。

4. 以认识自然事物之间的相互联系为中心内容

这类课文的中心内容是指导学生认识自然事物之间的相互联系，而且是几种或多种自然事物间的“多边联系”。要认识这种多边联系，首先要把多边联系分解为一个个双边联系，分别加以研究，然后再把研究的结果综合起来，在整体上把握这些自然事物之间的相互联系。因此，这类课文的结构可以按照“分析——综合”的思路进行设计的，探究问题基本方法也是分析、实验、综合、归纳。

例如，《水在自然界里的循环》一课，可以首先运用地球仪或世界地图，引导学生初步认识地球上的海陆分布和水体组成，再提出“地球上的水不断地在蒸发，水体中的水为什么蒸发不完呢？”这一问题，激发学生探究的兴趣。为了解决这个问题，首先引导学生：水在自然界中都会有什么样的变化？这些变化与什么因素有关？然后引导学生做水的蒸发、凝结以及在地球上循环的有关模拟实验。最后，引导学生把以上各种变化综合起来，认识海洋、天空、陆地、地下的水是相互联系的，得出“自然界里的水循环运动”的结论。

再如，《岩石的循环》一课，可以首先引导学生观察岩浆岩、沉积岩、变质岩石三大类岩石表面的不同特征，如岩浆岩具有流纹构造，沉积岩具有层理构造，变质岩具有片理构造。然后在“火山”一课的基础上，引导学生讨论岩浆岩的形成过程，初步理解岩浆喷出后流淌、冷凝、固结形成岩浆岩。再引导学生通过制作泥沙沉积样本的实验，分析沉积岩和变质岩的基本成因，知道在地质循环中，堆积下来的沉积物经过固结成岩作用能够形成沉积岩，已经形成的岩浆岩和沉积岩在地底高温高压条件的作用下，能够进一步变质成为变质岩。最后，可以通过火山喷发视频或图片资料、沉积岩剖面视频或图片资料、变质岩剖面视频或图片资料，帮助学生进一步了解三大类岩石的循环过程。

这类课文的教学目的，在能力方面，重点培养学生的分析和综合能力；在科学自然观方面，主要使学生体会到自然界中的事物是相互联系的，人们在利用自然、改造自然时必须遵循这些自然规律。

5. 以学习科学方法、培养技能为中心内容

这类课文的中心内容是学习某种科学方法或技能，如观察、实验、思

考、动手等方面的技能。在科学教材中，科学方法的培养大多是结合知识教学进行的，也有些是单独设课的。这类课文的结构可以按照“对技能的认知——分步操作——连贯操作——反复练习”等过程进行设计，学习这类课文的基本方法就是练习、实践。

例如，《天气现象》一课中，可以先引导学生利用气温、风向、风力、降水量、云量等可测量的量来描述天气。然后引导学生观察气温计，了解使用气温计的方法，并实地测量一天中不同时段或不同地点的气温，再通过数据分析，描述一天中气温变化的规律。风向风速仪、雨量器等都可以采取类似的学习方法。在此基础上，引导学生观察、测量、记录一段时间的天气现象，描述天气的变化。

再如，“太阳高度和物体影子的测量”一课，可以首先引导学生观察、描述太阳每天东升西落的现象，学习观察的方法。在此基础上，引导学生观测一天中不同时段和一段时间内阳光下物体影子的方向和长短。然后引导学生把以上观察、比较的结果综合起来，认识太阳每天的运动规律，描述随着太阳在天空中的不同位置，物体影子变化的规律。

这类课文的教学目的主要是培养学生的一些技能，此外，还要培养学生的科学态度（认真细致、实事求是）和良好的心理品质（思维的逻辑性、灵活性，操作的准确性、计划性、有条不紊等）。

6. 以查阅资料为主，辅以观察、实验、思考、讲解等方法

有些课文的内容具有以下特点：认识对象不是身边的自然事物，不便于用观察、实验、思考等方法进行探究；问题比较复杂、难度比较大，学生没有能力进行探究。对于这类课文，必须借助多种教学手段，包括查阅资料、模拟实验，以及教师的模拟演示和概念性讲解。学习这类课文的基本方法包括阅读、观察、实验、比较、抽象、概括等多种。在这里需要强调的是，查阅资料也是科学学习的一种主动方式，而不是一种被动方式。但在应用中，教师要注意几个重要环节，包括精心设问，尽可能激发学生的好奇心；布置任务，尽可能鼓励学生广泛收集相关资料；组织讨论，尽可能引导学生关注核心问题，提出自己的看法和疑问；梳理概括，尽可能引导学生围绕核心问题，做出自己的判断等。

例如，认识地壳运动变化的《火山》《地震》这类课，可以首先引导学生查阅资料，了解地球的内部结构、运动变化及相关概念。再通过模拟实

验，引导学生分析造成地震和火山喷发的条件。一是通过用手掰断木片实验，使学生体会岩层断裂的瞬间也要产生震动，这种震动必然波及地球和附近的岩层；二是火山喷发模拟实验，帮助学生理解地球内部存在着压力，这种压力会使岩浆从地壳中具有突破条件的地方喷发出来。由于高温和高压，喷发时会形成极大的力量从而使地壳震动。在此基础上，通过教师进一步讲述，并参照相关图片和视频资料，帮助学生理解地壳始终处于不稳定的状态之中，在缓慢运动的地壳中，当能量累积到一定程度时，会发生地震、火山喷发等，让学生了解地壳运动的自然规律，培养学生的自然观和发展观。

这一类型课文的教学目的，在能力方法上可以重点培养学生有目的地查阅资料、分析资料和归纳概括的能力，学习系统分析和综合分析的思维方法。

总之，小学《科学》地球与宇宙领域的研究既有与其他领域共同的方面，又有特殊性。小学科学教师应激发学生对自然现象发生的原因保持无穷的想象力，认识到科学的进步和人类智慧的潜力，从而初步建立科学的世界观、自然观和发展观。

第四节　技术与工程领域

一、主要知识内容

人类观察自然、研究各种现象产生和变化的原因而产生科学，科学的核心是发现；对科学加以巧妙运用以适应环境、改善生活而产生技术，技术的核心是发明；人类为实现自己的需要，对已有的物质材料和生活环境加以系统性的开发、生产、加工、建造等，这便是工程，工程的核心是建造。运用科学、技术和工程，人类创造了丰富多彩的人工世界。

技术与工程领域的学习可以使学生有机会综合所学的各方面知识，体验科学技术对个人生活和社会发展的影响。技术与工程实践活动可以使学生体会到“做”的成功和乐趣，并养成通过“动手做”解决问题的习惯。

在教学中，教师应帮助学生形成以下主要概念：

1. 人们为了使生产和生活更加便利、快捷、舒适，创造了丰富多彩的人工世界。

2. 技术的核心是发明，是人们对自然的利用和改造。

3. 工程技术的关键是设计，工程是运用科学和技术进行设计、解决实际问题和制造产品的活动。

本领域学习内容的知识结构图如下：

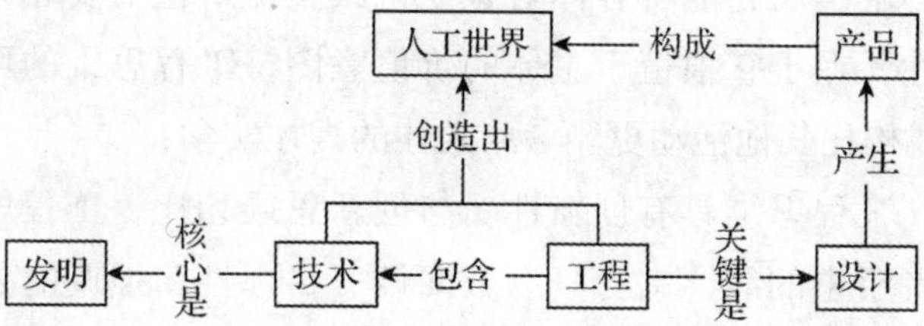

图 5-4　技术与工程领域知识结构图

二、“技术与工程”与工程思维

随着科学、技术、工程与数学的整合教育，在当下的科学教育中培养小学生的工程思维至关重要。美国国家研究协会出台了《K-12 年级科学教育框架》，该框架围绕“科学和工程实践、跨学科的概念、学科核心观念”的维度组织，着重体现了注重实践并让学生在较少内容上实现真正学习的思想。该框架将工程教育纳入到了 K-12 年级的科学教育中，将之前《国家科学教育标准》中的“基于探究学习”模型更加具体化，为如何进行科学探究指明了实现途径，使抽象的理论找到了实践的落脚点，提高了教学的可操作性。然而，在大多数人眼里只有在理工科大学里才出现的工程问题，能否在小学课堂里研究呢？小学生能否培养工程思维呢？这是大多数人所质疑的。

我国 2017 年 2 月颁发的《小学科学课程标准》倡导跨学科学习方式，科学（science）、技术（technology）、工程（engineering）与数学（mathematics），即 STEM。随着 STEM 教育的整合，各学科之间的联系越来越紧密，小学学习阶段的科学与工程教育之间又有交集。因此，工程思维在小学科学教学中对提高学生的工程实践能力，以及培养学生核心素养方面起着重要的作用。

（一）工程思维的内涵及特征

工程思维是指按照某一特定的目标，遵循一定的规范或标准进行设计，然后进行生产或建设，直至最后制造出产品供应社会或建成设施投入运营。工程思维有如下特征：

首先，工程思维具有现实性。工程思维是以筹划的可行性为宗旨，面临的是潜在可能性与现实可行性的转化契机，寻求工程理想与工程实际两者间矛盾的解决。它能将客体对象变得跟主体价值需要相符合，它之所以具有现实性，在于它根植于主体的价值意图，工程思维的可实现性特征表明，工程建构比其他活动更能考验人才的真才实学；

其次，工程思维具有创新性。与创新思维相比，工程思维的创造性如同放风筝者手中的线，它更具有方向性、目标性，强调的是标准化与操作性；而创新思维如同没有线的风筝，它更具跳跃性、求异性，强调的是想象力的发展；

再次，工程思维具有综合性。工程思维是一种复杂的系统性思维，它不同于理性思维，理性思维注重事实，强调证据。在工程活动中既要考虑所要建造或建构的对象和目标，又必须把整个活动本身与周围的自然、社会、经济系统联系起来，把工程系统放到这个大系统的背景之中。工程思维是“应该如何做”的思维活动，是对实践的理性认识，是一种复杂层次的实体型思维。为此，工程思维除了具备科学思维和技术思维的一些基本特点之外，还要具备综合判断和选择的能力。

（二）小学科学教学中培养学生工程思维能力的价值

目前，我国的科学教育在小学课程中一直处于副课地位，而欧美国家领先于我们几十年，随着美国新一代《K-12年级科学教育框架》的出台，使得我国的科学教育也面临着一场巨大的困难与挑战。

当下，我们的科学教材中大多数的实验为验证性实验，虽然能够巩固所学的理论，但在调动学生学习的主动性，培养学生的思维能力方面则较差，更缺乏自主探究能力与工程思维能力的培养。实际的科学课堂教学中，不是为了理论而理论就是为了操作而操作，使得科学与技术之间的关系也日益浅薄，乃至整体的无意识。

然而，工程恰恰架起了科学发现、技术发明与产业发展的桥梁，为实际教学探寻了新的思路。如“小小建筑师”是“做中学”科学教育改革实验项目，它是一个科学与技术交织在一起的案例，结构的稳固性中既有科学原理，又蕴含着工程设计和操作技术，让学生自主搭建积木或自主设计实验是培养学生的科学推理能力和科学建模能力的重要形式，也是培养学生工程思维和技术应用的新方式。在此基础上，教师可以将工程案例的教学融入实际教学中，并将探究性和实践性相结合的实验引入当下的科学教学中，或将师徒制或兵教兵的模式引入到教学中，或者与校外建立合作关系，让学生在实际参与和体验中进行探究性的学习。

工程思维关注的是共性，思维过程区分为无意识、潜意识和有意识，在实际的问题与决策中，要尝试使用最合适的方法和工具进行模型设计与工程实践，力求最优化原则，是“应该做——如何做”的思维活动，是对实践的理性认识，是一种复杂层次的实体型思维。为此，工程思维除了具备科学思维和技术思维的一些基本特点之外，还要具备这种综合判断和选择的能力。

因此，人们不仅要重视科技教育，更应重视工程教育，并将科学、技术、工程与数学相融合的新模式应用到我国的科学教育中，进而培养学生的工程思维能力，培养具有核心素养和全面发展的人。

（三）小学科学教学中培养学生工程思维能力的策略

科学问题源于对自然现象的解释，如“为什么灯泡会发光？”工程学则源于需要解决的问题，如“怎样将能发光的灯泡应用到房子里？”这两个生活中最简单的问题，其目的就是如何将科学与工程问题有效结合在一起。如何将科学与工程有效结合，如何将学生零碎的知识与机械过程变成一个具有实践意义的相互联系的过程，其切入点只能从培养学生的工程思维着手，因此，科学教学中培养学生工程思维能力应该从以下几个方面进行教学：

1. 基于课堂教学，重视对知识的应用能力

传统教学是一本书一支粉笔的教学，是一种填鸭式的教学模式，不注重学生对知识的掌握与应用。而工程思维是以系统工程知识为基础，为了提高学生的思维效率，就必须加强工程知识的系统学习，如《2014 年国家教育进展评估的技术和工程素养框架》指出四年级的学生就应该开始简单但系统性的设计，尝试回答“科技是怎样被用于创造材料的”问题，能运用系统方法对简单问题设计解决方法，并构建一个简单的模型来测定是否满

足问题的要求等。因此，在实际的教学过程中应给学生提供应用知识的机会，如在教师的指导下学生进行高效的讨论与交流，让学生尝试自己设计或组织教学，让学生体验自主设计的教学活动，进而培养学生的设计能力，以及工程思维下的应用能力。

2. 创设实验情景，注重对探究的创新能力

科学是建立在实验基础上的，而实验的核心是探究，以往的探究是在现成答案的情况下进行的演示活动。在基础实验教学中，教师要给学生创设良好的实验情景，能让学生在自发的情景下，进行一般性的自主探究。如学生通过 Ledong Scratch 互动教学平台等工具，让学生自主搭建数字化实验系统，将实验探究工具的开发作为探究实验的重要组成成分，同时也是体现工程思维与技术应用的一种新的方式。同时，在实验教学中还应该重视学生设计能力，因为设计即探究，让学生在设计实验中理解科学与工程的关系，进而提高学生学习科学的探究兴趣，以及工程思维下的创新能力。

3. 构造实物模型，加强学生的工程实践能力

美国《K–12 年级科学教育框架》用“科学和工程实践”替代“科学探究”，体现了参与科学研究和工程设计不仅需要技能，更需要对相关知识的理解与运用。实物模型是依靠物质的基本形态所做的模仿，是一种已有的零件实物或样件。在小学科学教学中，完全有必要开设实物模型构造的教育，如通过泥塑、雕塑可以培养学生的感知能力与动手能力，通过搭建房子可以培养学生的整体性思维能力，提高对实体性的理性认识。

总之，工程思维能力的形成是一个循序渐进的过程，应逐步强化与提高。在科学教学中为培养学生的工程意识，引导他们注重工程实际、明确学习目的，形成工程思维，可以按照从“工程中提出问题——讲解有关理论——联系工程应用”这样的认识规律组织教学，优化课程结构，并将理论教学与实践环节相结合，进而达到培养学生工程实践能力的目的。

第五章　核心素养导向下的小学科学探究方法

科学态度的形成、科学思维的培养依赖于学生的科学感受与体验。核心素养导向下的科学学习，学生必须学习科学方法，具备科学技能。本章对核心素养导向下的科学态度和科学过程技能——提出问题与猜想假设、模型建构与控制变量、观察测量与比较分类、交流合作与结论解释进行分析与讨论。对科学技能的训练要点提出建议。

第一节　作为核心素养的科学探究与科学态度

科学教育是关注科学技术时代的现代人所必需的科学素养的一种养成教育，是将科学知识、科学思想、科学方法、科学精神作为整体的体系，使其内化为受教育者的信念和行为的教育过程，从而使科学态度与每个公民的日常生活息息相关，让科学精神和人文精神在现代文明中交融贯通。小学科学教育首先应以科学探究作为科学教学的中心环节，培养探究未知世界的科学态度。

一、作为核心素养的科学探究

科学探究学习模式，建构主义主张科学教学应以多样化活动为平台，开展探究性学习（inquiry learning）。以科学探究作为科学教学的中心环节，恰恰反映了科学教育的本质。引导学生开展探究性学习活动的思想由来已久，早在20世纪50年代，美国教育家萨其曼和施瓦布（J. R. Suchman & J. J. Schwab）等已经对探究性学习进行了深入的研究，他们从不同角度证明了教学过程中“探究活动”的重要性。萨其曼注重实践，主张“探究方法的训练”模式，重点是帮助学生认清事实，建立正确的科学概念，并形成假说以解释新事物和新现象。施瓦布则试图把“探究的科学”与“探究的教学”结合起来，并从理论上揭示了探究性教学的本质和特征在于儿童通过自主地参与获得知识，掌握研究自然所必需的探究能力；同时，形成认识自然的基础—科学概念，进而培养探究未知世界的积极态度。

如何引导学生开展探究性学习活动？一个有效的策略是采用探究教学模式。探究教学的主要目的是使学生通过探究知识的发生过程，掌握科学的思维方法，以培养学生的探究能力和科学研究能力。它的指导思想是，按照科学研究的一般程序设计教学过程，就是按照提出科学问题、收集事实资料、做出科学假说、进行实验验证、得出科学结论的程序进行课堂教学设计，其核心是让学生通过自我探索、收集科学资料，并阐明把这些资料转化为科学结论以解决问题的途径与方法。探究教学的一般程序是：1. 发现问题。在教师指导下，根据教学目标，寻找与教学内容密切相关的、可以激发学生兴趣的材料，创设问题情境，向学生提出将要研究的领域，引导学生发现问题并提出问题。2. 收集资料。教师引导学生集中对要解决的关键性问题进行研究，根据已确定的问题，或由学生共同讨论，或阅读教材，或观察，或实验等，以收集整理与问题有关的信息资料。3. 提出假说。在分析整理资料的基础上，形成假说并提出验证假说的实验设计方案。4. 得出结论。由个人或小组共同实施方案（讨论研究，实验验证等），对问题形成一个合理的解释，得出结论。或提出新问题，重新设计实验，用不同方法组织资料，解释资料，再一次进入探究过程。

以上探究学习与教学活动的一个显著特点是，科学探究源于发现和提出问题，学生的学习是一个自主发现并解决问题的过程。正是通过这种探究学习活动，激发了学生的探究动机和好奇心，从而促使学生通过问题、假说、实验、分析、结论等环节建构相应的知识。总之，建构主义主张这种基于多种活动的探究性学习，本质上就是让学生像科学家那样，发现问题、提出问题、探索问题、解决问题，从而自主建构知识结构。

二、作为核心素养的科学态度

我国新世纪的基础教育课程改革确立了“知识能力、过程和方法、情感态度与价值观”三位一体的课程目标，科学教育的目标也由传授知识和培养技能向提升学生的科学素养转变。作为科学素养和课程目标的重要组成部分，科学态度在科学教育中的重要地位也越发凸显。科学态度在科学活动中起着决定方向的导向作用。美国《国家科学教育目标》指出：“终身的科学素质始于幼年时建立并形成的理解态度以及价值观。”小学生学习科学的态度对个体成长的影响深远，对国家和科学事业的发展有重要意义。科学态度是在个体科学学习的实践活动中逐渐形成的，一旦形成就具有稳定性，并能够使人们按照客观事物的本质其规律指导自己的实践活动。科学态度还能导致情绪上的不同体验，影响人的活动效率。小学生好奇心强，但注意力容易分散，积极的情感体验能够激发学生全身心探入科学活动的热情。从国家发展的角度看，小学阶段、培养学生的科学态度有助于提高全民族的科学素养，提升综合国力。从促进科学事业发展的角度看，科学态度是科学知识产生的指导思想，只有在科学认识过程中，遵循科学态度的要求去创造知识、更新知识，知识才具有科学的属性。

态度形成于人的后天社会化过程中，是社会心理学的核心内容。美国心理学家加涅在《学习的条件和教学论》一书中提出：学习可以影响态度的形成，把态度作为学习的第五种结果（另外四种是智力技能、认知策略、言语信息和动作技能）。作为一种可以习得的技能，加涅将态度定义为影响个人对一类人、客体或事件的行为选择的一种稳定的内部状态。态度包含三个不同的方面，分别是与表达情境和态度对象有关的认知成分，与伴随观念和情绪或情感有关的情感成分及与行为的倾向或准备有关的行为成分。在三种成分中，认知是态度形成的基础，核心成分是情感方面；行为倾向是态度习得的结果。态度基于对事物的认知而形成，所以相对稳定。态度并不决定个体的行为，而是在某种程度上影响其行为。可见，科学态度的培养不是一蹴而就的事情，需要日积月累的不断强化，而小学阶段正处于认知发展、技能以及情感态度价值观形成的重要和关键时期。

关于“科学态度”，现有的研究没有明确的定义。基于加涅对态度的定义，科学态度是参与科学活动过程中，对相关的人、事件和事物形成的稳定的持久的内部状态。作为态度的一个分支，目前大多数研究者认为科学态度的内涵包括三个方面：情感成分，即个体对自然界及其科学世界的情感；认知成分，即个体对自然界及其科学世界的认知；行为成分，即个体在科学学习、科学实验以及对待日常生活事件的一种内在反应倾向。但这种将科学态度内涵分解为三个抽象名词的方式在培养学生科学态度的实际教学中不具有可操作性，而从另一个角度思考，态度总是针对一定的具体对象，不是空泛的，是具体行为直接而稳定的内在定向系统，所以态度必定是针对某种对象的态度。加涅认为，态度的对象可能是不同类型的人、事件或客观事物，那么科学态度包含对与科学有关的人物、对科学事物以及对科学相关事件的态度。

（一）对与科学有关的人的态度

与科学有关的人主要包括科学家和科技工作者。科学家是科学的创造者和传播者，是推动科学进步的强大动力，他们具有丰富而且坚实的专业知识，能够自觉地运用严谨的科学研究方法。在科学家身上集中着谦虚、淡泊、专注、实事求是、爱国、奋斗、献身和敬业等优秀品质。与科学家不同，科技工作者主要开展科学知识的实际应用或执行有关辅助性技术任务，将研究成果应用于社会实践推动社会生产力的发展，每一项科技产品都包含他们辛勤的汗水。所以不仅要对科学家和科技工作者心怀崇敬之情，尊重他们的劳动成果，还要学习他们身上的优秀品质，如锲而不舍的毅力，为科学献身的精神，较强的归纳能力，严谨求实的研究作风等。而对于共同从事科学研究的合作者，应该接受他人的不同意见，愿意与其交流，具备较强的团队意识。

（二）对科学事物的态度

科学事物分为客观事物和主观事物，与之相对应，包括对客观事物，（如自然事物、科技产品等）和主观事物（如科学本身、科学知识等）的态度。对待自然世界中的事物要有浓厚的兴趣和正确的认识，树立可持续发展的意识，保护自然与之和睦相处，敬畏并珍爱生命，同时能够正确看待自然灾害；对待科技产品，不仅要学会正确使用，还要乐于探求设计原理。实事求是、尊重事实、客观看待问题是科学态度的重要内容。科学是人类认识事物的结果，因此具有可错性，并不能解释所有问题，应该客观看待科学本身；科学对人类的生存和发展有积极的一面也有消极的一面，但要相信科学，坚持和追求真理。科学是运用范畴、定理、定律等思维形式反映现实世界各种现象的本质和规律的知识体系，应该乐于并善于通过阅读科学书籍和杂志了解科学知识，应用科学知识解释和解决生活中遇到的问题。

（三）对科学事件的态度

科学事件主要指科学认识过程，包括科学学习和科学研究。科学认识过程往往要经历感性认识、理性认识及其复归实践阶段，其中批判精神和怀疑精神必不可少。小学阶段的儿童兴趣广泛但意志力较差，帮助学生认识到科学认识过程是长期反复的，能够让其主动探究客观世界的热情更持续。

科学学习是提高学生科学素养的主要途径，但把科学学习看作是考试取得好成绩不可逾越的环节，死记硬背一些科学定理无疑是贻害无穷的，这也是一种消极的科学态度。而对科学学习持有积极态度的学生往往表现为乐于参与科学学习及相关的实践活动，并从中得到乐趣和满足。在学习过程中严谨踏实，勤奋努力，善于应用科学思维，对其中涉及计算、观察、报告等作业会尽量做得缜密和精确。

在科学研究的过程中要坚持实事求是，尊重客观事实，不主观臆断，不迷信权威，排斥个人的、宗教的和社会的偏见；有发问、批判和怀疑意识，同时要有高度的责任感和果断独立的品德；不畏艰难，刚毅顽强，在科学研究过程中要注意既坚持原则又尊重和团结他人，达到双赢。

无论是对人、事物还是事件，都应保持积极的科学态度。积极的科学态度以正面主动追求为特征，以学习科学为骄傲，学习自主性强，面对疑问，持有不惧困难研究的研究意愿。消极科学态度则正好相反。积极和消极的科学态度与行为结果建立一种反馈机制。积极的态度带给人美好愉快的感受，这种感受会反过来增强行为频率；相反，消极的态度会产生悲观厌恶的体验，这种体验会削弱对人、事件和客体的行为倾向。学生对科学的倾向性是积极的还是消极的，对科学学习影响很大，小学科学教育就是要培养学生对待与科学有关的人、事件和事物的积极态度。

第二节　提出问题、猜想假设

在小学科学课堂上，提出问题、形成猜想假设两个基本环节，构成了假设阶段。在情境中提出问题、对问题可能的答案进行猜想与假设，具体如下图（图 5–1）

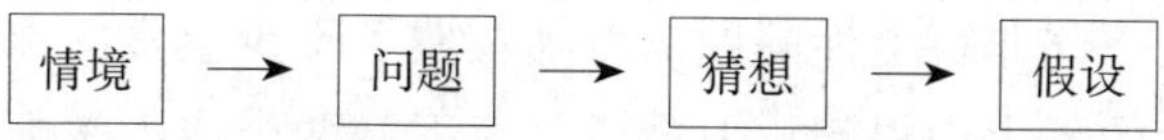

图 5–1　假设阶段图

一、由问题情境激发问题

用方法论观点分析学生的认知过程与科学家探究世界的过程，可知有很多相似之处，科学家是从人类的已知出发探究人类的未知，学生是从自身的已知出发探究自身的未知。两者都是从问题出发，都需要获取各种各样的信息进行思维加工，对问题进行探索。因此，发现问题和提出问题在科学探究过程中是一个不可缺少的重要环节。

问题是科学探究的起点，没有问题便不会有科学探究过程。教学实践告诉人们，确定探究的问题，不仅决定一节课的内容，而且决定这节课的基本思路，直接影响到科学探究活动的真正展开。既然提出问题如此重要，那么科学探究的问题应该来自哪里？由谁提出？答案显而易见，进行科学探究活动的主体是学生，探究的问题就应该来自学生生活，由学生自己提出。但在小学科学课堂中，这似乎是不容易做到的，因为有课程标准、教学计划或教材安排等对具体教学内容的限定。要让学生真正投身到探究活动中，教师就要努力创造条件让学生能够在教学范围内提出自己感兴趣、愿意探究的问题，而这个条件就是一个良好的问题情境。

戴尼尔·吉尔派若孜（Daniel Gil-Perez）概括了最符合建构主义认知过程和科学推理特征的教学策略，“就是将组织学习做出处理一种学生认为值得思考的问题情境，其基本目的是将学生包括在知识的建构之中，使学生的活动具有良好定向的研究特征。”

在关于“提出问题”的活动建议中，科学课标中指出：在教学活动起始阶段，安排学生进行发散性提问。进行比较时，找出多数学生感兴趣的、有条件可研究的、有价值的问题。

在实际教学中，教师们大多十分重视让学生在上课开始时提出科学探究的问题，教师启发、引导学生提出问题的意识明显增强。但值得注意的是，在问题提出这一环节，实际存在的问题往往集中在问题情境设置不好与忽视引导学生对问题进行整理。很多是学生在教师的启发、引导式“挤问”“逼问”下，提出了一大堆问题，可这些问题很多是一般化的事实性问题，或者是一些非科学性问题，教师花费了不少宝贵的课堂教学时间，也板书了学生的一大串提问，但最后只留下一两个或由教师重新给出某个并非学生所提的问题，由此开始组织学生开展探究活动。

科学课程最基本的特点是从学生身边的自然事物开始学习活动，以形成对自然进行探究的态度、技能和获取关于自然的知识。因此，适当的问题是探究的起点，提出什么样的问题与怎样提出问题，就成为关键。科学问题应由学生在遇到不解或矛盾时提出来，要建立在学生对研究事物或现象的必要认识和思考的基础上。问题不是老师给的，而是由兴趣引发，学生自己思考而来的。只有既适合学生认知水平，又具有一定的实际意义及生活情趣的问题，才能产生有所收获的探究活动。因此，在科学探究活动的开端，教师要为学生创设良好的问题情境，让他们观察和获得有关的信息，从原有的概念和实际理解出发，逐步聚焦话题，在情境中自然发现并提出能够进行科学探究的问题。

在提出问题的过程中，真正的科学问题只能由学生在活动中遇到不解和矛盾时自己产生出来，教师可以帮助学生将问题表达清楚。不是学生经过思考后提出的问题，或者是学生不需要思考就可以回答的问题，只能算是假问题。虽然问题有一定的研究价值，也有研究的条件，但它是由教师提出来的，而不是学生自己提出来的，学生没有研究的兴趣和愿望，这样的问题属于虚拟问题。真正的问题应该是教师创设一种疑难情境，让学生从中发现问题，明确问题，整个课堂活动围绕问题而组织起来。问题的发现和提出应力求自然，最好是学生在问题情境中主动感受到的，这样更容易激发学生探索的欲望。

适合作为科学探究起点的问题应具备如下特点：

1. 真实性。问题与发生在学生身边的自然现象以及科技在社会生活中的应用有紧密的联系，而不是脱离学生生活实际的纯学术上的问题。真实的问题应该是学生自己产生的，而不是教材所规定的，不是教师主观的问题。探究问题的真实性，是面向生活世界这一理念的要求和体现。

2. 新颖性。问题中包含着学生未知的新知识。学生感到困惑不解的疑难情境中隐含着学生要学习的某个科学概念或原理，这样能够容易引起学生的探究兴趣。只有了解相应的概念或原理后，学生才能解释类似的疑难情境。

3. 适度性。问题要适宜学生的认知水平，不能太难也不能太易。

4. 解决的可能性。问题是学生根据现有知识经验所不能解决的，但能够引起学生思考，通过探究活动能够解决。

只有具备上述这些特征的问题才能使学生产生认知冲突，引起强烈的探究愿望，形成学习的内在动机，引起有效的科学探究活动。

综合以上特征，可以认定要进行科学探究的问题必须是一个需要学生进行解释并且能够为学生所解释的问题，同时这个问题必须能激发学生的好奇心和探究欲望。前一个特征与教学内容有关，是能不能探究；后一个特征则与学生意愿有关，是想不想探究。而想不想探究决定于学生是否有着好奇心和探究欲望，这就与良好的问题情境有着很大的关系。

二、猜想假设

（一）猜想与假设

科学探究始于问题，科学探究过程是一个问题解决的过程。那么问题提出后，如何规划与设计随后的探究过程，就要对问题可能的答案进行猜想与假设了。

猜想是对科学现象或科学结果产生原因的想象性判断。猜想过程是开放性的、创新性的，需要大胆猜想、敢于猜想，以便尽可能多地提出产生科学现象或科学结果的可能原因。假设是对科学现象或科学结果产生原因的推断和对科学结果与产生原因之间关系的判断。也就是说，假设可分为究因性假设和关系性假设。猜想是进行假设的基础，对猜想的结果进行归纳、分析，其间可能会用到逻辑的方法。由有经验支持和逻辑依据的猜想结果形成假设。例如，一棵树的树叶变黄了，为什么这棵树的树叶黄了？可能做出如下猜想：天气变冷了，树上有虫害，树缺水，树已经老了，树经常受到同学的摇晃等。下面要进行分析的情况是：只有这棵树的树叶黄了，而其他树的树叶是绿的，则不是天气变冷造成的；这棵树的树干与其他树干粗细差不多，说明它们年龄差不多，不是这棵树老了；没有证据表明学生经常摇晃这棵树。可能是虫害和缺水使树叶变黄。因此，形成这种假设：由于这棵树遭受了虫害，所以它的树叶变黄了；由于这棵树缺水，所以它的树叶变黄了。接下来，针对假设，进行现场观察、调查的探究活动。科学探究活动的假设，不同于数学上的假设。数学上的假设是条件、是前提、是进行演绎的出发点。数学上的假设是“真”，由“真”出发，去证明结果的“真”，反证法也是如此。科学探究活动的假设是“假定”，有可能“真”，也有可能“假”。但是，不管假设被证明是“真”还是“假”，都是科学认识，都可以得到科学结论。例如，对摆球的研究，假设“摆球质量越大，摆球摆动得越快”，结果是“摆球摆动的快慢与摆球质量无关”，假设被否定了。

科学探究过程的假设不同于假说，更不同于科学假说。假说是在已知事实材料和科学理论的基础上，对某些事物的存在或因果性、规律性所做的推测性解释、假定性说明。假设在推测性和假定性上具有假说的性质。但假说是以一定的科学事实和科学理论为根据，经过一定的逻辑证明和科学论证。因此，在科学性上，假设要远远低于假说。假说经过利用有关的理论和尽可能多的观察实验材料，进行广泛的检验论证，形成一定的结构比较完整的知识体系，则发展为科学假说。如果降低假说的科学性，假设与假说可以通用。科学假说已构建了一定的理论体系，与假设就完全不同了。

（二）提出假设的一般程序

大胆猜想，理性假设。以猜想为基础，经过思考判断形成和提出假设，一般经过下列过程：

1. 有意义的问题，即可以用科学方法解决的有价值的问题。例如，水是液体、固体还是气体？这一看就知道答案了，所以不应该提出这样的问题。

2. 抓住问题的关键，把问题明确叙述出来。例如，我想买个保温杯，提出的问题是“这个杯子好不好？”这样叙述就不明确，应缩小范围，如改为“这个杯子能否保温？”这样就明确多了。

3. 查找与问题有关的一切资料或事实。

4. 提出初步的解释、推测或假设。这里要注意选择与问题有关的重要因素，要搞清楚各种因素间可能存在的关系。

5. 选择可能性最大的假设。这里特别要注意：①把与问题有关的各种假设加以分析与选择；②判断各种假设是否切合提出的问题；③指出所提假设的缺点；④运用智慧提出改进的新假设；⑤设计实验，验证假设；⑥暂时接受此假设或舍弃，并试验其他假设；⑦对所接受的假设，做进一步的验证。

（三）假设技能训练

培养学生以下方面的能力，学生才有可能提出假设。

1. 选择的能力。选择一些学生通过已有经验可以解释的现象；鼓励学生利用已有资料去检验各种解释正确的可能性；让学生能够从教科书或其他信息来源获取新的观点。

2. 分析问题的能力。对问题进行充分的思考与分析，把复杂的分析变为简单的分析。

3. 辨别事实的能力。训练学生有辨别的能力。例如，镁在氯中燃烧，放出强光并残留白光，这是事实。那么，氯是不是可使镁在其中燃烧的“氧气”呢？这就是假设。如果学生能经常这样去辨别，就会逐渐培养出提出假设的能力。

4. 辨别资料是否矛盾的能力。收集一些资料，让学生认真阅读思考，让学生辨别其中是否有矛盾。这样，就有可能从矛盾中找到一些有真正意义的问题。

5. 判断资料准确性的能力。通过对资料的分析、判断，找出“规律性东西”的能力。

6. 根据观察结果推测原因的能力。

（四）假设活动实例

1. 对影响摆球摆动快慢的因素进行猜想，经过分析、比较、判断，做出影响摆球摆动快慢的假设，并设计验证所做假设的实验。

2. 对造成“空气流动”的原因做出假设。设计验证假设的实验或制订为说明假设进行资料搜集的方案。

第三节　模型建构、控制变量

一、解释与模型构建技能

科学探究的过程中，从提出问题、进行假设到收集证据，学生获得了充足的数据和信息资料，进一步的工作就应该运用思维对数据资料进行合理的加工、整理，对事实进行分析综合，做出解释，找出规律性的东西。解释是指对所收集的证据进行筛选、归类、统计和列表分析等综合处理，并运用已有知识得出符合证据的结论。因此，解释技能是依据科学数据对科学观察或科学实验所做的说明的能力。

小学科学学习中的模型是对科学现象或科学过程形象化的解释，是为了让别人更好地理解学生自己的解释所借助的一种表达方式，也包括图画、图示、图表等。

需要说明的是：这里所说的模型，不同于科学理论中抽象化的模型。在科学研究中，建立模型，主要是利用模型进行研究，即所谓的模型方法。模型建构的方法，是人类在研究复杂现象时，为了揭示其内在本质的规律性联系，借助抽象思维的能力，用理想化的手段建立的一种与原型相关联，能够表征原型的基本特性的模式，并对这一模式进行研究，以探索它所表征的原型的本质、规律的方法。

因此，小学科学学习中的模型构建技能，是构建解释模型的能力和利用模型进行科学解释的能力。

（一）解释与模型构建的特点

1. 依实性

解释与模型虽然是学生经过思维加工得出或构建的，但是必须依据所获数据进行——不管是揭示科学现象原因的数据还是揭示科学关系的规律性数据。尤其是所获数据与主观期望或是与假设有差异甚至相反时，就更要进行强调依实性。例如，研究摆球的摆动时，假设摆球越重，摆球摆动得越快，但测量的结果是摆球轻重与摆动快慢无关，这就要求学生尊重事实、尊重观察测量的结果，依据测量数据对科学现象进行模型构建。

2. 逻辑性

解释是依据数据进行。若数据已经清晰呈现出结果或规律性关系，则解释就很容易进行。若数据间接地支持结果或规律，就要进行分析、推断。这个分析与推断就要依据逻辑进行。例如，学习“声音的产生”。将一些轻质豆粒放在鼓面上，敲击鼓面，豆粒蹦跳；敲击音叉，将音叉轻触水面，水面产生涟漪，甚至溅出水花；将收音机发音喇叭上放一些泡沫粒，看到泡沫粒跳动等。记录下这些数据，由这些清晰可视的现象，归纳、分析这些发音的物体都在振动，推断得出结论：声音是物体的振动产生的。

3. 简洁形象性

解释是学生对分析结果的一种表达，是得出科学结论的前奏。这种表达是学生自己的思维产物，但个人的理解必须让其他人也能够容易地理解，因此要求学生做出的解释要简洁、形象。如果用语言表达感觉难以简洁清晰，就要采用模型的方法，构建解释模型进行解释。例如，测得一组自变量与因变量关系的数据，若由数据解释显得烦琐，则可以将数据做成图表，用所得曲线或条形图进行解释。

（二）解释与模型技能训练

1. 引导与示范

解释可以分为以下几个步骤：①识别需要的数据；②采集有用的数据；③建立数据表；④给予有效的数据解释。对观察记录、测量记录和实验记录所获得的数据，教师要根据上述步骤引导学生进行解释与模型构建，必要的情况要进行示范，尤其是数据间接支持科学结果的情况。首先要使学生学习解释与模型的方法，这是使学生对观察、测量、实验进行分析的基础。通过在实践中的不断应用、练习，发展解释、模型技能。

2. 学习与要求

解释与模型是学生得出科学结论前的重要过程，它直接影响科学概念的形成和科学规律的学习。因此，要求学生依据解释与模型的依实性、逻辑性、简洁形象性进行解释，尤其是要求学生利用图表、图示和构建模型进行解释。关于模型化解释可能需要专门的要求。例如，让学生自己制作植物细胞模型。学生观察了植物细胞后，让他们利用身边的材料，制作植物细胞模型。先把红薯或马铃薯的淀粉放入盛有适量清水的饭勺或小烧杯中，放在火上煮（稀稠程度似胶水），倒入半个鸡蛋壳中，稍微冷却后搅拌，或用吸管向淀粉糊中吹气，使淀粉糊中产生较多的泡。再向蛋壳中央的淀粉糊中加入一粒红豆，周围加几粒绿豆，使它们悬浮在淀粉糊中。这样，半个植物细胞模型就做好了。想一想：在所做的模型中，蛋壳外皮相当于什么？蛋壳内侧的一层薄膜相当于什么？胶质的淀粉糊相当于什么？淀粉糊中数量不等的气泡相当于什么？红豆相当于什么？绿豆相当于什么？如果淀粉糊中气泡小而数量多，说明该细胞是年幼的还是年老的？细胞是平面的还是立体的？

3. 讨论与完善

解释与模型具有依实性，但它毕竟是学生经过思维加工后的主观产物，就完全可能产生解释上的偏差和模型构建上的缺陷。因此，还要进行小组或集体的讨论。通过讨论、思考，认识自己或小组解释上的偏差或模型的缺陷，从而修正自己的解释或完善自己的模型。通过上述过程，使学生认识到为了得到合理的解释，我们必须依据观察、测量数据、所搜集的资料和进行“公平实验”获取的证据。依据这些有用的证据，在测试及系统地测量变量后，我们才有可能去回答问题或者验证假设。

（四）模型构建活动实例

1. 利用彩色橡皮泥，揉搓成若干小球，将这些不同颜色的小球混合，用书本在桌面上向下压。制作出一种岩石模型用来解释这种岩石的形成原因。

2. 利用一个小地球仪和一个手电筒制成一个能表示昼夜交替变化的模型，解释中国北京是白天时，美国纽约是黑夜的现象。

二、识别与控制量变技能

（一）识别与控制变量的技能

为了找到导致事情发生的原因——发现一个变量对另一个变量的影响作用，这就是识别变量；为了能确切地找出原因，必须确保待测变量以外的其他变量保持恒定，这就是控制变量。识别影响和不影响实验的因素以及识别可以操纵和可以被控制的变量。

例如，你想知道是什么原因使玩具车沿斜板下滑得更快或更慢，就必须考虑可能影响车速的各种条件（如板的角度、表面平滑度、板的长度等）。当仅对其中一个变量进行测试时，必须保证其他变量的恒定，这样才能证明某一个单独变量是否有影响作用。

如果认为不只是一个变量有影响作用，那么可以一次测试两个变量，然后观察每一个变量得出的结果。如果两个及两个以上的变量都有影响，就会想到设计一个详细的实验方案，可能其中包括同时操作多个变量来研究多重作用。例如，让学生识别和控制与种子发芽有关系的变量。学生对于种子发芽的原因，可能会想到水、光、肥料、土壤等，把这些因素记录下来，然后对每一对变量进行测试。把大豆放在小纸杯或其他容器里，杯底铺上卫生纸，大豆放在上面。有一些杯中的水可能是满的，有的则仅仅使卫生纸保持湿润；有的水中放了肥料，有的没有肥料；有的把杯子放在光量充足的地方，有的把杯子放在暗处。

识别和控制变量的主导思想是：必须确定我们认为可以产生作用的因素确实产生了作用，必须能确定两种现象间的因果关系。小学生还不能直觉地了解他们在实验中必须识别和控制的变量，因为这是需要感觉能力的。例如，在玩具车实验里，必须觉察出即使是同一玩具车，对同一变量也有跑得更快或更慢一些的。还需具有对两件事相互关系的感觉能力，如了解木板粗糙度与玩具车之间的相互作用对车速的影响。当孩子们具有了对众多物理因素、行为因素、事件内部相互作用的感觉能力时，就能推理出可能有几个不同的变量影响了某一特定事情的发生。

（二）识别控制变量活动实例

1. 研究摆球的摆动。识别变量（即摆球摆动过程中涉及的变量）：摆线长短、摆球轻重、摆角大小、摆球摆动快慢。其中，摆球摆动快慢为因变量，摆线长短、摆球轻重、摆角大小为操作变量。观察摆线长短对摆动快慢的影响，则保持摆球轻重、摆角大小不变，改变摆长，测量摆动周期，这时摆角轻重、摆角大小为控制变量。

2. 研究植物的生长（用几粒豆种培育长成豆苗）。识别变量（影响豆苗生长的因素及豆苗生长情况），如水的多少、是否提供阳光、肥料多少、温度高低、豆苗生长高度。其中，豆苗生长高度为因变量，水的多少、是否提供阳光、肥料多少、温度高低为操作变量。观察阳光对豆苗生长的影响，选择两组豆苗，保持水的多少、肥料多少、温度高低都相同，一组豆苗置于阳光下，另一组始终放置在一个纸盒内。这时水的多少、肥料多少、温度高低为控制变量。

第四节　观察测量、比较分类

一、观察技能

观察是人类科学认识中的重要实践活动。作为一种科学方法，其手段和功能都是随着科学的发展而发展的。所谓观察，即人们在自然条件下，“通过感觉器官或借助科学仪器，有目的、有计划地感知客观对象从而获得科学事实的一种研究方法”。由此可见，观察技能是人们为认识事物的本质和规律，通过感觉器官或借助一定的仪器，有目的、有计划地对自然发生条件下出现的现象进行观察的一种技能。

科学观察依照不同的分类标准，有如下几种类型：

1. 以是否通过中介物为标准，分为直接观察和间接观察：直接观察指通过感官（眼、耳、鼻、舌、身）在事发现场对客体的观察；间接观察，其一指以感官通过某些仪器来观察客体的方法；其二指对事发后留下的痕迹（如照片、录像、录音）进行推测的观察。

2. 以观察对象是否受控制为标准，分为实验观察和自然观察：实验观察指观察者对周围环境、条件或观察对象等观察变量做出一定控制，采用标准化手段进行的观察；自然观察指对观察对象不加控制，在完全自然条件下进行的观察。

3. 还有系统观察，指有目的、有计划、有规律地观察与记录一定时间内观察对象的行为；跟踪观察，指长期地定向观察对象的发展演变过程。

（一）观察的原则

观察是有目的、有计划的认知活动，是获得经验和对经验进行分析研究最基础的工作，力求实事求是地反映客体的本来面貌。应遵守以下几个基本原则：

1. 客观性原则

科学必须以客观事实为基础来探索客观规律。"求实、客观"是培养科学过程技能的基础，更是科学精神的精髓。对小学生来说最基本的求实就是在观察时说真话，严禁伪造结果和凑数据。

2. 选择性原则

观察是有目的的认知活动。要培养学生学会把观察集中在有意义、有价值的信息上，筛选掉那些无用或无关的信息。

3. 全面性原则

观察是从某一个侧面或局部开始进行，要培养学生将不同角度、不同层次的观察结果进行综合感知。

（二）观察技能训练

1. 观察要有记录，记录要客观

观察是有目的的活动，观察获得的信息要以文字或图画的形式记录下来，为科学认识的获得提供依据。对观察结果的记录实际上是对观察对象的描述，这种描述要客观。这里要区分描述和解释，描述是解释的基础，解释是对描述的加工，描述是证据，解释是观点，二者不能混淆。不能将推理加工后的结果作为描述，也不能将自己的感觉加入到观察结果中，如对蜗牛的观察，“蜗牛嘴里有很多牙齿”，不能写出推理结果“蜗牛嘴里有一万多颗牙齿”“一碰蜗牛，它就把头缩回壳里”，不要加入个人感情色彩，说“蜗牛是胆小鬼”。

2. 所观察的主题和变量要少

小学生能够学会发现不同事物或不同变量之间的联系，但这种联系不能太复杂。因此，观察主题一般就一个，观察的现象一般不超过两个变量。例如，对水的观察，提供纯净水或自来水，观察水的性质——无色、无味、透明等；提供污浊的河水或湖水，用来观察水的污染。每次观察一个主题，如果将纯净水和污浊的河水提供给学生，同时观察两个主题，学生的科学认识会产生混乱。例如，观察摆角（变量一）、摆长（变量二）、摆球质量（变量三）对摆动周期（因变量）的影响，每次控制两个变量不变，观察一个变量的变化对因变量产生的影响。

3. 观察活动要突出科学原理

观察是为了获得经验和对经验进行分析研究，所以观察的重点在于理解科学的概念及其形成过程，也就是要突出科学原理。例如，在学生制作降落伞、使用降落伞的活动中，重点在于体会空气的存在和空气的阻碍作用，使学生懂得这一活动的科学原理，而不是讲注意力集中在降落伞的制作上。

4. 讨论是获得正确观察结果的重要步骤

一个人的观察能力往往有限，通过交流可以分享彼此的观察，互相弥补经验上的不足，达到重复观察的效果。但要注意，观察和讨论不要同步进行，讨论要在充分的观察之后。

（三）观察活动实例

1. 用花生仁、黄豆（或其他植物种子，使用前先浸泡），要求学生先观察其外观，进行外部观察，再剥开进行内部观察，采用多种形式做观察记录。

2. 将学生分组。每组学生每人一颗带壳花生，通过观察给花生画像。然后每组将花生和画像混合，各组交换花生和花生的画像。各组将另一组的花生和画像进行匹配。最后，将匹配后的花生和画像还回原组，组内同学判断匹配结果，分析原因并进行阐述。

二、测量技能

测量是借助不同类型的工具对研究对象的某一方面或特征的一种定量观察，也可以说是对事物某一方面特性的精确描述。在科学研究中需要测量的内容很多，对小学生而言，长度、体积、重量、温度、时间都是他们在日常生活中经常遇到的，也是发展他们测量技能的最主要的五个方面。发展小学生良好的测量能力与习惯是他们做定量观察，比较、分析数据时的重要保证。

（一）测量的特点

测量作为定量观察，具有观察所具有的特点，另外还要强调以下两点：

1. 测量要规范

测量要利用仪器，使用任何仪器都要遵守操作要求。例如，测量长度，直尺要与测量的直线或平面平行，视线要与测量物端线垂直；用玻璃量筒测量液体的体积，如果液体是水，眼睛必须与凹面底部在同一水平面，则凹面所在刻度才是测量值；测量值末位数字的估读等。测量的规范是保证测量精确的基本前提。

2. 测量要依据科学的方法

测量又分为精确测量和不精确测量。对小学生科学学习而言，所谓精确测量是指用测量仪器直接获得数据所谓不精确测量亦即估测或估算。对精确测量，首先明确测量都是有误差的，误差不可避免，但可以通过采用恰当的方法减小误差，如测量长度，可以测量多次，取平均值。测量摆动周期，测量一次误差较大，即偏大或偏小的可能性较大，可以采用测多个摆动周期的总时间，除以摆动次数，得到更接近周期真实值的测量值。不精确测量，实际上是不可能进行精确测量或很难进行精确测量的情况，对测量方法的要求更高。例如，测量一棵树某位置横断面的平均直径，就要用细绳绕树干一周并做好标记，将树干横断面假定为圆周，利用周长和直径的数学关系估算出其直径。又如，测量某个省或市的区域面积，就要采用方格法，计算出此区域内方格的面积，再根据地图图例计算出此区域的实际面积。我们看到，只有采用科学的测量方法，才能使测量更精确。

（二）测量技能训练

1. 教师的讲解与示范

测量仪器的使用和操作的规范，显然不能由小学生进行摸索获得，尤其是易损和稍复杂的仪器。这时教师要利用专门的时间进行集中讲解并示范操作。教师可以采用尝试错误方法，如先让学生用直尺测量某个长度，学生得到很多测量值且产生较大偏差，然后教师再讲解测量规范要求，学生再进行测量操作。这种专门的学习是不能缺少的，它是学生进行精确观察的保证。

2. 学生的使用与熟练

教师讲解与示范后，学生必须进行相应的练习。教师可以设计相关的主题，在不同的情境中进行测量，使学生学会和熟练使用测量仪器。这是学生进行实验和实验探究活动的重要保证。

3. 测量数值真实性要求和测量方法的使用与创新

测量要进行记录，同样要求学生进行客观真实的记录，不要因主观要求涂改数据。测量是实现科学观察高级阶段的重要手段，测量方法的使用除了专门的学习外，更多的是与科学活动结合在一起进行。在实验探究活动中，小学生完全可能采用新的测量方法，这种方法不管是否比教师所掌握的方法先进，都是小学生科学学习的重大收获。

（三）测量活动实例

1. 用直尺测量一根铜线的直径。

2. 测量一枚片状树叶的面积。

三、比较技能

要在事物的相互联系中认识事物，就必须对事物进行比较，就是从具有同一性的事物间寻找其差异性，或者从具有差异性的事物间寻找其同一性的思维方法。

（一）比较的类型

比较的类型按下面几个不同的标准可做不同的划分：

1. 按属性的数量，可分为按事物的一种属性所做的单项比较和按事物的多种属性所做的综合比较。前一种比较是后一种比较的基础，而只有进行后一种比较，才能达到真正把握事物本质联系的目的。这是因为在科学认识中，需要比较的往往不只是事物的一种属性，而是事物的两种或多种属性。只有通过这样的比较，尤其是将外部属性和内在属性一起比较，才能认识事物的本质和规律。

2. 按时空的区别，可分为横比和纵比。横比即空间上的比较，就是将同时存在的两个或两个以上的研究对象进行对比，以确定其相同点和不同点的研究方法。纵比，即时间上的比较，是对研究对象不同发展阶段的比较。还有一种比较的方法称为类比，类比是指将研究对象与已知对象进行对比。对科学研究而言是通过类比，发现研究对象的本质性东西或规律，对科学教学而言是加深对研究对象的理解和认识。

3. 按目标的指向，可分为求同的比较和求异的比较。

（二）比较的特点

1. 比较的同质性

对两个或两个以上研究对象进行比较，必须对其同种性质进行比较，或者是对具有同种性质的研究对象进行比较，也就是比较首先要具有可比性。如果实的比较，要将颜色、大小、光滑程度分别进行比较。动物与动物、植物与植物的特征进行比较等。

2. 比较的普遍性

比较的方法广泛存在于科学学习的全过程。观察的结果、测量的数据、实验的结果以及与之对应的方法，都要进行比较。观察、实验的解释、推理与预测的结论，也都要进行比较。新知识、新技能的学习、对科学新的认识也是在与小学生已有的知识、技能和认识的比较中获得的。

（三）比较技能训练

要有意识地引导学生在比较中认识科学事物，由于比较广泛存在于科学学习的全过程，尤其是小学生新的科学体验是在与原有的科学经验的比较中获得的。所以教师要重视比较的方法，创设进行科学比较的学习情境，引导小学生在比较中学习科学。低年级的小学生重点在两个事物的比较，高年级小学生要进行多个事物间的比较，逐步提高其比较技能。

在比较中要遵守比较的规则：

1. 比较必须在同一关系下进行

这是运用比较的基本原则，只有从同一关系去比较不同对象或对象的不同属性，这种比较才是合理的，反之就是不合理的。例如，将不同金属的导电性相比较，是完全可以的；将不同金属的导热性相比较，也是合理的。如果将铜的导电性与铝的导热性相比较，则是不可比的。

2. 比较必须按同一标准进行

没有标准，不能进行比较；标准不同、不精确、不稳定，也不能进行比较。例如，比较晴天和阴雨天的气温变化差异。要在同一个季节里，温度计应放在同一地方，每天观测记录气温的次数、时间都应相同。这样才能比较出晴天和阴雨天气温变化的不同规律来。

3. 必须具备比较的背景知识

在进行纵向比较时不要忘了横向比较，在进行横向比较时不要忽视纵向比较，使横比和纵比始终有机地统一。

由于小学生的生活经历有限，认知水平不高。他们往往会把一知半解的材料，甚至自己想象的情况当作真实可靠的依据来进行比较。因此，在比较前应先让学生熟悉比较的对象；应创造条件运用实物、模型、标本、图像等将比较对象展示在学生面前，或运用解剖、实验等方法将比较对象的属性展示在学生面前。让学生获得关于比较对象足够的、必要的、真实的信息。

（四）比较活动实例

1. 将网球、乒乓球进行比较。要求设计表格，记录比较的属性、标准和比较的结果。

2. 将人的生长变化分为婴幼儿期、少年期和成人期进行比较。要求设计表格，记录比较的属性、标准和比较的结果。

四、分类技能

分类是在观察的基础上，根据一定标准对物体或事件进行分组或排序。分类可以使大量繁杂的材料系统化、条理化。这样就便于寻找事物之间的本质区别和联系，探讨它们之间的转化关系，提供科学发现的线索。分类还可以使研究对象之间建立起立体的从属关系，形成反映事物内部规律性联系的科学分类系统，从而推理某些未发现事物的性质，指导科学新发现。

（一）分类的类型

分类的类型，是指涉及事物现象与本质而言的，可分为：①现象分类或人为分类，它是以事物的外部标志或外在联系所进行的分类。②本质分类或自然分类，它是以事物的本质特征或内部联系所进行的分类。本质分类要以现象分类为基础，是现象分类的深化。现象分类可以帮助我们把知识条理化、系统化，表明事物是怎样的，而本质分类由于揭示出事物的必然性，因而既知其然，又知其所以然。就分类能力训练的教学而言，又可分为：①给予标准分类，即根据研究目的，由教师提出分类标准，对事物进行分类。例如，教师要求学生根据根的形态特征，给植物的根分类。②自选标准分类，即根据研究的目的，由学生独立确定分类标准，对事物进行分类。例如，学生可以根据叶子的颜色、大小、形状等标准，对叶子进行分类。

（二）分类的特点

1. 分类的灵活性

分类是依据一定的标准进行的，但分类标准的选择具有很大的自由度。只要学生的判断是合理的，他们就可以按照各自的生活经验或科学知识任意选择和创造分类标准。

2. 分类的规律性

分类是对观察的深化，分类是对测量数据或实验结果的分析与归纳。因此，分类的结果将反映出研究事物间的某种规律，表示小学生对科学认识的深化。

（三）分类技能训练

要指导学生运用科学的分类方法，首先要遵照分类的规则：

1. 必须按同一标准分类。分类根据对象本身的某种属性或关系来进行。事物的属性或关系是多方面的，因此分类的标准也是多方面的。我们可以按实践的需要或研究问题的角度来确定分类标准，但是每一次分类只能按照同一标准，否则就会出现分类重叠或分类过宽的错误。

2. 各子项之和等于母项。各子项都是缺一不可的，否则就会犯子项无穷尽的错误。

3. 必须按层次逐级进行。分类必须按照一定的层次逐级进行，否则就会犯越级划分的错误。分类随着比较的深化而逐级深入。

4. 划分的子项必须互相排斥，不能相容。

科学研究中分类方法很多，适合小学生科学学习的分类方法主要有“多级二分法”和“集合法”。多级二分法是指按一定标准每次把事物分成两类，回答“是”或“不是”，直到不能分为止。多级二分法要遵循以下规则：

1. 每次按一定标准分成两类，标准由学生自定。

2. 在选用标准时，最好用“是”或“不是”模式。

3. 每个事物占一个空格也只能占一个空格，直到不能分为止。

例：用“多级二分法”把下列事物分类：小鸟、卵石、螺丝钉、猫、纽扣、岩石、苹果、铅笔、玫瑰花（如图 5–2）。

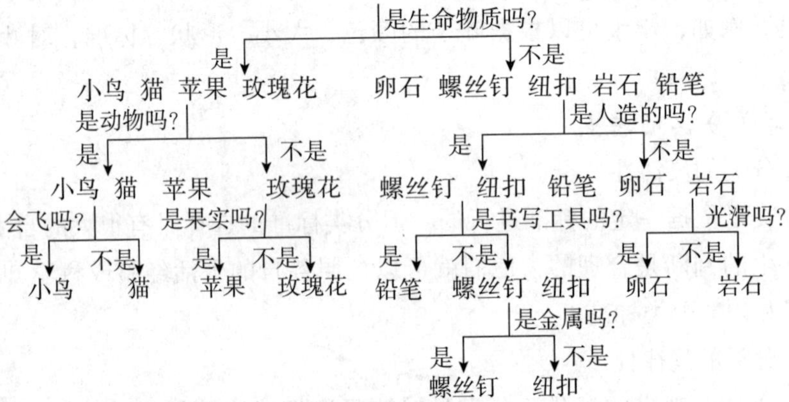

图 5–2 多级二分法

集合法是指按事物一个或几个相同或相类似的特点将被分物归成一类。如果说“多级二分法”是依据事物间的不同之处，“集合法”分类的依据则主要是事物的相同点。教师在科学教学中，首先要指导小学生学习分类方法，然后将分类的方法熟练地运用到科学学习中去。

如上例所示，具有生命的划为一组：小鸟、猫、苹果、玫瑰花。非生命的划为一组：卵石、螺丝钉、纽扣、岩石、铅笔。

从以上的例子可以看出，在用“多级二分法”对事物分类时，分类标准的选择有很大自由度，只要学生的判断是合理的，他们可以按照各自的生活经验随意选择和创造分类标准。从上面的例子还可以看到分类标准全都用“是”或“不是”模式（除了动物或植物，因为对有生命的物体基本只能分成这两类）。之所以要用“是”或“不是”模式是为了便于分成两类。

（四）分类活动实例

将同学分为若干小组，每组提供一定数量的杂物，分别用“多级二分法”和“集合法”进行分类练习。说明分类标准，将分类结果记录下来。各组比较分类结果数目。

第五节　交流合作、结论解释

一、交流合作

（一）交流

《现代汉语词典》中对交流的解释是：“彼此把自己有的供给对方。”科学扎根于交流，清晰的交流是从事科学工作的基本条件。交流使科学家们可以把自己的工作情况告诉别人，可以阐述自己的观点并交由别人评议。在科学探究的过程中，每个学生个人的知识经验、思考方法、认识角度都是非常重要的信息，这种信息之间的交流对启发思维、产生灵感的火花具有不可估量的价值。

科学认识的形成总要以成果作为重要标志。把科学认识形成的成果表达出来的最好途径就是交流。可见，交流也是科学探究过程的一个重要组成部分。交流是人与人之间信息与情感的传达与沟通。在教学情境下的交流是一种特殊的人际沟通，它是指在教学情境中师生、生生相互交流思想、情感和共享信息。通过交流，每个个体的想法和已有经验会给其他成员带来启发和参考信息，促使科学探究向正确的方向迈进；通过交流，个体得以展示研究成果，使学生获得成就感，而这种体验会为进一步的探究增加动力。交流能力是体现在学生接受、加工、传递信息动态过程中的一种能力，它是学生实现探究活动价值和适应未来社会生活的必要条件。因此，在科学探究中培养学生的交流能力显得尤为重要。

与单向表达不同，交流是双向甚至多向的输入输出，交流发生在生生之间、师生之间。交流是一种综合的能力，一方面是利用语言、文字、图画等表达方式，把观点告诉他人，另一方面是从他人或其他来源听取并发现证据以及他人的观点。说，要表述清晰；听，要抓住要点，在听的过程中思考、质疑，然后听说产生互动。交流为学生提供了发表个人见解、倾听他人意见并相互比较的机会。交流是思维碰撞的过程，在交流中同学之间相互质疑、相互争论，可以达到相互补充、相互借鉴、共同提高的目的。

交流能够培养学生的口头表达能力，它为学生提供了练习口头表达能力的极好机会，需要用清晰的语言阐明自己的论点，发言时要求口齿清晰、合乎逻辑。交流能够促进学生思维能力的发展。学生为了能够清晰、准确地表达自己的观点，陈述自己的见解，必须首先对事物有一个准确的理解和掌握，然后正确阐述自己的观点，并对他人的质疑做出应答，在这一过程中，学生的思维活动总是处于积极活跃的状态中，这种积极的思维活动必然会提高学生思维的质量，有利于发展学生的思维能力。交流还可以起到检验评价的作用，可以检验学生各自的表达是否清晰，并在此过程中对各自探究的过程与结果进行互相评价，包括假设是否合理、依据是否可靠、方法是否科学等。

（二）合作

合作就是个人与个人、群体与群体之间为达到共同目的，彼此相互配合的一种联合行动、方式。

学生以小组为单位在分工明确有效合作的基础上完成探究任务。有些任务仅靠个人的能力、知识水平是很难驾驭的，但是在小组的合作中就可能完成任务，学生之间相互的配合、学生之间的合理沟通、小组长和组内成员的彼此信任，都是小组合作中面临的问题。

根据实验设计情况，共分为X个小组，每个小组X个成员，小组推选一位小组长，大家有监督彼此的权利，互相提醒、互相帮助。其余的同学可以根据任务的不同合理分工，有的同学负责记录，有的同学负责实验操作。同学可根据自己的情况申请自己的认领任务，大家也可以轮流尝试不同的角色转换。学生明确学习任务和个人的责任，合作探究的同时交流各自观点，最后得出结论，各小组对小组成员的表现给予公平合理的评价。

对如何实施合作学习，教师也要有基本对策。确定任务后教师要引导学生协商分工，每个学生都有事可干，都承担一定的责任，培养他们的能力和责任心。明确每个同学的职责，小组长、操作员、记录员、汇报员等，小组长组织组员交流、讨论、探究，记录员负责记录活动的过程，操作员负责操作实验活动，汇报员将小组情况在各小组交流过程中归纳、总结。学生既是参与者也是探究活动的合作者。

在小学科学课堂上，交流与合作贯穿探究过程的始终。

在假设阶段，首先需要学生提出一个明确的问题。由于学生具有不同的知识经验，在同一情境下也会有不同的想法，各自会提出不同的问题。这时，教师应让学生充分表达自己的想法，在交流的过程中筛选出能够探究的问题。提出问题后，对问题可能的答案大家会有各自的想法，这时，教师要鼓励学生大胆猜想，在交流的过程形成合理客观的假设。

在探索阶段，设计并完善方案同样需要有效的交流与合作，要让学生充分表达自己的想法，并在交流讨论中通过分析比较评价，进行小组合作，逐步完善方案以更好地实施。以上主要是学生在班级范围内的交流与合作，而在实施方案的过程中，突出体现的则是小组内的交流，学生根据计划合理分工，在动手操作的过程中相互配合，而这离不开他们之间的交流。

最后，在形成结论阶段，对获得的证据进行解释并最终形成结论，更是需要学生的有效交流与合作。

二、结论解释

（一）结论

结论，从逻辑学来看，是从一定的前提推论得到的结果，对事物做出的总结性判断。

例如，小学五年级有一节科学课是："小水珠是从哪儿来的？"

在课堂上，教师提出问题——放有冰块的水杯外壁上的这些小水珠是从哪里来的？大多数学生的回答都是这些小水珠是从水杯里渗透出来的。根据学生的回答，可以做出假设，放有冰块的水杯外壁上形成的小水珠是从水杯里渗透出来的。

据此，有的学生制定了这样的计划（简称 A 组）——如果把用红色的水冻成冰块，然后，把冻成的红色冰块放在杯子里，看在杯子外壁上形成的小水珠是否是红色的，如果是红色的就证明小水珠是从杯子里渗透出来的；如果杯子外壁上的小水珠不是红色的，就说明这些小水珠不是从杯子里渗透出来的。也有的学生制订了这样的计划（简称 B 组）——如果用果汁冻成冰块，然后，把果汁冰块放在杯子里，看在杯子外壁上形成的小水珠是否是黏的，如果是黏的证明小水珠是从杯子里渗透出来的；如果不是黏的就证明这些小水珠不是从杯子里渗透出来的。还有的学生制订了这样的计划（简称 C 组）——适用天平进行测量的方法。即把刚放好冰块的水杯放在天平的一侧，另一侧放等量的砝码，使天平达到平衡。那么，过一会儿，当放有冰块的水杯外壁有很多小水珠形成时，观察天平的平衡情况。如果天平仍然保持平衡不变就说明小水珠是从杯子里渗透出来的；如果天平发生倾斜就说明小水珠不是从杯子里渗透出来的。

接下来，教师指导学生按照自己制订的计划进行实验，实验完成后各组纷纷交上记录结果。A 组（用红色的水冻成冰块组）的实验结果是在杯子外壁上形成的小水珠不是红色的；B 组（用果汁冻成冰块组）的实验结果是在杯子外壁上形成的小水珠不是黏的；C 组（使用天平组）的实验结果是天平发生了倾斜，并且是放有杯子这侧向下。

根据记录各组得出结论：A 组（用红色的水冻成冰块组）得出结论是，在杯子外壁上形成的小水珠不是从水杯里渗透出来的；B 组（用果汁冻成冰块组）得出结论是在杯子外壁上形成的小水珠不是从水杯里渗透出来的；C 组（使用天平组）得出结论是在杯子外壁上形成的小水珠不是从水杯里渗透出来的，可以说明这些小水珠是从杯子外面来的（因为天平发生了倾斜，并且是放有杯子这侧向下，说明杯子变重了）。学生们根据实验结果，很容易得出放有冰块的水杯外壁上形成的小水珠不是从水杯里渗透出来的结论。

然后，全班同学进行交流，对于“放有冰块的水杯外壁上形成的小水珠不是从水杯里渗透出来的”结论的得出都表示认可。大家也能够认同在实验前进行的假设是错误的。但他们又提出问题：小水珠究竟是从哪里来的？

经过讨论，学生推测出小水珠是从空气中来的，因为学生刚学过水的蒸发现象。这时，教师就很自然地给出“凝结”概念，这是一个完善过程的结论。通过上述的探究活动，学生理解了“凝结”的概念。

（二）解释

解释是对所搜集到的证据进行筛选、归类、统计和列表分析等综合处理，是在描述的基础上进行思考，运用已有知识合理地说明事物变化的原因、事物之间的联系或事物发展的规律，最终得出符合证据的结论。解释技能是依据科学数据对科学观察或科学实验所做的说明的能力。解释的过程是思考的过程，是运用推理演绎进行思维加工并且充满发现和创造的过程。解释实质上是对主观内容的表达。

解释的内容是想到的可能，它是主观的表达，是根据看到的事实进行的推断，是对看到的事实或现象进行思考、分析与判断，是对已知事物现象的原因进行分析、对事实与事实之间的关系进行推理、对规律进行揭示。科学解释以事实为根据、以推理为基础，对现象及其产生的结果进行说明，并在证据和逻辑论证的基础上建立普遍的联系。解释不一定就是事实，它可能正确，也可能不正确。为了做出正确的解释，需要在获得充分证据的基础上，利用已有的知识，进行合理的思考。许多科学结论就是令人信服的解释，它们是科学家长期观察、调查、实验、分析、思考并不断修改完善的结果。

解释总是与理解相关联的，由于有了恰当的解释，人们就能消除心中的某种疑惑，知道某些事物产生的原因。一旦事物被解释，也就被理解了。解释应具备两个特点：有理，即解释需要充足的理由，这些理由有的来源于学生原有的生活体验和相关知识（前概念），有的则需要对经验和证据进行思维加工，经过严密的逻辑推理而产生。有据，即学生在解释时善于引用自己在探究中获取的证据，结合已知的相关知识和经验，对信息进行思维加工，从而形成新的概念。可以把这一过程用下图（图 5-3）表示：

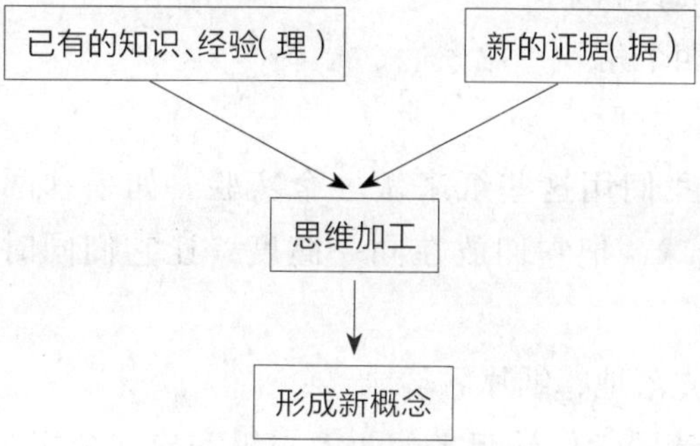

图 5-3　解释过程图

当学生运用已有的观念不能够充分地解释一个事件或一种结论时，他们才会改变自己的观念。因而，这一环节的解释离不开探究过程中获取的证据，如果缺少有效的证据，或者不能利用获取的证据来验证，学生就难以形成正确的科学概念。

第六节　小学科学探究教学案例分析

一、教学过程

（教师发给每个学生同样的纸，让学生分组观察、讨论，比较纸的相同点）

师：两人一组，比较你们手中的纸有哪些相同之处。

生：（观察、比较，发表看法）

生：同样的大小。

生：同样的形状。

生：同样的重量。

生：同样的厚薄。

生：同样的颜色。

生：同样的长和宽。

生：都有四个角。

生：都是长方形。

师：下面我们用这些纸来做一个实验。如果拿两张同样的纸，将其中一个捏成纸球，把它们放在同一高度，让它们同时落下，会看到什么现象？

生：纸团先落地，纸片后落地。

师：下面请同学们站起来，两人一组完成这个实验，看看实验的现象与大家的预测是否一致。

（学生两人一组，一个拿纸片，一个拿纸团，商量把纸放多高，统一放纸时间，一起做实验）

师：看到了什么现象？有什么问题想提出来？

生：为什么纸团先落地而纸片后落地？

生：我能解释这个现象，纸片下落慢是因为它受到了空气的阻力作用。

生：纸团下落时也受到了空气阻力的作用。

生：纸片下落时受到的空气阻力大，纸团下落时受到的空气阻力小。

生：为什么纸团下落时受到的空气阻力小而纸片下落时受到的空气阻力大呢？

师：为什么会产生这样的结果？下面我们一起来分析刚才做的对比实验，看看运动中物体受到空气阻力的大小与什么因素有关。在刚才做的实验中，有哪些条件相同？有哪些条件不同？

（学生小组讨论后汇报）

生：相同条件有同样的高度。

生：同样的重量。

生：同样都是纸，材料相同。

生：扔下它们的时间相同。

生：同样的大小。

师：大小一样吗？想一想？

生：展开后大小一样。

师：实验时，两张纸都是展开的吗？

生：不是，它们的形状不一样。

（以上过程边谈话边进行，教师边板书）

师：通过分析，谁能说说在这个实验中，纸落下时受到空气阻力的大小与什么因素有关？

生：与纸的形状有关。

生：与纸的面积的大小有关。

生：形状不同，受到空气阻力的大小也不同。

（教师拿出纸团）

师：有什么方法能使这个纸球落下的速度更快或更慢？

生：把纸团捏得更小，这样它受到的空气阻力小，下落的速度会更快。

生：在纸团的下面放个电吹风或风扇，它会下落得更慢。

生：在纸团里包个重物，它下落的速度会加快。

生：把这个纸团展开，它会落得更慢。

师：如果不展开这个纸团，有什么办法使它慢慢地下落呢？

生：在它上面做个伞。

生：做一个像降落伞那样的东西。

（师生一起探讨做降落伞的方法，部分小组做好了降落伞，在教室里试

放，有的学生不能将降落伞抛高）

师：为什么不能抛高？

生：伞盖是展开的，往上抛时受到空气的阻力比较大。

师：怎样使降落伞尽可能地抛高又不影响它落下时伞盖的展开？

生：卷起往上抛，这样它在上抛时受到的空气阻力小。

生：用伞绳轻轻地将伞盖卷起，卷紧了伞盖打不开。

师：比一比，看哪个小组做的降落伞停在空中的时间长，降落又比较平稳。

二、教学品析

在本课教学过程中，运用了多种科学过程技能——观察、比较、预测与推理、假设与收集证据、识别与控制变量、解释与模型。教师能遵循技能培养的客观规律，把多个技能视作一个整体的多个方面，注重相互之间的联系和制约，而且还能适时引导学生进行问题的探究和过程技能的培养。

在上课开始时，让学生观察纸的变化，通过这一客观的观察过程，使学生对观察物体获得许多事实，为后面的教学准备了比较的元素。通过观察比较，学生很自然地将先前观察到的内容进行分析、取舍，思考这些事实，在这些事实之间建立起一些联系，根据事实和事实间的联系，学生们自然而然地提出问题："为什么纸团先落地而纸片后落地？"同时自己解释出"纸片下落慢是因为它受到了空气的阻力作用。"解释不一定就是事实，它可能正确，也可能不正确，为了做出正确的解释，需要获得充分的证据。教师马上重审刚才的实验，提出了识别与控制变量的问题，在于培养学生学会控制实验条件的能力。收集了充分的证据，进行了合理的思考和讨论后，学生做出了推理，即"物体在空气中运动的时候，会受到空气对它的阻力作用。阻力的大小与物体形状等因素有关。"在证据充分、解释合理的情况下进入模型阶段。

在活动的设计上，将猜想—观察—比较—收集证据—提问—解释—控制变量—假设—控制变量—模型—进一步收集证据作为逻辑主线螺旋上升式地贯穿整个教学过程，让学生先实践后提炼、先操作后内化，体现了强化学习过程中亲身体验的重要性，弱化掌握学科知识在学习和评价中的地位，努力使学生通过亲历过程的方法理解科学知识，理解并掌握科学技能，体验形成态度价值观的核心因素——情感，提高学生学习科学的兴趣。

第六章　核心素养导向下的小学科学教学信息化

信息化技术的飞速发展正在引起社会的深刻变革，信息时代的到来迫切要求我们的教育进行改革。《国家基础教育课程改革纲要（试行）》要求："教学过程中要大力推进信息技术在教学中的普遍应用，促进信息技术与学科课程整合，逐步实现教学内容呈现方式、学生学习方式、教师教学方式和师生互动方式的改革，充分发挥信息技术的优势，为学生的学习和发展提供丰富多彩的教育环境和有力的学习工具。"

第一节　小学科学教学与信息技术整合的目的

小学科学的课程目标可以简化为：使学生形成以科学观念为核心的科学素养；形成自我学习的习惯、欲望和能力。小学科学教育应该重视培养学生科学的观察能力、满足学生的探究需要，更应注重情感、态度和价值观的培养，帮助学生树立学习的信心。小学科学教学与信息技术整合的根本目的是为了改善学习，提高学习效率。

一、小学科学教育与信息技术整合的概念及其背景

信息技术是指利用电子计算机和现代通信手段实现获取信息、传递信息、存储信息、处理信息、显示信息、分配信息等的相关技术。传感技术、通信技术、计算机技术和控制技术是信息技术的四大基本技术，其中现代计算机技术和通信技术是信息技术的两大支柱。

课程整合（curriculumintegration）又称课程综合化、课程一体化、课程统整等。信息技术与课程整合的表述有多种。①信息技术与课程整合是指将信息技术以工具的形式与课程融为一体，将信息技术融入课程教学体系各要素中，使之成为教师的教学工具，学生的认知工具，重要的教材形态，主要的教学媒体（南国农，2002）。②信息技术与课程的整合就是通过课程

把信息技术与学科教学有机地结合起来，从根本上改变传统教和学的观念以及相应的学习目标、方法和评价手段。③在课程教学过程中，把信息技术、信息资源、信息方法、人力资源和课程内容有机结合，共同完成课程教学任务的一种新型的教学方式（李克东，2001）。

以上几种表述，都是围绕着目标、内涵和方法来解释信息技术与课程整合的实质。我们可以从以下三个方面来进行理解信息技术与课程整合：第一，应该在以网络和多媒体为基础的信息化环境中实施课程教学活动。第二，对课程内容进行信息化处理后成为学习者的学习资源。第三，利用信息技术使学习者改变学习方式。本书所述的课程整合是指一种组织课程内容的方法，整合的对象是学科知识，是指将有相互联系、影响、渗透的知识与技术形成一个有机体的过程。

课程整合的概念从19世纪中期提出以来不断发展，进入信息时代，各国纷纷对其进行了积极的探索和实践。美国教育部2000年度教育技术白皮书中关于e-Learning（数字化学习）的论述充分体现了整合的观点："利用现代信息技术手段，通过信息技术与学科课程的有效整合来实现一种理想的学习环境和全新的、能充分体现学生主体作用的学习方式，从而彻底改革传统教学结构和教育本质，达到培养大批具有21世纪创新人才的目的。"美国著名的"2061计划"（Project 2061）在高层次上提出了信息技术应与各学科整合的思想。这项计划的目标是大力提升全体美国人的科学文化素质，强调应具有善于将自然科学、社会科学与信息技术三者结合在一起的思想与能力。将"2061计划"专家组研究开发的各种教材、评价资料及有关教学资源，提供给全国的中小学老师在教学中作为参考，促进他们自觉地进行学科课程整合。1998年2月，加拿大温哥华学区的"信息技术报告"指出："信息、技术可以创设一个以学生为中心、教师为主导并与广泛的社区相联系的学习环境。"该报告认为信息技术与课程的整合可有效地改进对课程的教学，即能实现下述目标：1. 增强学生的批判性思维、合作技能和解决问题的能力；2. 使信息技术的运用成为学习过程的有机组成部分，从而便于学生掌握信息的收集、检索、分析、评价、转发和利用等技能；3. 不仅促进了班级内学生的合作交流，而且还促进了本校学生与全球性学习社区的合作交流，开阔了学生的视野。

我国在全国中小学计算机教育研究中心的领导下，由何克抗、李克东教授等于1994年牵头组织了“小学语文四结合”教学模式改革实验课题。该项目是以信息技术为手段，先进的教育科学理论为指导，探讨深化基础教育改革的途径，把语文教育与计算机为核心的信息技术融为一体，在小学阶段要求做到“识字教学、阅读理解、作文训练、电脑运用”四结合，中学阶段则要求做到“词语教学、阅读理解、作文训练、电脑运用”四结合。其主要目标是改变传统的以教师为中心的教学结构，创建一种既能发挥教师的主导作用又能充分体现学生主体作用的新型教学结构。

1996年，全国中小学计算机教育研究中心推广“几何画板”软件，以几何画板软件为教学平台，开始组织“CAI在数学课堂中的应用”研究课题。1997年7月，课题组在中国教育报、光明日报等媒体连续发表对计算机辅助教学的再认识系列文章，引发了对课件和计算机辅助教学的大讨论和大反思。

1997年，何克抗发表《建构主义——革新传统教学的理论基础》一文，系统地介绍了建构主义的由来和发展，阐述了在建构主义理论指导下基于网络和多媒体环境的教学改革模式，从此奠定了计算机辅助教学新发展方向的理论基础。

1998年，全国中小学计算机教育研究中心的有关研究人员借鉴西方发达国家的提法，第一次提出了“课程整合”的概念，并于1998年6月设立“计算机与各学科课程整合”课题组，取得了一定的进展。

目前，全国很多地方都在如火如荼地开展信息技术与课程整合的实践和实验，力图从自身实际出发，将信息技术融入课程内容、结构和教学中。在全国教育科学“十五”规划课题中，也开展了不少相应的课题研究。由于科学课的确立和开展时间较短，因而信息技术与科学课的整合研究尚少。

二、小学科学教育与信息技术整合的理论依据——建构主义的学习观

建构主义（constructivism）也称为结构主义，它是由瑞士学者让·皮亚杰（JeanPiaget）最早提出来的。皮亚杰认为智慧本质上是一种对环境的适应，智慧的适应是一种能动的适应。一定的刺激只有被主体同化于认知结构之中，主体才能做出反应。因此，从功能上说，智慧是一种高级的能动适应；从结构上说，智慧本质就是一系列不同层次的认识结构的发展和构造。

建构主义学习理论认为，只有导致内部认知结构变化的学习才是发展。儿童在学习某种新概念、某个新规则的过程中，由于和原有内部认知结构有差异甚至有矛盾，就会产生疑问和困惑，只有遵循“冲突和干扰之后的再平衡”这样一种机制，原有的内部认知结构重构，这些新概念、新规则才能真正为儿童所掌握。

1961年，美国教育家施瓦布在哈佛大学做的题为《作为探究的科学教育》的报告中，提出了“探究式学习”的方法。该理论强调，知识的获得固然重要，但是掌握知识的过程和方法更为重要，探究式学习是获取知识的良好途径。施瓦布认为，科学知识不是固定不变的，随着探究方式的更新，它们会被不断修正、更新。在科学技术迅猛发展的今天，这一点表现得更为突出。因此，施瓦布提倡教师应该用探究的方式展现科学知识，学生应该用探究的方式学习科学知识，即在学习科学概念和原理之前，先进行探究活动，再根据自己的探究活动得出科学的解释。

建构主义学习理论认为，“情境”“协作”“会话”和“意义建构”是学习环境中的四大要素或四大属性。建构主义学习理论强调学习过程中学习者的主动性和建构性。主张站在学习者的角度，关注个体如何以原有的经验、心理结构和信念来建构知识，主张自上而下的教学设计及知识结构的网络化，倡导改变教学脱离实际情况的情景性教学和交互性教学。

建构主义强调，知识并不是对现实世界的绝对正确的表征，更不是放之四海而皆准的教条，它们处在不断的发展中，而且在不同的情境中，它们需要重新建构；学习者不是空着脑袋走进教室的，在以往的生活、学习和交往活动中，他们逐步形成了自己对各种现象的理解和看法，他们具有利用现有知识经验进行推论的智力潜能；学习也不是知识由外到内简单地转移和传递，而是学习者主动建构自己的知识经验的过程，即通过新经验与原有知识经验的相互融合，来丰富和改造自己的知识经验。建构主义学习理论主要强调学习必须处于丰富的情景中，知识是学生在环境的交互作用中自行建构起来的，而不是灌输的，因此强调教学中多向性和交互性对学习的重要作用，主张教师—学生，学生—学生之间进行丰富的、多向的交流、讨论或合作性解决问题，提倡合作学习和交互教学。作为教学重要因素之一的媒体也不再是帮助教师传授知识的手段、方法，而是用来创设情境，进行协作学习和交流的认知工具。计算机网络具有强大的交互性和丰富的资源优势，必将成为进行建构主义学习有力的辅助教学工具。

那么，在建构主义指导下有信息技术参与的教学模式又是怎样的呢？建构主义提倡在教师指导下的、以学习者为中心的学习。学生是信息加工的主体，是认知结构的主动建构者，而不是外部刺激的被动接受者和被灌输对象；教师是意义建构的帮助者、引导者与促进者，而不是知识的传输者与灌输者。这样，我们就可以把学生、教师、教学信息、学习环境作为信息化教育教学模式的四个要素，这四个因素相互作用、相互联系成为稳定的信息化教育的教学模式结构，如下图所示（图 6–1）：

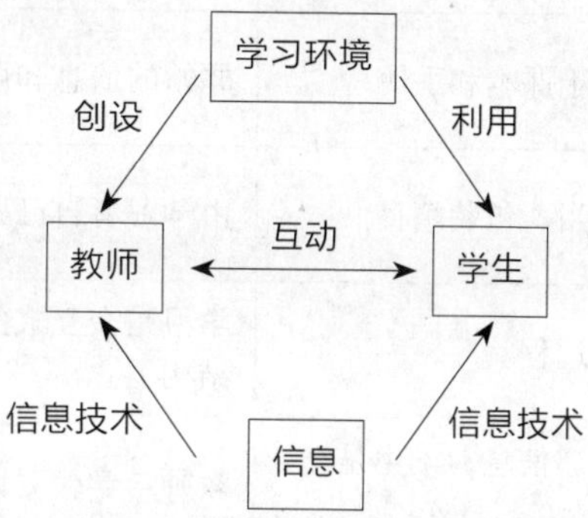

图 6–1　信息化教育模式图

信息化教育的教学模式可描述为：以学生为中心，学习者在教师创设的情境、协作与会话等学习环境中充分发挥自身的主动性和积极性，用当前所学的知识解决实际问题。在这种模式中，学生是知识的主动建构者和运用者；教师是教学过程的指导者与组织者，意义建构的促进者和帮助者；信息所携带的知识不再是教师传授的内容，而是学生主动建构意义的对象（客体）；学习环境包括"情境""协作""会话"等要素。情境必须有利于学生对所学内容的意义建构；协作发生在学习过程的始终；学习小组的成员之间必须通过会话协商共同完成学习任务。

在这种模式中，媒体不仅用来帮助教师进行众体教学（如呈现教学信息），而且用来帮助学生查询资料、搜索信息、进行协作学习和会话交流，即作为学生主动学习、协作式探索、意义建构、解决实际问题的认知工具。教师和学生是互动关系，教师给予学生引导和帮助，同样教师可在教学过程中吸收到许多新的信息，正所谓教学相长。这符合后现代主义教育观，即过去是晚辈向长辈学习。建构主义指导下的信息化教学模式与传统的教学模式的区别如下表所示：

表6-1　信息化教学模式与传统的教学模式的比较

	传统的教学模式	信息化教学模式
教学目标	课程从局部开始，强调基本技能	课程从整体入手展开至部分，强调大概念
教学内容	严格忠实于固定的教材	追踪学生的问题和兴趣
教学资源	材料主要来源于课本和手册	原始的信息和可被操纵的材料
教学信息	为学生准备妥当、包装精良	由学习者自己去发现、分析和处理
教学过程	学习是重复的过程。	学习是交互式的，建构在学生已有的认知结构上
教学方法	教师向学生传递信息，学生是知识的接受者	教师与学生对话，帮助学生建构知识
教师角色	指示者、专家和权威	发问者、引导者、帮助者、促进者、协商者、谈判者
学生角色	学生主要是独立学习	学生与小组成员一起学习
教师评价	通过测验、正确答案来评价学生，强调结果。评价主要采取定量分析的方法	既通过测验也通过学生的作品、实验报告观点，过程和结果一样重要。评价采用定量与定性分析相结合的方法
知识状态	知识是静态的	知识是动态的，随着教师的经验而改变

三、小学科学教育与信息技术整合的优势

（一）整合目标与科学课目标的一致性

信息技术与科学课整合的目标是运用信息技术实现科学课本身的目标，在此基础上追求一定的发展性目标。信息技术与科学课程整合后，将有效

地改善学习，革新传统的学习观念，改善学生的学习方式，改善学习资源和学习环境，培养学生的科学素养，同时可以在一定程度上提高学生的信息技术应用能力。

小学科学课程的目标是：使学生形成以科学观念为核心的科学素养；形成自我学习的习惯、欲望和能力。信息技术与科学课整合，信息技术完全是为科学课的目标服务。

信息技术与课程整合可以提高教学质量，也可以在一定程度上提高学生的信息素养。

（二）多媒体计算机的交互性有利于激发学生的学习兴趣，充分体现其学习的主体作用

人机交互是计算机的显著特点，是任何其他媒体不具备的。多媒体计算机把电视机所具有的视听合一功能与计算机的交互功能结合在一起，产生出一种新的图文并茂、丰富多彩的人机交互方式。这样一种交互方式对于教学过程具有重要意义，它能有效地激发学生的学习兴趣，使学生产生强烈的学习欲望，从而产成学习动机。

此外，这种交互性还有利于发挥学生的认知主体作用。如上所述，在传统的教学过程中一切都是由教师主宰，从教学内容、教学策略、教学方法、教学步骤甚至学生做的练习都是教师事先安排好的，学生只能被动地参与这个过程。而在多媒体计算机这样的交互式学习环境中，学生可以按照自己的学习基础、学习兴趣来选择所要学习的内容，适合自己水平的练习。如果教学软件编得好，连教学策略也可以选择，如可以用个别化教学策略，也可以用协商讨论的策略。学生在这样的交互式教学环境中有了主动参与的可能，而不是一切都听从教师的安排。按照认知学习理论的观点，人的认识不是外部刺激直接给予的，而是外部刺激与人的内部心理过程相互作用的产物。为了有效地认知，外部刺激是需要的，但起决定作用的还是人的内部心理过程。在教学过程中，学生才是认知的主体，必须发挥学生的主动性、积极性、才能获得有效的认知，这种主动参与性就为学生的主动性、积极性的发挥创造了良好的条件，从而使学生能真正体现出认知主体作用。这种交互性对于自信心不足的学生尤其适合，他们在探寻知识和答案的过程中无需将自己的思维过程暴露在众人面前，能更好地运用原有的知识结构来获取新的知识，重建自己的知识体系，并获得成功的体验。

（三）多媒体系统的超文本特性可实现对教学信息最有效的组织与管理

超文本（Hypertext）是按照人脑的联想思维方式，用网状结构非线性地组织管理信息的一种先进技术。如果所管理的信息不仅是文字，而且包含图形、动画、图像、声音、视频等其他媒体信息，那就成为一个超媒体系统。也就是说，超媒体就是多媒体加超文本。事实上，目前的几乎所有多媒体系统都是采用超文本方式对信息进行组织与管理，通常也可以对超媒体系统与多媒体系统不加区分，即把超文本看作是多媒体系统的一种固有特性。

如果按超文本方式组织一本书，就和传统的文件或印刷的书籍完全不同，这时的正文（文章、段落，或一句话、一个词）都按相互间的联系被组织成正文网。这本书无所谓第一页和最后一页，从哪段正文开始阅读，以及接下来读什么都由读者的意愿来决定。选择下一段正文的依据不是顺序，也不是索引，而是正文之间的语义联系。认知心理学的研究表明，人类思维具有联想特征。人在阅读或思考问题过程中经常由于联想从一个概念或主题转移到另一个相关的概念或主题。所以，按超文本的非线性、网状结构组织管理信息和按传统文本的线性、顺序结构组织管理信息相比较，前者更符合人类的思维特点和阅读习惯。

（四）多媒体计算机提供资源外部刺激的多样性和丰富性有利于知识的获取与保持

多媒体计算机提供的外部刺激不是单一的刺激，而是多种感官的综合刺激。这对于知识的获取和保持，都是非常重要的。实验心理学家赤瑞特拉（Treicher）做过两个著名的心理实验，一个实验是关于人类获取信息的来源，即人类获取信息主要通过哪些途径。他通过大量的实验证实：人类获取的信息 83 % 来自视觉，11 % 来自听觉，这两个加起来就有 94 %。还有 3.5 % 来自嗅觉，1.5 % 来自触觉，1 % 来自味觉。多媒体技术既能看得见，又能听得见，还能用手操作。这样通过多种感官的刺激所获取的信息量，比单一地听老师讲课强得多。信息和知识是密切相关的，获取大量的信息就可以掌握更多的知识。另一个实验是关于知识保持，即记忆持久性的实验。结果是这样的：人们一般能记住自己阅读内容的 10 %，自己听到内容的 20 %，自己看到内容的 30 %，自己听到和看到内容的 50 %，在交流过程中自己所说内容的 70 %。这就是说，如果既能听到又能看到，再通过讨论、交流，用自己的语言表达出来，知识的保持将明显优于传统教学的效果。这说明多媒体计算机应用于教学过程，不仅有利于知识的获取，而且有利于知识的保留。

（五）计算机网络特性有利于培养合作精神，促进协作式学习的形成

传统 CAI 只是强调个别化教学，个别化教学策略对于发挥学生的主动性和进行因人而异的指导无疑是有好处的，但随着认知学习理论研究的发展，人们发现只强调个别化是不够的，在学习高级认知能力的场合（如对疑难问题求解或是要求对复杂问题进行分析、综合、评价的场合），采用协作（Collaboration）式教学策略往往能取得事半功倍的效果。

所谓协作式教学策略，要求为多个学习者提供对同一问题用多种不同观点进行观察比较和分析综合的机会，以便集思广益。这不仅对问题的深化理解和知识的掌握运用大有裨益，而且对高级认知能力的发展、合作精神的培养和良好人际关系的形成也有明显的促进作用。因而，基于计算机网络的协作学习正日益受到国际上越来越多教育工作者的研究与关注。在基于互联网的教育网络中，常用的协作式教学策略有竞争、协同、伙伴和角色扮演等多种不同形式。可以说，协作式是最能体现网络特性，也最有利于 21 世纪新型人才培养的一种教学策略，目前，围绕协作式教学策略的探索，已成为国际上计算机网络教育领域的一个研究热点。

四、小学科学教育与信息技术整合的问题分析

（一）信息的丰富性与信息的冗余的矛盾

网络提供的信息非常丰富，但也包括许多垃圾信息，如果把大量素材性资源毫无规律地罗列在一起，那么，学生在互联网上学习获得的都是无层次、无系统、针对性差的素材性资源，将导致在信息的筛选上浪费时间。这就要求教师应在课前花时间进行信息资源的检索和整理，将各种有用的信息分类放好，或者有针对性地为学生提供一些半成品，让他们通过搜寻能较快地完成信息检索这一环节，将更多的时间和精力花在处理、加工信息上。同时，一些信息垃圾也会给学生带来负面影响。所以，教师在提供相关网页资源前，要做好引导学生对那些无关信息的筛选、过滤工作，有

条件的学校可建立“防火墙”或把教育资源下载到学校的服务器上，利用局域网教会学生上网学习的方法，防止学生受到不良影响。另一种情况是计算机网络与课程资源结合的不足。计算机网络与优质教育资源的结合能使学生突破时空的限制，实现个性化的优质学习。然而，由于资金与技术等因素，许多学校的校园网信息资源贫乏，且更新较慢。

（二）人机关系处置失当

信息技术与课程整合是以人机交互的形式进行的，如果信息技术应用过量，将造成由于缺乏人与人之间交流而使学生丧失对情感、态度和价值观的体验，时间久了势必影响学习兴趣的持久性及学生正常的心理体验的形成。另外，有些教师自觉或不自觉地认为，编写和制作好了多媒体课件就等于把一堂课备好了，而没有进行细节设计。于是，上课就变成了幻灯片放映，受课件的编制形式的限制，课堂教学被课件材料牵着鼻子走。学生学习也按照整个课件的结构和一些问题的“标准答案”进行，按照预先设定的模式、思路、线索进行人机交互，根本没有足够的时间深入地思考，只能顺应设计者的思维方式做一些简单的应答。这种做法限制了学生的思维能力尤其是求异思维的发展，不利于鼓励创新，也与素质教育的原则背道而驰。

避免的途径是鼓励学生多渠道（如社会实践、访谈、阅读等）获取信息，教师则要重视以最优的教学策略和教学方法进行教学。

（三）学生成为学习的主体，并不等于放弃教师的主导作用，而是教师主导作用的侧重点发生了变化

有些教师在实际教学中把主体回归的课堂变成了主体放任自流的课堂，过度弱化了教师的作用。在教学中出现了放手让学生在网络中自学而不进行监控，在讨论区中自由发言而不围绕主题的现象。这样，在网络环境下学习的优势不但没有发挥出来，而且连传统教学的任务也没有完成。教师应在实际教学中系统考虑教学活动诸要素和诸环节的相互作用，在教学过程中运用多种方式优化教学过程的各个环节，激发学生积极参与。学生在通过信息技术、多种学习策略和多种活动形式主动学习的同时，不断地将反馈信息传递给教师，教师根据学生的反馈，不断地对教学过程实施随机调控，达到和谐共振的状态。整个教学过程，实际上是一个双向交流互动、不断循环、不断调控的过程。

（四）信息的直观性遏制了学生思维的发展

信息技术呈现的信息具有很强的直观性，这往往又会在一定程度上扼杀了学生的创造力和想象力。现代信息技术尤其是网络技术和多媒体技术让学生能从中获取他们几乎想得到的任何文字、图像、声音等信息，他们只要具有基本的网页浏览能力，就可以轻而易举地得到他们希望得到的东西，不需要花时间去思考。久而久之，其创造性思维得不到锻炼，会造成创造力和想象力的逐渐消退。学生通过动感、直观的材料来进行学习，本来是信息技术带给学生课堂学习的便利和优越之处，但过分依赖动感、直观的学习材料并形成思维上的惰性，则降低了学生学习的内在质量。学生通过形象材料来学习，追求的应是思维学习、高级学习和抽象学习，而不仅是感官学习、直观学习。例如，在进行物理试验课时，教师让学生用电脑中的动画模拟天平称砝码，在电脑上观察钠与水反应的现象等，学生难以获得切身的体验。

（五）信息技术使用不当或过滥，就有舍本逐末的隐患

如果学生过于依赖网络的虚拟情境，将导致扰乱学生的时空观，时效观，从一定程度上改变了学生的生活和学习方式，并引发独特的、非正常的价值观。

综上所述，信息技术与科学课程虽然确实能优化和改善教学，但就像许多事物存在着两面性一样，整合就像一把双刃剑，即能催开善之花，也能结出恶之果。美国《教育周刊》调查认为，问题不在于电脑进不进课室，而在于教师和学生使用它做什么。所以，美国儿童电脑教学课程专家毛尔科维奇说："先进工业国如美国和德国，所犯下的最大错误就是以为电脑可以代替教师。到了最近，他们才逐渐明白，人才是最好的教育工具。"他认为，"成功的教学要由多样因素结合。就像学游泳，不能单靠游泳池（硬件），也不能单靠水（软件），还要有好教师。而好教师一定是拥有科学、先进教育理念的教师"。

第二节　小学科学教学信息化方法

在我国当前呼吁加强信息技术教育的背景下，用新的技术改革课程，

激发新的教育理念，将成为改革学校教育的新途径。许多教育理论和实践工作者也紧紧抓住了这一契机，展开了这方面的探索。但作为新生事物，在信息技术与科学课整合过程中，还有许多理论和实践方面的问题值得探讨。

一、小学科学教育与信息技术整合的条件

信息与科学课的整合，是新课程改革中面临的一个重要问题，要完成这样的工作，需要教师个人在学科知识之外进行观念的转变、信息技术的自我更新等。此外，还需要学校为教师提供外在的帮助，具体应注意以下几个方面的问题：

（一）观念的转变

信息技术与学科课程整合风潮的兴起，与信息技术的发展休戚相关，但蕴含在这股风潮内部的，却是一种教育理念的变革。主要是来自教育内部的变化——新教育观念的产生，为整合课程准备了教育理论的基础。新教育观念的内容包括以下几个方面：（1）学生是积极的学习者，学习是主动参与、探究式的；（2）教师是学生学习的帮助者，学生通过相关经验构建意义；（3）为理解而教，学习与实践运用相结合；（4）合作学习，学习与社会相联系；（5）及时评价与反馈成为学生学习的工具；（6）知识是混沌的、非线性的、开放的，不再要求唯一正确的答案；（7）重视生活与工作的技能，知识和技能的实际运用包含在课程评价中；（8）课程内容打破或超越学科界限。

信息技术与课程整合与其说是技术问题，不如说是观念和态度问题。习惯于教师教、学生学的传统教学模式的师生都要从观念上转变过来，以适应信息技术与课程整合后真正意义上的以学生为主体，教师为主导的学习方式。教师要本着充分相信学生、挖掘学生内在潜力、让学生探究的科学态度，充分发挥学生的自然特性，充分展示学生的自我观点，让学生进行充分探究。同时，教师要引导学生走出以往那种被教师牵着鼻子走的课堂氛围，努力营造一种能满足学生探究的课堂氛围，让学生能毫无顾忌地投入整合课堂中来，自由探索，畅所欲言。

（二）整合的硬件环境

所谓整合的硬件环境，是指教师的教和学生的学所需的物资设备，其

中最重要的是网络化的办公环境与网络化的课堂教学环境。首先，学校应该为教师提供网络化的办公室，在这里，不仅每个教师都有电脑可以使用，还要有便捷的网络环境，教师可以自由通过网络查找资料、编写教案、批改作业、与学生交流等。而建立网络化的课堂教学环境要建立一个或几个设施完备的网络教室，或者就是在每个教室建立计算机网络接口和与计算机连接的播放设备等。

（三）整合的软件环境

有了硬件设备，还不等于教师已具备了将信息技术和学科课程整合的能力，学校还应该通过校园网等方式，为教师提供所需的技术资源库、学科资源库和案例资源库。在网络技术资源库中，教师可以学会专业的网络技术；学科资源库，应提供相关的资料，并介绍学科的相关网站，便于教师根据需要来查阅资料；案例资源库则为教师提供现成的整合案例，也要将出色的案例列入其中，起到示范作用。

（四）教材内容的转变

有学者认为，信息作为一种技术文化因素影响着教育，而且作为一种社会文化因素作用于教育过程。在与学科的整合中，信息技术不仅发挥着工具作用，其本身的文化内容也将对教学内容产生重要影响。

1. 教学内容的选择。如果说传统的课堂教学中教学的内容是以教科书为主的话，基于整合条件下的课程内容要考虑信息技术的成分和影响，不能将学习的内容和方式限制得太死，过于模式化。教科书最大的作用将转化为教学主题的提供者，应该围绕如何为学生提供依靠信息技术进行探究学习的环境来安排、设计，淡化原理、规律的呈现，强调可通过观察、实验、上网查找资料、分析、讨论探究得出现象或获取知识的学习内容。重视以浅显的文字或图画提供学习探究的内容，让学生通过分析能清晰地知道自己该做什么，怎么去做。教材往往也应该配备相应的光盘，可以将有关素材（可包含文字、图片、视频录像等）、网址、模拟实验的软件等通过光盘提供给学生。另外，选择教学内容也不再是教师的特权，学生的主动性增强，他们可以通过网络自己选择学习的内容，学生成为真正的教学内容的决定者。教师应该鼓励学生将所学的知识与他人分享，让学生个体通过网络获得的知识成为教学内容的有机组成部分。

2. 教学内容的组织。在信息技术背景下，教学内容的组织不应再遵循传统的从易到难、从简到繁的线形路线，超媒体技术将成为重要的组织形式。所谓超媒体是多媒体的超文本结构，是收集、存储和浏览离散的信息，以及建立和表述信息之间关系的技术。信息技术教学中超媒体实际上是由节点和链组成的教学信息模式。每个节点表达一个特定主题，链是节点存放的教学内容之间的关系。在其结构中，任意两个点之间可有多条不同路径，学生可以自由选择到达某一节点的路径。在科学课中，借助这样的方式，让学生循着兴趣的方向，走上知识的探索之路。

3. 教学内容的呈现。与教科书、广播、电视这类媒体相比，信息技术可谓博采众长。在信息技术中，经媒体处理过的文字、声音、图形、动画和影视比比皆是。科学课教师可借助这些媒体合理选择好的教学内容加以演示，使学生看到的教学内容不仅形式多样，而且形象逼真，由此教学也将变得更加直观、准确，学生可以通过这样的教学内容获得更好的教学体验，他们对教学内容的理解程度也将很快提高。

（五）人力资源

人力资源主要包括教师素质和学生素质两个方面的内容。

在信息技术和整合的过程中，教师的素质也是决定整合效果的关键因素之一。教师具有良好的素质，是实施素质教育，培养 21 世纪新型人才的根本保证。教师会计算机操作，还只是掌握利用进行传播的手段，信息意识、信息能力才是教师信息素质的主要内涵。教师的教育观念，信息技术的能力和素养等素质都直接影响着能否将信息技术与课程有机地整合。所以，教师的培训可以采取职前培训或职后培训，在培训中应使教师在现代教育观念下使用先进的手段和教育资源进行教学，革新教学形式，真正成为革新教育的切入点，应做到教师的信息技术培训不仅是技术使用的培训，也是教育观念和教学方法的培训。

除了教师的素质之外，学生的素质亦是影响信息技术与课程整合的重要因素之一，学生是否具有高素质的信息素养，能否理解和学习信息技术整合过的课程，将影响整合的具体效果。在学生的信息素养方面，根据美国图书馆协会 1992 年给信息素养下的定义，学生需要培养的信息素养包含六个方面的能力，分别包括高速获取信息的能力；熟练地、批判地评价信息的能力；有效地吸收、储存和快速提取信息的能力；运用多媒体形式表达信息、创造性地使用信息的能力；将驾驭信息的能力转化为自主、高效学习与交流的能力；学习、培养和提高信息文化新环境中的道德、情感，法律意识与社会责任。从实践中我们也看到，要真正实现信息技术和课程教学的整合，学生除了应该具备信息素养，还应具有创新等方面的基本素质。通过信息技术和课程的整合，也可以逐渐完善和提高学生的多方面素质。

三、小学科学教育与信息技术整合的原则

课程整合的最基本特征，就是它的学科交叉性和立足于能力的培养。因此，信息技术与课程整合应该遵循的原则即是能满足其学科交叉性和能力培养的一些指导思想。

（一）基础性目标与发展性目标的内在统一与协调发展原则

信息技术是为科学课服务，整合后的目标要遵从科学课的目标，不能因为融入了信息技术成分就本末倒置，一味追求信息技术应用的程度和水平。信息技术与科学课程整合后的目标仍是使学生形成以科学观念为核心的科学素养，形成自我学习的习惯、欲望和能力，促进学生的全面发展。在此基础上，学生的信息素养也得到相应的提高，这是整合的附带产品。

（二）整合的协调统一性原则

信息技术与课程整合不是简单地将信息技术应用于教学，而是高层次的融合与主动适应。必须改变传统的单一辅助教学的观点，从课程的整体上考虑信息技术的作用。我们应该创造数字化的学习环境，创设主动学习情景，创设条件让学生最大限度地接触信息技术，让信息技术成为学生强大的认知工具，最终达到改善学习的目的。信息技术与课程整合，其主体是课程，而非信息技术，切勿为使用技术而使用技术，甚至以牺牲课程目标为代价，应以课程目标为最根本的出发点，以改善学生学习为目的，选用合适的技术。不要在使用传统教学手段能够取得良好效果的时候，生硬地使用信息技术。

（三）在发挥信息技术不可替代的作用的同时，也要注意兼顾“效益”原则

要在多种可达到同一效果的方法中，选择最低成本的方案。切忌在现有条件下能完成的观察或实验，却牵强附会地使用信息技术手段，舍近求远。

（四）个别化学习和协作学习相结合的原则

网络环境下的个别化学习是指学生在集体环境下，运用计算机等多媒体资源进行自学，自主地选择学习内容、学习方法和学习进度的一种现代教学模式，它不受时间和空间的约束，对发挥学生的主动性有很多好处。协作学习对协作学习能力的培养和良好人际关系的形成有明显的促进作用。所以，在课堂整合中，把个别化学习和协作学习相结合能取得好的教学效果。

四、小学科学教育与信息技术整合的方式

对于具有一定教学经验的教师来说，如何进行科学学科的教学并非难事，困难的是如何自如地将信息技术与科学课进行整合。因此在整合中，科学课教师应该注意以下问题：

（一）学习方式要以主题为中心，以任务来驱动

将课程学习内容联系生活和社会，综合其他学科的知识，提出各种问题并形成主题任务，进行任务驱动式教学；让学生处于发现问题、提出问题、思考问题、探究问题，解决问题的动态学习过程中。

（二）信息技术是师生双方的认知工具

信息技术为教师的教和学生的学打开了便利之门，对于师生双方来说，是重要的认知工具。科学课以探究式学习为主线，其中，信息技术手段作为学生学习的认知工具应体现在以下几个方面：①利用网络技术作为学习内容和学习资源的获取工具；②利用多媒体与网络的情境创设功能作为情境探究和发现学习工具；③利用网络的通讯功能作为协商学习和讨论学习的工具；④利用网络中的信息平台作为知识构建和创作实践工具；⑤利用网络中的测评系统作为自我评测和学习反馈工具。此外，网络所具有的模拟现实的功能，也可以让师生在虚拟的环境中进行观察和操作，如让内陆地区的师生感受大海，让沿海地区的师生了解沙漠等。

（三）教学结构体现教师为主导，学生为主体的精神

在传统的课堂教学中，教师控制教学的方法十分简单，一般是通过问答，或观察学生的方式。因此，即使教师竭尽全力也无法了解每个学生的学习情况，仍有不少学生被忽视。而信息技术在这方面有所突破，它为师生交流提供了方便，当教师提出问题或布置任务后，教师的主导作用体现在他们是问题的设计者、信息海洋的导航者、情境观察的指导者和学生学

习过程的辅导者；学生的主体作用在于他们是学习问题的发现者和探究者、协作活动的参与者、学习问题的解决者和知识的意义建构者。

（四）信息技术作为师生创造信息的工具

信息技术一方面可以为教师和学生提供信息，另一方面，教师和学生也可以作为信息的创造者来丰富信息资源。比如，当师生向网络寻求教和学的帮助时，难免遇到良莠不齐的情况，因此对这部分信息还需要加以甄别、加工，然后才能运用。面对错误、虚假的信息，教师和学生都要勇于质疑。当学生完成一项任务后，教师可鼓励学生建立个人主页来发表。通过教师对学生创造信息行为的鼓励，从而为培养学生良好的信息素养打下基础。

五、小学科学教育与信息技术整合的形式

信息技术与科学课程整合可以归纳为三种形式：

一是以信息技术为教学手段，即信息技术作为辅助教学手段。经常以一个围绕课程内容设计的教学课件来完成对重点知识的学习，部分具有交互功能。这种形式虽然可以改进教学条件，起到突破难点的作用，但学生会随着课件的程序走，限制了学生的创造性思维，不能很好地进行探究式学习。

这种模式的教学过程用图（图 6–2）表示：

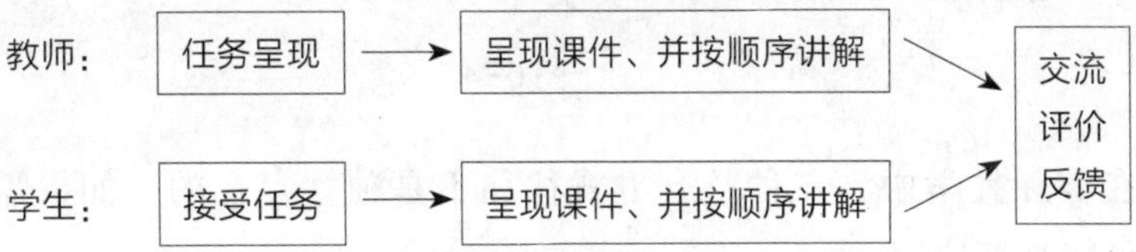

图 6–2

二是以信息技术为学习手段。例如，学生在分析任务后，通过互联网或教师精心设计的局域网查找与学习任务有关的资料，经过判断、筛选后，对信息进行重组和再创造，形成具有自己特色的学习成果（文档、幻灯片、网站等）。这个过程中，学生的处理信息的综合能力得到训练，并在完成科学课任务的同时，提高了信息技术的应用能力。计算机模拟实验也属于这个范畴。

这种模式的教学过程可以用下图（图 6–3）表示：

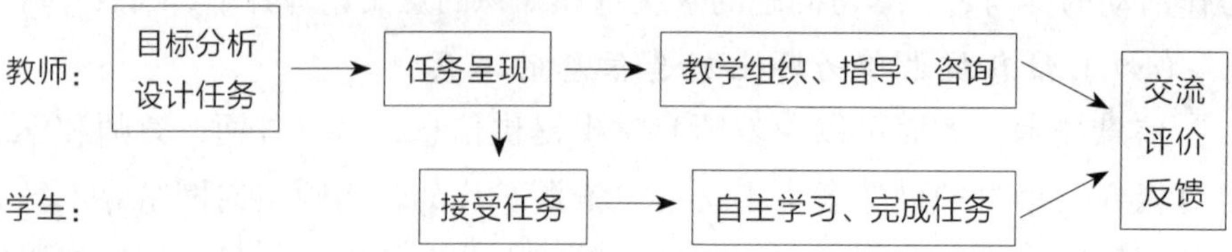

图 6–3

三是利用信息技术创设学习环境，从而开展研究性学习和协作学习。分析学习任务后，学生们先通过网上浏览、图书查阅、调查访问等各种形式收集有关信息。在此基础上，通过小组讨论确定本小组的共同研究主题。然后，小组成员根据主题进一步多渠道收集、分析、整理有关信息，提出设想和建议，再利用信息技术将上述内容制作成具有个性的综合报刊、幻灯片或网站。最后，全班各小组展示成果，汇报收获，交流心得。在这个过程中，教师和学生融为有机的整体，为共同的学习目标展开活动，学生积极探究，教师给出相应的指导。

这种模式的教学过程可以用下图（图 6–4）表示：

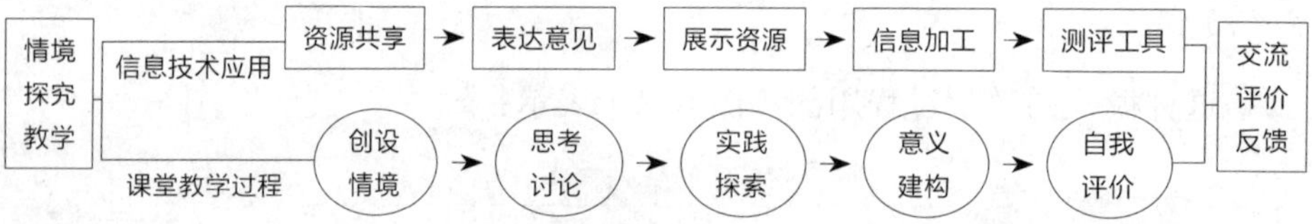

图 6–4

在实际教学中，三种整合方式往往不是独立存在的，如果需要，三种方式可能交叉使用。

第三节　小学科学教学与信息技术整合的案例赏析

一、教学案例

【课题】走近恐龙

【教学目标】

1. 科学探究：能选择适合自己探究的问题进行探究，用擅长的表达方式表述研究过程和成果；会查阅网络、书刊及其他信息源。

2. 情感态度与价值观：能参与探究活动，尊重证据，能关注一些和进化有关的有趣问题；意识到人与自然要和谐相处。

3. 科学知识：知道观察和研究化石是了解古代生物的重要方法之一；以化石为依据认识恐龙及恐龙的兴盛与灭绝，渗透适者生存的生物进化思想。

【教学重、难点】

重点：以化石为依据认识恐龙及恐龙的兴盛与灭绝，渗透适者生存的生物进化思想。

难点：能关注一些和进化有关的有趣问题，意识到人与自然要和谐相处。

【教学准备】

学生：通过各种信息源搜集关于恐龙的信息。

教师：构建或检索筛选后，提供有效恐龙时代的网站。

【教学过程】

（一）创设情境，激趣导入

1. 谈话：同学们，你们对动物是不是很感兴趣？那你们知道有哪些动物比较大吗？（学生交流自己知道的比较大的动物名称）

2. 提问：那有没有动物比它们还要大呢？你知道恐龙有多大吗？

（学生交流自己所了解的恐龙大小情况）

3. 讲述：你们说得很对，有些恐龙是地球上曾经出现过的最大的动物。今天，就让我们穿越时空的隧道，回到恐龙生活的那个年代去看看吧！

（播放有关恐龙的影片并配音：大约两亿年前，恐龙在我们的地球上生活着，它们自由自在，盛极一时，称霸地球长达 1.5 亿年之久）

4. 谈话：所以人们把这一时期称为恐龙时代。

（完成板书：恐龙时代）

设计意图：通过对学生熟悉事物的讨论，交流激发学生的兴趣。通过多媒体重现地球的历史，让学生初步了解在地球曾经出现过恐龙这样一种生物，为开展研究恐龙打下良好的基础。

（二）自主探究，获取新知

1. 学生进行交流，提出探究项目。

（1）组织学生进行交流：看了影片后，你觉得恐龙怎么样呢？

（2）讲述：你还知道恐龙的哪些信息？

（3）提问：对于恐龙，你还想去了解些什么呢？（学生提出研究项目）

（4）谈话：同学们，大约在 6 500 万年前，也就是在人类出现以前，恐龙就已经灭绝了，没有人见到过活的恐龙。那么，我们要去研究已经灭绝的生物，可以通过研究什么去了解它呢？

（5）提问：要研究狼鳍鱼（出示狼鳍鱼化石），可以通过研究狼鳍鱼化石来了解它。那么，我们去了解恐龙，应该研究什么化石呢？（让学生认识研究恐龙，可以通过恐龙化石来了解恐龙这种生物）

设计意图：对学生的情况进行了解，从学生的实际出发展开探究。学生自己提出想研究的问题，充分发挥学生的主动性。让学生明确研究已经灭绝的生物可以通过这类生物的化石来研究，知道关于这类生物的有关情况。

2. 以化石为依据，展开初步探究活动

（1）谈话：你们想研究恐龙吗？就让我们以化石为依据，借助现代最快捷、内容最丰富的网络来研究吧。

（2）讲述：请大家看电脑屏幕上的网页（学生看屏幕）。恐龙化石一栏中收藏有各种不同类型的恐龙化石；恐龙一栏中是介绍恐龙的最基本的知识；恐龙世界一栏中有四十多种恐龙，还有和恐龙相近的爬行动物的介绍；灭绝之谜一栏中介绍的是恐龙灭绝原因的各种科学假设；如果有自己的观点，可以在“我的观点”中进行发表；如果你觉得老师的网站中资料还不够多，可以在相关链接、网络搜索两个栏目中进行因特网的搜索。（学生观察演示操作，了解网站的操作方法、网站的基本内容和网站的功能等）

（3）谈话：现在请同学们带着自己感兴趣的问题，以化石为依据，快速浏览一下恐龙时代网站，看看你能发现些什么。

（4）组织学生浏览网站并且提出：你如果有什么发现，可以离开自己的座位去告诉其他同学，也可以和你的好朋友一起研究感兴趣的问题。

（学生进行网络浏览，查阅资料，自己初步整理资料）

（5）组织学生进行交流、汇报：同学们，刚才你们都十分认真地浏览了网站，已经了解更多关于恐龙的信息。通过网站浏览，恐龙化石能让你知道些什么呀？

（学生进行汇报交流：恐龙骨骼化石、牙齿化石、头骨化石、卵化石、脚印化石说明恐龙的体型、大小、食性、种类、繁殖方式、生存环境的情况）

（6）谈话：同学们利用网络资料，在这么短的时间内，通过对恐龙化石的研究，知道了那么多关于恐龙的信息。其实，科学家也是像我们这样通过研究恐龙化石去认识恐龙的。所以，我们也是小小“科学家”呀！

（学生进一步认识通过研究恐龙化石可以了解恐龙，知道自己的研究就像科学家对恐龙研究一样，进一步激发学生探究的热情）

设计意图：我们研究学习可以通过查阅资料。明确查阅网络资料的方法，通过网络学习的一般过程。初步能选择适合自己探究的问题，进行探究和用擅长的表达方式表述研究过程和成果。会查阅网络这一个信息资源。研究化石，认识恐龙及恐龙的兴盛情况。

3. 进行深入研究，探究恐龙灭绝之谜

（1）谈话：同学们，你们亲眼见到过活的恐龙吗？现在为什么没有活的恐龙呢？恐龙为什么会灭绝？（学生交流，提出自己的猜想）

（2）假如我们不相信你的猜想，你怎样来证明？（学生交流：可以找到相关资料来证明）

（3）谈话：还有其他的想法吗？

（4）谈话：非常好，那就请大家把自己的猜想写在研究报告上，然后可以查找相关资料来证明你的观点。为了让大家分享你研究成果，老师建议把自己的观点概括成一两句话，发布在“我的观点”一栏中。可以复制、粘贴网络中的关键内容并适当修改，形成自己的观点。可以合作研究，比一比谁阅读概括能力强？想想恐龙灭绝可能与什么有关系？（广播屏幕：让学生了解使用“我的观点”栏目，知道发布观点的方法及操作过程还有注意点）

（5）教师小组（个别）参与，共同研究。

（学生进行观点的发布，资料的查找与证明）

（6）谈话：好，同学们请把你的研究暂时停一下，有哪些同学发布了自己的观点？同学们的研究方法很正确，确定了研究的目标，搜集有用的资料来证明自己的观点。没有完成的也不要着急，科学研究本来就不是很容易的事，我们已经做得不错了。

（7）谈话：让我们来看一看大家的研究成果。你的观点是什么？你是从那儿找到资料来证明你的观点的？你的观点认为恐龙灭绝可能与什么有关？还有什么观点？是的，找资料的途径很多，不一定在网络中。还有其他的观点吗？有没有不同意他的观点的同学？（学生交流自己的研究成果并要求说出自己在哪里查找的资料，分析恐龙灭绝可能与什么因素有关系）

（8）适当点拨：刚才大家提出了许多有关恐龙灭绝的假说，都有一定的道理。虽然任何一种假说都难以很好地解释为什么恐龙和某些生物灭绝了，但同学们认为可能与当时的环境有关系。

设计意图：能选择适合自己探究的问题进行探究。用擅长的表达方式表述研究过程和成果。渗透研究性学习的方法：收集信息、整理信息、应用信息、拓展信息。初步学会进行研究性学习，认识恐龙的灭绝情况，渗透适者生存的生物进化思想。

（三）提炼上升，有所认识

（1）谈话：恐龙从盛极一时、称霸地球到最后全部灭绝，面对这样的一个事实，你有什么想法？（出示讨论问题）

（2）讨论：你为什么这样认为呢？为什么要保护好环境呢？

（3）小结：恐龙灭绝对我们的启示——人类应该保护好自己生活的环境，人与自然应该和谐相处。（板书：人与环境和谐相处）

（4）设计意图：意识到人与自然要和谐相处。

（四）拓展延伸，延续探究

（1）谈话：今天，我们主要通过网络，利用化石初步研究了恐龙，恐龙虽然灭绝了，但是今天我们还可以看到和恐龙同一时期生活的生物，如鳄晰等。为什么它们能平安地生存下来呢？你怎样认为？（出示鳄晰图）

（2）谈话：还可以去问问在座的老师，看看他们是怎样认为的？

（3）组织学生交流。

（4）谈话：他们的说法一定正确吗？其他同学的看法是否准确呢？我们可以怎样去做？

（5）谈话：好！那就请同学们在课后继续研究吧！我们除了可以查阅网络、书刊、电视等资料外，更可以用恐龙化石实物和到恐龙博物馆去研究。

你们能继续研究下去吗？（宣布下课）

设计意图：能继续参与探究活动，尊重证据，能关注一些和进化有关的有趣问题。学生意识到探究学习的延续性。为学生的学习留有继续研究的空间。

二、案例赏析

在该案例中，网络在课堂中发挥了资源提供、信息交流的作用，使该课和传统的课堂教学相比，显得更加生动活泼。在整个设计中，学生的兴趣发展被放在了首位，学生学习的主动性也提高了。可以看出，对刚接触“整合”这一概念的科学课教师来说，必须要给他们一定的摸索时间，逐渐把握蕴含在整合背后的教育理念，逐渐掌握网络技术并使其和科学课相结合，在实践中不断提高自身的素养，根据不同教学任务来选择合适的整合方式。

根据上例并结合我国当前学校中信息技术与课程整合的现实，从整合的程度和深度的角度出发，可以将整合的进程大致分为三个阶段：

第一阶段：封闭式的以知识为中心的课程整合。按照教学对技术的依赖程度和学生的投入程度，此阶段可细化为以下三个层次：

一是信息技术作为演示工具。信息技术协助教师完成了教学演示，但学生仍处于被动学习状态。该层次的教学对信息技术的依赖程度较小，必要时偶尔一用，目前大多数整合都处于此层次。

二是信息技术作为交流工具。将信息技术作为辅助教学的方式引进教学，主要完成师生之间情感交流的作用。但此时仍使用讲授式教学，只是多了教师对交流的组织与管理。

三是信息技术作为个别辅导工具。大量操练练习软件和计算机辅助测验软件的出现，让学生在练习和测验中巩固、熟练所学的知识，决定下一步学习的方向，实现了个别辅导式教学。

第二阶段：开放式的以资源为中心的课程整合。按照对学生能力由低到高的培养顺序，可以将此阶段细化为四个层次。每个层次着重培养学生的能力分别是：信息的获取和分析的能力、信息分析和加工能力、协作能力、探索和创新能力。

一是信息技术提供资源环境。用信息技术拓宽资源环境，就是用各种相关资源来丰富科学课的课堂教学，扩充教学的知识量，使学生不再只是学习课本上的内容，而是能开阔思路。

二是信息技术作为信息加工工具。该层次依赖上一层次又高于上一层次，较适用高年级，可以采取任务式的教学策略。

三是信息技术作为协作工具。计算机网络技术为信息技术和科学课程的整合、实现协作学习提供了良好的技术基础和支持环境。

四是信息技术作为研发工具。前面已经谈到，科学课的课程目标是让学生学会探索和解决问题，而探索式教学和问题解决式教学等都是将信息技术作为研发工具来培养学生的探索能力、发现问题和解决问题的能力，以及创造性思维的能力。

第三阶段：全方位的课程改革。当前面提到的几个层次在较大范围内得到推广和使用，并取得成功后，全方位的课程改革才可以实现，才可以完成整个教学的信息化。即将信息技术自然地融合到科学课的各环节，促进教学目标、教学内容和教学组织结构的改革，达到信息技术和课程改革要求的更高目标。

第七章　核心素养导向下的小学科学教学技能

教学技能是教师赖以发挥其内在素质、传输教学信息、完成教学任务的最基本保证，也是教师形成教学风格的奠基石。面对当今开放性的、生成性的科学教学来说，教师的教学技能水平直接关系到科学教学的效果。由于教学过程的复杂性、教学活动的多样性、教学条件的差异性，采取的教学策略必然是各不相同，应用的教学技能也是富于变化的。结合科学课的特点，本章主要讨论小学科学教学活动中的导入技能、演示技能、提问技能、活动组织技能等。

第一节　导入技能

一、运用导入技能的目的

第斯多惠说："教学的艺术不在于传授的本领，而在于激励、唤醒、鼓舞。"科学课堂教学中的导入正是一个激励、唤醒的过程。在一个完整的教学过程中，导入所占的比例并不大，但它的作用却是不可低估的。精心设计的导入，能立疑激趣，促使学生情绪高涨，进入求知欲高涨的状态。导入技能的功能主要有：

（一）集中定向，进入学习状态

传统教学强调"教师中心"，较重视教师的教而忽视学生的学。事实上，只有当学生本身积极参与学习活动时，教师对学生的指导和调节才能发挥应有的作用学生在学习活动开始时，对学习给予的重视和注意程度，其思想、精力的集中程度，对教学活动的顺利进行并取得预期效果有很大的制约作用，如果学生能以专注的状态开始学习，会对其学习效果产生积极影响。由于学生（尤其是低年级学生）在课间休息时进行了不同的游戏放松活动，在开始上课时，还沉浸在课间活动的兴奋中，不能立即将注意力集中在新的学习活动中，不能对教学活动给予足够的注意，此时，教师如果直接讲授新课，学生的接受效果是不理想的，教学任务的完成将受到影响。好的导入在课程的开始就给学生较强的、较新颖的刺激，帮助学生收敛课前活动的各种思想，在大脑皮层和有关神经中枢形成对新学习内容的“兴奋中心”，把学生的注意力迅速集中并指向特定的教学任务和程序之中，为完成新的学习任务做好心理上的准备。一位老师执教“电与生活”一课时作了这样的设计：

老师满面笑容地走进教室，学生起立问好之后，老师拉亮了教室的灯，又当着学生的面，用一把塑料尺在头发上擦了几下，转身伸到纸屑包里，同时还打着魔术师般的手势，只见不少小纸屑被吸了起来。

同学们惊奇地看着老师，心想：“老师今天到底要给我们讲什么？”

正当同学们思考时，老师说：没有电，灯不亮；没有电，电话不通；没有电，广播、电视也不能收听收看。我们的生活和电密切相关。那么，同学们想知道有关电的知识吗？今天我们就讲“电与生活”。教师用几个动作、几句话，把学生引入了学习的准备状态。

（二）激发兴趣，引起学习动机

兴趣是一个人积极探究某种事物或进行某种活动的意识倾向。兴趣是入门的向导，是感情的体现，能促使动机的产生。儿童时期的孩子充满着好奇心和求知欲，好学、好问、好动手是他们的天性，他们对周围事物有强烈的敏感性和认识上的积极性，这是主动观察事物、思索问题的内在动力。教师应根据这个特点，抓住时机，积极培养，把他们引导到爱科学、学科学、用科学的道路上来。

例如，《科学是……》是苏教版《科学》教材的绪论课，也是小学生认识科学、学习科学的起始课。有一位教师根据儿童的心理特点，通过吹泡泡比赛和集体吹泡泡这一学生熟悉的活动为媒介，激发学生探究的兴趣，让他们感到游戏中就有科学，科学就在身边，把学生们对科学的理解从发明创造逐渐引导到日常生活中，拉近孩子们与科学之间的距离，从而对科学课的学习产生兴趣。

（三）承上启下，促进认知衔接

学生的学习活动是重要的认知过程，导入环节的又一功能就是教师领导学生为新的学习活动做好认知方面的准备，促进新旧认知的衔接。学生的认知是有继承性和连续性的，唤起已知、激活原有认识结构中相应的部分并加以再现和强化就显得尤为重要。教师在讲授新课之前需要有一个复习、再现已知的过程，这个工作就是在导入环节里需要做好的。在导入活动中，教师通过对旧知识的复习、提问、组织学生做练习等活动，向学生提供新、旧知识联系的支点，能使学生感到新知识并不陌生，降低了学习新知识的难度，易于引导学生参与学习活动。

另外，小学科学与语文、数学等课程的很多内容密切相关。比如，学习有关自然界中食物链的知识时，通过《小猫种鱼》《小山羊》等学生熟知的课文来导入，不但使学生觉得新知识并不陌生，而且使科学知识与语文、数学等课程知识达到融会贯通。

（四）创设情境，引发探究活动

教师在导入新课时可以根据教学内容特点，创设一定的情境，渲染课堂气氛，让学生置身特定的情境中，产生探究问题的强烈愿望。如王峰等老师为苏教版科学教材《光怎样行进》设计的导入片断为：

师：（拉好窗帘创设一个黑暗的环境）教室太黑，同学们想办法能用发光的物体把周围照亮，好吗？（比如：灯、手电筒、点亮电珠、蜡烛、荧光棒）

师：请同学们拉开窗帘，我们看到明媚的阳光照进了教室，老师看到了大家一张张的笑脸。试想，在漆黑的教室里老师却看不到同学们的表情。这是为什么呢？

生：教室没有光，我们就什么也看不见。

师：那么光是从哪里来的呢？

生：电灯、手电筒、太阳等能发光的物体。

师：我们把能发光的物体叫光源（板书光源的概念）。光源的分类标准很多，按光源形成原因分为自然光源和人造光源两种。

教师在导入阶段通过创设意境，激发学生的兴趣，他们学起来一定会兴趣盎然。

二、导入技能的构成类型

导入的形式多样，关键是导入过程既要能引起学生的兴趣，又要对教学内容的重点、难点有所提示，激发学生积极思维、乐于探究的欲望。

（一）实验导入

用实验创设情境，科学课有得天独厚的优势。在课堂教学中教师要善于采取灵活多变的实验方法，巧妙地安排新奇有趣的实验，通过学生动手、动脑，创设寓教于乐的情境，能够激发学生的学习兴趣，产生动力，主动探索。

1. 演示实验导入法

教师通过演示实验，使学生感受到一定的刺激，同时提出若干问题，巧布疑阵，激发学生的求知欲，从而导入新课。例如，《热是怎样传播的》一课，一上课教师就问学生："你们见过烧不死的金鱼吗？"在学生的议论声中，教师把一条活蹦乱跳的小金鱼放入一个大试管中，把试管斜夹在铁架台上，用酒精灯对着试管的上部烧，试管上部的水烧开了，而小金鱼仍然自由自在地游来游去。学生观察到实验后惊叹不已，对这种现象感到惊奇，探究的愿望油然而生。又如一位老师为《马铃薯在水中是沉还是浮》一课设计的导入片段为：

（1）教师出示一大一小两个马铃薯，一杯水。组织学生设计：利用这些器材你可以设计哪些实验？

（2）假如把这一大一小两个马铃薯放入水中，会有什么现象？

学生们顿时兴致高涨，争着回答："沉、浮、大沉小浮……"

（3）教师有意按学生猜的相反意思做实验：

学生说大的上浮，教师把它做成下沉；学生说小的下沉，教师却演示成上浮。出奇的结果使学生感到十分好奇，求知欲大大增强。

2. 学生实验导入法

利用学生在实验中的感知导入新课更能激发学生的求知欲，如苏教版《声音是怎样产生的》一课，教材的设计就是从"制造声音"开始，让学生利用身边的常见物体——瓶子、直尺、铅笔等制造声音，体会物体能发出多少种声音。提出"一个物体能够独自发出声音吗？物体发声时，我们有什么发现？"建立起"发声时物体都在动"这样的初步感性认识。

（二）故事导入

一位教育家说："故事是儿童的第一大需要。"儿童喜欢听故事，尤其是低年级儿童，教师采取为学生讲寓意深刻又幽默轻松的故事、典故，能吸引儿童的注意力，引导学生积极思考。

例如，讲《磁铁游戏》时，可利用“宫门捉刺客”的故事导入：

师：同学们，大家都知道秦始皇是一个胆小、狡猾的皇帝，他阴险狡诈，杀人无数，每天晚上睡觉时都担心有刺客来寻机报复刺杀他。后来，他修了一个宫殿，并做了特殊的宫门，每当刺客要来行刺的时候，一到宫门前，兵器就会自动被宫门缴获，这就是“宫门捉刺客”的故事。

师：听了这个故事，你有什么感兴趣的问题吗？

生：为什么宫门可以捉住刺客？

生：我猜宫门内肯定装有什么机关？

师：到底装着什么机关，你能大胆地猜想一下吗？

教师巧妙地利用古代故事设置悬念，使学生为了揭开这个谜而始终处于高昂的情绪之中。

又如一位四川的老师为《猜猜我是谁》一课设计的导入：

“有一天，一位老人走在路上滑了一下，手上拿的东西也掉了，这时来了两个人，把老人扶起来，帮他拿东西，还送他回家。这位老人很感动，不知道他们的姓名，只知道他们是我们学校的老师。我把老人说的特征描述出来，大家猜猜是谁？”

讲故事创造情景符合学生的好奇心理，尤其是对低年级的学生。它给学习带来了欢乐的气氛，活跃了课堂，激发了学生的兴趣，使学生在快乐轻松中学习到知识。

（三）游戏导入

游戏对学生具有很大的吸引力，能使浅显平淡、枯燥无味的教学内容变成妙趣横生的学习活动，融知识教学于情趣之中。科学教学活动中，根据学生心理特点和教学内容，设计各种游戏，能满足学生爱动好玩的心理，产生一种愉快的学习氛围。游戏活动一般有比赛、表演、角色扮演等方式。例如，训练学生用眼睛观察物体，可以先做一个游戏：各组把老师事先准备的纸片散放在桌上，每组由一名同学按老师所说的颜色和形状把纸片找出并举起，比赛哪个组的同学颜色和形状认得最多。重庆市刘云老师为教科版《我的手》一课的导入做了这样的设计：

师：同学们，老师说一个谜语给大家猜——兄弟整十个，高矮各不一，左右分两排，五个为一班，只要团结紧，填海又移山。

生（齐答）：手！

师：对！今天我们就来研究手。（师板书课题）

要注意的是游戏是活动方式而不是目的。游戏的目的是为了激发学生兴趣，还要与所要学习的科学内容有关系，引发学生自主地发现问题，而不是让学生玩得高兴就算是达到目的了。

（四）视听媒体导入

多媒体技术有极丰富的表现力，它能提供的是多种感官的综合刺激，这对激活学生的思维非常重要。如苏教版《认识船》一课的导入可设计为：

电脑屏幕上不断展现帆船、客船、货轮、水翼艇、航空母舰的图片。

提问：你知道这些船的名称吗？

揭题：今天我们就来“认识船”。

又如《鱼》一课的导入设计，上课时让学生观看“类似鱼的动物”的录像，让学生辨认录像中哪些动物是鱼，哪些不是鱼。鱼是学生比较熟悉的动物，但是由于对鱼的认识不全面，不完全掌握鱼的特征，学生的回答往往不正确。教师指出，要在类似鱼这类动物中准确判断是鱼或不是鱼，就必须学习鱼的有关知识。学生为填补知识的缺陷、带着强烈的求知欲望，学习鱼的共同特征，效果很好。

录音也可用于科学课的导入，如《声音是怎样产生的》一课可设计为：

首先，请同学们闭上眼睛，静静地听。（播放录音：风声、雨声、雷声、少先队鼓号声、自行车铃声、汽车喇叭声、寒山寺钟声等各种声音）

听到什么？是什么物体发出的声音？

提问：关于声音，你想研究什么问题？（把学生提的问题写成简要的板书，其中“声音是怎样产生的？”这个问题板书在黑板中央）

今天我们首先来研究声音……

（五）谈话导入

语言是教学过程中师生间信息交流的主要途径与方法。师生间亲切的谈话、友好的交流，能有效地缩短师生间的距离，引起学生积极思考。谈话导入尤其要注重语言的艺术性，通过抑扬顿挫、声情并茂的语言设置悬念，能激发学生的兴奋点。

例如，江苏无锡的老师陆逊在执教苏教版《摩擦力的秘密》一课时是这样导入的：

师：同学们，老师这里有两双鞋，一双鞋底是有花纹的，另一双是光滑的，你们选择穿哪一双呢？

生：我会选择鞋底有花纹的。因为鞋底有花纹，凹凸不平，就可以防止摔跤。如果选择鞋底是光滑的，在有水的地方，不小心会滑倒的。

师：哦！他是这样想的。其他同学，你们怎么想呢？

生：我觉得爬山的时候穿有花纹的鞋比较好。因为爬山时高低不平的，穿有花纹的鞋不容易摔跤。如果穿鞋底光滑的鞋子，我们很容易滑倒。但是穿鞋底没有花纹的鞋子，我们在比赛跑步的时候，跑得比较快些。

师：她是这样想的，你呢？

生：我觉得我要穿鞋底有花纹的那双。因为在跑步的时候，体育老师要求我们跑到有墙壁的地方再往回跑，如果穿那种很光滑的，就会刹不住脚，人就会撞到墙上的。

师：你们的生活经验真丰富，刚才三名同学各有各的想法。那么哪个同学的想法更有科学道理呢？你们想研究吗？

当然，除了上述几种导入方法及他们的组合外，还可以采用开门见山直接引进的方式，如《蚂蚁》一课，教师做这样的导入："我知道同学们非常喜欢探索大自然的奥秘，尤其是喜欢研究大自然中各种各样的小动物。这节课，我们就一起来研究一种小动物——蚂蚁，好不好？"总之，课程的导入方法要结合教学内容、教学对象、教学媒体、实验器材以及教学环境等实际情况，以"为学生学习新知创造一个愉悦、和谐的教学氛围，激发学生学习的兴趣，唤起学生学习的自觉性和创造性，让学生愿学、善学、乐学"为目标，真正实现对小学生的科学启蒙教育。

三、导入技能的应用要点

导入新课的目的在于引起学生在思想上产生学习新知识的愿望，学生有了这样的愿望，就能以浓厚的兴趣，全神贯注地进行学习。为此，教师在新课导入时应注意：

1. 时效性

新课导入要有生命力，就必须有时效观念，注意减少无效益的时间，以提高新课导入的教学价值。为使新课导入更有成效，教师应该根据学生原有的知识结构和思维走向，结合教材内容，精心设计导入环节，努力使新课导入具备简明扼要、通俗易懂的特色，让科学课一开始就富有吸引力，使学生产生学习动机。

2. 针对性

新课导入必须根据小学生年龄和心理特征，针对不同年级、不同教材、不同的条件、不同的环境、不同的时间，设计相应的导入方法，尽可能顺应学生的心理需求；同时，导入新课还必须与课堂教学有机地结合，针对教学内容、教学目的、教学方法，选择恰当的导入方法，以利于提高课堂教学效果。只有教、学都兼容的导入方法才是最好的。

3. 趣味性

心理学研究表明，兴趣是学生主动学习、积极思考、探求知识的内驱力。因此，导入新课要着眼于兴趣的渗透，以利于激发学生的学习愿望，增强学生的求知欲，调动学生的学习积极性，只有这样才有利于引导学生自觉主动而又愉快地学习新知识、探求新知识、理解新知识和掌握新知识。

4. 整体性

导入新课不是一个孤立的教学环节，它常常跟复习旧课、讲授新课、巩固新课等构成一个整体，每一节课的知识点与前后课程构成一个整体，数十个学生个体构成一个学生整体。因此，一节新课的导入既要有教学的整体观念、知识体系的整体观念，还要有学生的整体观念。那种凭教师自己的兴趣而夸夸其谈、口若悬河的新课导入是没有积极意义的。

第二节　演示技能

演示技能是教师运用实物、样品、标本、模型等进行表演和示范操作，来创设情境、说明和印证自然过程和知识的教学行为，是科学教师的主要教学技能之一。

一、运用演示技能的目的

演示在教学中能起到“百闻不如一见”的作用，既有形象信息，又有语言信息，它的主要功能如下：

（一）提供丰富的感性材料

人的认识过程的起步，是从感性认识开始的。小学阶段的学生，由于生活经验的局限，头脑里储藏的感性材料还不够丰富。他们的思维正处于从具体形象思维为主向抽象思维为主过渡的阶段，他们需要用自己的感官去感知事物，形成生动真实的表象，进而形成概念、认识规律。小学阶段，受实验材料、学生技能、安全等多方面的制约，一些科学现象可通过教师的演示丰富学生的感知。例如，小学科学《冷和热对物体的影响》一课需要通过实验探究物体在受热遇冷后的状态变化和体积变化的规律，学生在认识了液体、气体具有热胀冷缩的性质后会很自然地想到另一个问题：固体会不会也热胀冷缩呢？铜球的热胀冷缩实验是一个典型的观察材料。这个教学活动中，学生往往会不自觉地用手触摸加热后的铜球，从安全角度可以考虑由教师进行演示。

（二）点拨学生的探究思路

科学教学中，越来越突出学生的自主探究。演示实验的定位不应是一种简单的验证实验，而是一个颇具新鲜感创造性的过程。教师的演示往往引发学生产生问题，促进学生思考和探究，其作用已经转向了点拨。例如，在教科版《奇妙的指纹》一课中，教师在表演了用铁粉“扫”出的指纹后，让学生玩指纹，在玩指纹前，教师只问了一个问题：“如果让你把指纹取在纸上，你可以用什么方法？”这时，学生讲出了用印泥、水彩笔涂、透明胶带取等许多方法，教师再让学生选择其中的一到两种方法来取指纹，学生的探究就变得十分顺利。

（三）培养学生的观察能力

演示是培养学生观察能力的重要环节。对于小学生来说，他们往往缺乏观察能力，不能把握实验观察要领和重点，同时自控能力弱。因此，教师在每一个演示过程中，要让学生明确如何观察、重点观察什么，使学生明白，细心而有序地观察是进行科学探索的起码要求。例如，演示“空气成分”的实验时，首先在水槽里放入适量的带有颜色的水，将一只点燃的蜡烛放在水槽中间，再用上面有开口的玻璃钟罩把正在燃烧的蜡烛罩上。然后让学生逐步观察：钟罩内的水和水槽的水是否在同一水平面上？玻璃钟罩内的蜡烛熄灭后，玻璃钟罩的水面会升高吗？上升多少？再分析水面上升的现象说明了什么？这样，一步步地进行启发引导，带着学生按照顺序进行观察、分析，使学生可以确信空气中至少可以包括两种无色、无味、透明的气体。在培养学生观察有序性的同时，也在培养学生思维的有序性。

（四）激发学生的学习兴趣

新颖生动的演示，熟练、协调、优美的示范表演，能激发学生探索求知的好奇心，活跃课堂气氛，提高学习兴趣，集中注意力。好的演示实验，往往使学生过目不忘，有助于学生牢固地掌握知识，激发学习的主动性和积极性。例如，教师通过出示一个乒乓球和一支锥形漏斗，将锥形漏斗的口朝下，乒乓球置于漏斗中，提出："如果朝漏斗口用力往下吹气，乒乓球会做怎样的运动？"学生一般会猜测乒乓球会往下飞出去。而当老师演示结果却恰恰相反时，学生感到很奇怪，便很想探究空气流动产生的这种奇异现象了。

（五）提供示范性的操作

教师建立正确的动作技能模式，规范地操作演示实验，对学生有很大的示范作用，学生可以学到正确的操作技术和方法。在小学科学课上，一些简单仪器的使用方法（如酒精灯的使用、加热各种物体的方法、正确的过滤方法等），需要通过教师指导下的学生操作，使学生逐步熟悉，如酒精灯的使用，从揭盖、拿火柴、擦火柴、点酒精灯、熄火柴、灭火的全过程需要教师的示范操作，学生才能掌握。

二、演示技能的构成类型

（一）实验演示

演示实验是教师在教学过程中，配合教学内容而演示给全班学生看的实验。为了突出演示实验效果，应注意以下几个方面。

1. 演示物应有足够的尺寸，演示物应放在一定的高度上、演示物要有适宜的亮度，这是对演示的基本要求。仪器的重要部位可涂上醒目的颜色，可以突出观察的对象，如杠杆上用红、白相间的油漆涂色。

2. 有些实验也可用实物投影放大，以便学生观察。例如，在研究某种花的时候，为了让全班学生清楚地观察到解剖花的方法步骤，可以把花放在投影器上进行解剖演示，通过投影能使学生看清解剖花的细微动作和方法。

3. 无色物体染色，加大可见度。实验时，将水等无色透明的液体或不易观察的物体，染上易刺激学生视觉的颜色使可见度倍增。例如，在做光的直线传播实验时，为了让学生看清光路，在光的传播路径上喷上烟雾就能清楚地显示出光路。

4. 利用衬幕增强可见度。在遇到演示材料的颜色浅时，可在此材料背后加上黑色的衬幕；实验材料颜色深时，可在背后放上白色的衬幕，使学生清楚地观察到实验产生的现象。例如，在比较水、牛奶的颜色来认识水的颜色时，在装水和牛奶的烧杯后面放上一块黑色硬纸板，效果会很好。

（二）模型演示

这类演示包括实物标本、模型图片、现代教学媒体演示等。

1. 实物标本演示。它是将野外采集到的植物、动物、矿物、岩石、土壤等制成标本带到课堂，让学生观察它们的形状、颜色、大小、结构，从而认识这些事物的特征、属性、存在环境及发生发展的过程。

2. 模型图片演示。例如，人体内部构造的实物模型，可以把模型内的器官一个个摘下来给学生看，使学生既了解各器官的形状功能，也明白了它们在人体内的位置。一些机械的模型，还能清楚地反映出它的构造和原理。

3. 现代教学媒体演示。利用投影、录像、多媒体计算机、网络等多种手段，把文字、图形、动画、影像、声音等有机地集合在一起呈现教育信息，有利于调动学生学习的积极性和主动性。

（三）示范操作

操作是教师进行演示的主要行为，在学生进行操作前教师进行的操作演示，就是示范。教师在演示时的操作应当规范，并做到准确、熟练、快慢适当，器材的摆放、教师身体的位置等都要便于学生观察。同时，还要把握好演示的时机和一些现象重复出现的次数，以利于学生对所看到的现象进行思考。示范时根据动作的难易程度、学生水平的高低和不同教学阶段的任务，可分别采用完整示范、分解示范、慢速示范、重点示范和正误对比示范等。

三、演示技能的应用要点

为了使演示实验取得好的效果，需要注意以下演示技能的应用要点：

（一）课前做好试演

不论是简单的，还是复杂的，甚至是以前曾做过多遍的实验，也要重新试演。一位老师在执教《玩放大镜》一课时，认为放大镜成像这个探究性实验比较简单而没有预先试做，结果课上出现了意外：准备好了纸屏，点燃蜡烛后把放大镜放在纸屏和蜡烛的中间，无论怎么移动、调节位置，纸屏出现的只有对面窗户和窗户外景物的倒像，烛光的倒影却怎么都不肯出现（窗外光线很亮，远远超过烛光）。

试演对课堂演示的成功至少有以下几方面的好处：

1. 试演能充分了解实验效果能否达到要求，并使操作步骤正确、动作更加熟练。

2. 试演有利于对演示材料的重新选择。

3. 试演有利于演示故障的排除。

4. 试演有利于选择更好的演示手段。

（二）要把握好演示的时机

演示在教学的不同环节中所起的作用是不同的。在引入新课时，演示主要提供感性认识，激发学生兴趣。在帮助学生建立科学概念时，演示是学生思维的“活化剂”，促进学生主动建构知识。在巩固环节中演示，可用来验证、总结或应用学过的知识。例如，演示水在植物体内的运行，就是植物单元的很好总结。总之，演示放在什么环节进行，要根据教材内容和教学目的并结合自己的理解而定。

（三）设计应简单、可靠，现象应直观、明显

在保证符合科学性的前提下，只要能说明问题，演示必须做到简单、可靠，所用的仪器和操作方法应尽量简单易行。这样就能把学生的注意力吸引到装置的主要部位上来，以减少仪器过多、装置复杂而分散学生的注意力，同时使演示在较短时间内完成，如用一条毛巾、一辆玩具车就可演示摩擦力。用两个带有塑料半球的挂衣钩演示大气压，就比用马德堡半球抽气方便。同时，因为演示有时要重复进行，这就要求前后效果一致。要选性能稳定、便于操作的器材。

所谓现象直观、明显就是从演示中可以直接观察到变化过程，无须经过复杂的推理便能直接揭露现象的本质，而过程和现象都要尽可能让全班同学看到。例如，做同种电荷相斥实验，可用泡沫球包一层锡纸再用细腈纶线吊起来。

（四）操作规范、正确

正确、规范的操作是演示成功的基础，也是起到示范性作用的前提。

演示过程是在学生高度集中注意力的情况下进行的，教师的一举一动都会给学生留下深刻的印象。教师的很多操作又是小学生第一次看到，这种“先入为主”，一旦给小学生留下不规范的操作印象，将来纠正起来是很困难的。所以，演示必须是规范的，要能为学生起到示范和潜在的楷模作用，使学生获得正确的知识，并掌握规范的操作方法，同时养成严肃认真、实事求是的科学态度。例如，在实验操作中，搅拌溶液时玻璃棒不碰器壁，振动溶液时不外溅溶液。教师的基本功扎实，才能得心应手地把正确的操作方法展现在学生面前，才能培养学生较强的操作能力。

（五）配合演示的讲述要清晰、简练、具体、生动

演示中，学生往往是隔开一定的距离观察，为了避免假象干扰，演示时要提出明确的观察要求，通过一系列的问题，把学生的注意力集中在要观察的事物上。否则学生觉得很好玩，课堂秩序容易乱，演示就失去了作用。

教师在演示的同时，进行必要的讲解或为了配合讲解进行直观教具、实验等的演示，能提高学生的理解力，更好地发挥演示的作用。教师的语言不是直接传授知识，而是指导学生有重点地观察，启发他们思考问题，应引导学生自己得出观察的结论。

第三节　提问技能

提问是一种特殊的教学语言，是启发学生思维、进行师生互动的主要方式。出色的提问可以引导学生去探求要达到目标的途径，获得知识，养成善于思考的习惯和能力。从心理学角度讲，课堂提问是一种刺激。美国学者史蒂文斯研究发现，教师在讲课过程中，每分钟约问 2 ~ 4 个问题，他将提问视为“有效教学的核心”。日本著名教育家斋藤喜博甚至认为提问是“教学的生命”。由此可见，科学教学活动中提问的内涵相当丰富。

一、运用提问技能的目的

（一）激发兴趣，集中注意力

教师提问如果能激发学生的学习动机和兴趣，就为有效学习做出很好

的铺垫。教师必须从教材和学生心理特点出发，引人入胜、步步深入地提出富有趣味性、启发性的问题，用科学的、艺术的、生动的语言，引导学生积极思考。

未知的世界对学生具有很大的吸引力，这种好奇心便是学生对科学学习的内在心理需要。教师针对学生思维特点有计划地提出具有一定情趣和启发性的问题，能激起学生内部已知与未知的矛盾，使学生的注意力迅速集中到某个特定的科学现象、主题或概念上，产生解决问题的自觉定向。课堂上不管是教师提出的问题，还是由于教师提问学生产生的“悬念”，都是学生求知欲的催化剂。

（二）启发思维，发展能力

学生解决问题的过程就是思维的过程，因为思维总是指向某个问题的。美国心理学家布鲁纳说：“向学生提出挑战性的问题，可以引导学生发展智慧。”在引导学生建立科学概念、发现科学规律过程中，穿插提问学生或教师自问自答，能调动（刺激）学生思维的积极性，刺激的程度和方式远远超出了一般的讲解。因为教师运用学生已有的知识或他们的社会、生活实践体验，设问诱导启迪学生，使学习内容与学生已有的知识关联起来，使新旧知识相互作用，从而形成新的概念与规律。例如，学习“水的浮力”时提出“铁棒不能浮在水面上，为什么几万吨的船能在水中航行”“人掉到河里会下沉，为什么不会游泳的人能躺在死海上读报”等问题的目的就在于启发和引导学生的思维活动。

学生回答问题过程中，要用自己的语言表达对所提问题的理解和看法，既能使学生逐步学会快速地组织语言，准确地表达自己的观点，又能很好地锻炼学生语言表达的逻辑性和灵活性。对培养学生的思维能力、口头表达能力和书面表达能力非常有益。

（三）反馈信息，调控教学

通过提问所接收到的语言反馈信息，比其他形式的反馈信息具有准确性、具体性、即时性和简洁性。它可以使教师当堂了解学生对知识的理解和掌握程度，及时调控教学程序，改变教学策略，使学生更加积极主动地参与教学活动。通过提问调控教学是多方面的，如：帮助学生组织思维（“你能不能从……角度考虑”），组织教学活动（“有多少人已完成实验”），引起学生注意（“你们有没有注意到……变化”），调整学生思考方向（“那很有趣，但是XX刚才说些什么”），强调重点（“同学们是否记得，我们刚才谈到使用酒精灯要注意什么”）。

（四）创设情境，促进合作

科学教师要转变过去“带着知识走向学生”为“引领学生走向知识”，变“重教”为“重学”，提倡学生合作探究，经历认识过程。提问能为教学活动的成功进行创造良好的氛围，激发学生对新知识的需要和探究欲望，如在学过实验室常用温度计后，提出如下问题：“有了实验室常用的温度计，就可以用它测量在其测量范围内各种物体的温度。因此，也可以用它去测量人体的体温。试想：用实验室常用温度计测量人的体温合适吗？有哪些缺陷？”提出的问题可使学生的思维处于激发状态，它将激励学生去思考，进行小组合作研究。

可见，提问的功能是多方面的，那种千篇一律地问学生“对不对”“好不好”“是不是”的提问，对学生的思维发展并没有好处。只有善于运用提问，才能促进学生更深入地思考，更主动地参与到学习过程中，达到课堂教学的艺术化要求。

二、提问技能的构成类型

课堂提问虽不是教学过程的独立教学环节，却始终贯穿在教学的全过程。依据不同的标准，提问可分为不同的形式和方法。这里按问题思考水平的高低，将提问分成以下三类。

（一）认知记忆提问

学生凭记忆回答问题，主要用于帮助学生回忆已学过的内容，如定义、公式、事实等一些基本知识，检验学生是否具备进入下一步探究活动所需的基本知识，起着课堂教学的组织功能。认知记忆提问的思考水平较低，如“……的定义是什么”“是谁发现了……”“蝗虫有几条腿”等。老师所期待的答案一般是固定、单一的。

（二）思维型提问

学生必须对已有的知识进行加工而获得问题的回答。例如，“如果A成立，那么B会发生什么变化”“这两者的相同点与不同点在什么地方”等。学生要有更多的思维活动参与，他们必须依据所学过的知识对问题进行分析和应用，提供简单的叙述和解释，提供已知原理的例子。思维型提问能使教学活动向更深层次发展，此类提问一般需依据固定思考结构进行，也常导致某一预期的结果或答案。

（三）探索性提问

探索性提问特别适用于学生的操作性实验活动，对提高学生的能力有很大帮助。探索性提问更鼓励学生多方位的有创意的回答，要求学生灵活地运用已学到的知识对问题进行综合的、更高层次的分析与思考。问题大多数以“为什么”开始，如“为什么这些植物比对照组长得好？”“为什么天空是蓝色的？”“我们怎样才能移动这么大的重物？”等。探索性提问属开放型提问，它们的答案往往没有固定模式。

传统的科学课上，教师在课堂上比较倾向于提一些认知记忆性问题，因为这类问题好提易答，信息是知晓的，答案是闭合的。而科学本身充满探究、风险、失败、不确定性和多重性，必须提倡在教学活动中多提出一些开放型探索性问题。当然开放型提问往往会引起学生热烈的讨论，这对教师在教学进度的调整、课堂纪律的维持、教师本身的知识储备、教学的灵活性上提出了更高要求。

三、提问技能的应用要点

提问是引发学生产生心智活动并进行回答反应的信号刺激，是促进学生思考的有效途径。从提问的设计、发问、候答、理答是一个完整过程，操作不当将影响教学效果。

（一）课前认真设计

首先，教师对课堂提问的重要性要有充分认识，不要认为课堂提问是一种人人都会、随心所欲的教学形式。没有事先设计好的课堂提问不仅收不到应有的教学效果，有时甚至会影响一堂设计得很好的科学课。因此，教师在备课撰写教案时，要认真设计课堂提问，并按学生的思维水平加以归类，然后再按教学要求全面组织，并注意各类问题要统筹兼顾。好的课堂提问应包含各层次问题在内，探索性问题仍需与认知记忆问题、思维型问题为伴。提问的内容必须能够激发学生强烈的求知欲，达到诱导思维、发展智力、培养能力的目的。在学生没有掌握好相关的基础知识前，提一些开放型问题不能收到很好的效果。反之，在鼓励学生进行分析、探究时，提一些初级的闭合型的问题，也会导致“前功尽弃”。

（二）问题要简洁明了

对小学科学教育而言，尤其要注意照顾儿童的年龄特征，用小学生能理解的语言。对提问中的一些“关键词”的选择更要特别注意，提问的形式也要考虑他们的心理特点。一些教师在引导学生进行一个科学概念学习之前，很喜欢用“同学们，你们知道什么是……”这样的提问作为开场白。实际上，学生还没有学习这个概念，他们如何能回答呢？我们不妨用不同的提问方法。例如，教师在介绍“密度”这个概念时，直接问“同学们，你们知道什么叫密度”，不如问“同学们，你们在平时生活中有没有注意到有一些东西，虽然它们大小一样，可质量相差很大”，这样能引起学生的共鸣，调动他们的学习积极性。

提问要明确，一是要抓得准，摸得透，有的放矢；二是要问题措辞确切，回答的活动范围要小，尽可能从一个角度去问，不至于产生歧义。不明确的问题会使学生的思维缺乏定向，失去目的性，如讲“热胀冷缩”时，提问“水受热后会怎样”，这一问题的答案有很多：“水受热后会蒸发”“水受热后会沸腾”“水受热后体积会膨胀”等。若改问：“水受热后体积会发生怎样的变化”，学生就能准确回答出来。

（三）问题要面向全体

课堂提问必须面向全体学生。教师提出的问题，对尖子生可合理“提高”，对普通生可逐步“升级”，对后进生可适当“降级”。我们要经常提醒自己，教师上课提问不管是闭合型的还是开放型的，目的不仅是寻求学生们的正确答案，而且要唤起全班每一个同学的参与和思考。所以，即使一个同学答对了，并不等于全班同学都在听这个同学的回答，更不等于全班同学都明白了问题的答案。有经验的教师会把这个同学的回答在全班重复一遍，保证全班同学都能理解，对一些关键性的问题还可做一些重复性提问。对一些平时成绩较差的同学更要注意他们的反应，如果发现他们仍然不清楚，需要再进行辅导。教育心理学研究表明，在科学教育课堂上，被提问的频率与学生的性别、成绩、座位等均密切相关，这需要教师引起注意，并认真克服自己一些不好的习惯（如有的教师感到“提问优生省时省力省心，提问差生是哪壶不开提哪壶”，也有的教师把提问作为“教训、寒碜、讽刺、挖苦学生”的工具）。我国小学科学教育的根本目标不是仅培养一小部分尖子学生，而应该是立足于全体学生科学素养的培养和提高，这是需要我们时刻记住的。

（四）把握好提问时机

问得过早，学生思路跟不上而感到突然；问得过晚，就如同“马后炮”起不了作用。因此，教师要善于察言观色，注意学生的表情和反馈信息，及时地提出问题。

首先，课堂提问应根据学生在学习过程中显示出的心理状态加以把握。课堂提问的良机主要有哪些呢？当学生思维囿于一个小天地无法突破时；当学生受旧知识影响无法顺利实现知识迁移时；当学生疑惑不解、一筹莫展时；当学生胡思乱想、精力分散时；当学生有所感悟、心情振奋、跃跃欲试时。

其次，教学需要也是课堂提问时机选择的重要依据。一般当课堂教学进行到教材的关键处和学习过程的关键环节时，都要通过提问进行师生互动，如引导学生把科学观点分类、提出研究方法、解释数据等具体教学环节，提问是必不可少的。

再次，教学进程也是把握时机的决定因素。教师可根据教学进程中的具体情况灵活选择提问的时机。例如，“你看到什么？”这类以事实为导向的问题，可用于启发全班学生最初的回答；为了引导更多学生参与到讨论中，可提出“谁还能想出另外的原因”之类的问题；需要重新组织起快要结束的讨论，如讨论空气污染，学生将他们的意见集中在汽车尾气的影响，当他们的叙述变得重复且缺乏新的观点时，可提出“如果我告诉你们工厂对空气污染的影响要比汽车大，那会怎样？我们应该关闭所有的工厂吗？”讨论就会呈现新的方向和活力。

（五）留有足够的等待时间

提问的等待时间（也称候答）有两种：教师提问后等待学生回答的时间以及学生回答后教师做出反应前的时间。

教师把问题说出之后，要留有充分的时间，让全班学生思考一番，然后再点名回答。否则，过于急促会造成学生思维草率，降低发问效果。研究者发现，当教师试图将他们自己的问题和学生回答之后的等待时间延长到5秒钟或更长的时间，并且对学生的回答做出对与错的反应时，会出现以下现象：1. 学生答案的长度增加了。2. 学生被引发的答案的数量增加了。3. 不回答的情况减少了。4. 以教师为中心的谈论减少了，以学生为中心的谈论增加了。5. 推论性和推测性思维的数量增加了。6. 学生提出的问题数量增加了。7. “迟钝”学生的贡献增加了。8. 纪律问题减少了。

因此，提问之后留有时间让学生思考，以期达到调动全体学生思维积极性的目的。延长等待时间，同时能增加学生的自信心，能吸引更多成绩差的学生参加。反之，让学生马上回答问题会明显地减少教师和学生间、学生和学生间富有意义的相动。教师还要学会更耐心地听取学生的回答，延长第二等待时间，因为这时是学生心理活动最活跃的时间，不要急于做出答案对错的反应或转向另一个同学。

另外，教师应观察学生对提问的反应。如学生举手表明他已思考成熟，或者愿意积极地回答这个问题，但也会出现很多同学非常踊跃举手要求回答（尤其是低年级），实际上有很多学生没有真正理解问题。教师要善于从学生“微微张开的嘴”“注视的目光”“前倾的身体”等捕捉有价值的信息。

（六）理答的艺术处理

教师对学生提出答案或回答后的处理称为理答。在理答中，要注意以下几点：

1. 认真倾听。对学生答问时要仔细听，认真观察。一方面，老师关心和重视的态度对学生具有鼓励作用；另一方面，只有仔细听，才能准确获得反馈信息，对学生的答案做出合适的评价。

2. 反馈激励。如果学生问题答得不够全面、深刻、正确，甚至一无所知，老师要及时调控，或变换提问方式，或限制范围、指明方向，以帮助学生确定思维方向，迅速而准确地达到思维目标。但应注意允许学生有各种思想，切忌机械地用“标准答案”去衡量学生的回答。

3. 匡补探究。学生答问要在较短的时间内，完成对所学内容的吸收、分析、推理、综合、归纳的复杂过程，由于学生水平、能力的限制，因而考虑不周、理解片面甚至答错是在所难免的。老师要引导学生再思考，必要时可采取老师补充说明、追问、思路引导等，让学生经过充分思考，做出正确的答案。

4. 归纳答案。学生回答内容，有对有错，要让学生对问题有一个正确的理解，必须对正确的、可接受的部分加以总结。

俗话说：“提出问题是解决问题的一半。”提问往往贯穿教学全过程，对整节课的教学成败起关键作用。科学课上，教师要努力让每个问题成为“有效教学的核心”，成为开启学生思维的闸门和新的探索活动的起点。教师不仅要善于投石激浪巧提问，更要注意培养学生自己提出问题的能力，让学生自己提出问题、讨论问题、解决问题，主动参与到学习过程中。

第四节　活动组织技能

我国小学科学课程强调树立以“活动为载体”的基本理念，“用丰富多彩的亲历活动充实教学过程”。科学教学过程由一个个多方向、多层次、多类型的活动组成，学生参与科学的学习就是参加一个个活动。正如路培琦所言：“活动好比一条船，在活动中让学生的知识、能力、情感等方面都得到很好发展。”《小学科学课程标准》中提出了专题研究、情境模拟、科学小制作、讨论辩论、种植饲养、科学游戏、信息发布会、报告会、交流会、竞赛、科学欣赏、社区科学活动、家庭科技活动、角色扮演、科学幻想等多种教学活动形式。《小学科学课程标准》认为，教师是科学学习活动的组织者、引领者和亲密伙伴。活动已经成为科学教学的主要组织形式，但活动的空间大、干扰因素多，加上儿童的年龄特点，往往会出现“无序”的现象，这对习惯于“整齐划一”模式的老师无疑是一种冲击、一种挑战。因此，每一位小学科学课的教师都有必要去研究活动组织的技能，在活动的设计和实施中必须考虑活动的安排是否细致、合理，是否为不同类型的学生创设了参与活动的可能性，在活动的过程中教师是否扮演了恰当的角色等。

一、运用活动组织技能的目的

活动能满足小学生好奇、好胜、好强、好表现等心理特点。活动组织技能对科学教学的控制、调节作用，将充分发挥教师的主导作用和确立学生在活动过程中的主体地位。

（一）引导学生主动参与教学活动，促使学生自主学习

要充分发挥活动在科学教学中的作用，一方面要鼓励学生主动参与、主动探索、主动思考、主动实践、自主发展，教师不能事事包办，应该放手让学生去做；另一方面，学生在活动中要手脑并用、眼耳并用，活动应

该有严谨的计划，在选题、分组、调查、查找资料等方面，教师要给予具体有效的指导，适当地调控。此外，教师还应该成为学生学习的促进者，在学生遇到困难时，要给学生提供一些方法和思路，启发学生深入地探寻。在教师的组织与调控下，使学生最大限度地参与到活动之中，主动探求各种科学信息，通过各种感官的交替使用和思维的活跃保持高昂的情绪和浓厚的兴趣。如果简单地把活动组织理解为维持纪律，学生不能自主活动，其结果必然使学生失去学习兴趣，整个教学过程背离教学目标。

（二）维持良好的活动秩序，建立和谐的教学环境

学生的主动参与和教学活动形式的多样化，不等于科学教学杂乱无章，学生可任意而为。良好的活动秩序、和谐的教学环境是科学教学活动有序进行的基本保证。对室内的活动，可通过正面提醒和巧妙利用提问、演示等技能，交替引起学生的有意注意和无意注意，使学生将注意力集中到活动主题上；一些室外活动，必须在活动前向学生提出恰当合理的要求，注意个人、小组与全班活动的有机结合，同时进行必不可少的安全教育。提出要求并不是简单地告诉学生该干什么，而是对学生说明应该进行什么活动，为什么要进行这项活动，怎样进行这项活动，以及在时间和纪律等方面的要求，从而保证活动的顺利开展。

（三）提高活动效率，培育良好的学习习惯

科学教学活动的目的在于促进学生能力、动机、个性的发展。在活动中，要使学生有较大的收获，教师的组织指导不可或缺，其主导作用体现在活动设计、选择和设计实物教材、记录课堂中发生的情况、促使学生主动去探索发现等。只有进行行之有效的组织工作，才能使学生在活动中能够有序、高效地学习，发展思维，养成良好习惯。例如，组织学生开展科学探究学习活动，如果一味地追求问题要由学生自己提出、方案要由学生自己设计、探究要由学生自己展开、成果要由学生自己得出，会让学生长久地处于无助状态，出现“兜了一个大圈子问题依然没能提出来，不知做什么或怎么做”等现象。所以，组织活动时，教师适时、适度地介入是十分重要的。

二、活动组织技能的构成类型

活动组织技能按照功能的不同可分为管理性组织技能和指导性组织技

能两大类：

（一）管理性组织技能

管理性组织技能是指教师为了引导学生遵守活动纪律，维持教学秩序，建立和谐的教学环境而采取的行为方式。

为了使教学活动顺利进行，必须有相应的纪律保证。当然纪律的好坏，并不以绝对安静和学生的“循规蹈矩”为标准，而是既要使活动有序，又不能让学生感到压抑。对室内活动秩序的组织管理，一方面应与教学内容紧密结合，注意教学方法和教学手段的启发性与趣味性，努力调动学生的有意注意；另一方面，需要教师关心和爱护学生，从学生的角度理解他们存在的问题，在纠正学生不良行为时应尽力采用目光注视、暗示、停顿吸引等方式。对室外尤其是校外活动，由于学生到新环境后容易兴奋，注意力分散，不安全因素较多，活动前必须做周密的安排。让学生知道活动的目的，并根据活动的目的去选择活动的方式和材料；加强安全教育，防范一切可能发生的意外；做好分组工作，发挥同伴的教育作用；注意活动后的检查与评价，使活动落到实处。

（二）指导性组织技能

指导性组织技能就是教师为了引导学生参与教学活动，调动学生的积极性，完善教学结构而采取的行为方式。学生的活动离不开教师的组织引导。为了使学生能主动地参与活动，迅速地投入学习，需要教师及时发出指令或灵活运用各种教学技能，保证教学环节的顺利承转和衔接。例如，根据不同类型活动的特点和要求及儿童心理发展的不同阶段，选择甚至创新指导方法。当然，面对一些需要教师引导的活动，教师不是以真理的垄断者或是非的仲裁者自居，而是为学生提供更宽阔的思路、更广阔的视野和更丰富的选择。以科学课上常用的探究活动为例，一旦学生心灵深处“希望自己成为一个探索者、发现者”的愿望被激发，课堂就可能成为“混乱”的海洋：轻声地商量、大声地讨论……这是一个焕发着活力的课堂。教师有必要适时引导学生将“无序”活动中的思维过程有序地说出来，从“自我”的角度进行整理与加工，从无序回归到有序，这样才能使活动达到应有的效果。又如，若发现学生在合作中分工不清、讨论无序或偏离主题，要及时帮助学生明确分工，指导学生围绕问题进行讨论，及时把学生的讨论带回主题。在学生找不到解决问题的方法时，要注意做好点拨，引导学生寻找解决问题的恰当方法和途径。

三、活动组织技能的应用要点

活动组织技能是一项比较复杂的技能，由于各种活动形式特点不一，活动组织中的关注点也不尽相同。一般来说，活动组织技能包括提出要求、安排程序、指导引导、鼓励纠正和总结等要素。在教学活动中，除了有意识地熟练这项技能外，还应注意一下几个方面。

（一）言传身教与严格要求相结合

身教在组织活动中有着特殊重要的作用。教师通过自我形象和动作行为所发出的信息，往往比语言指令有更强的引导性。例如，活动中教师的举止、行为、态度对学生是一种无声的教育。但小学生还没有达到心理上的成熟阶段，完全凭自觉性来行动是不可能的，时间也不允许。活动中，对于一些事关集体荣誉、社会公德、个人安全的问题，教师要有硬性的规定。校外的参观、考察等活动，必须有严格的统一要求，才能达到全体学生的协调一致。

（二）面向全体学生，适当照顾差异

科学教育要面向全体学生，使每个学生的科学素养得到提高。因此，教师在组织教学活动时，必须首先考虑大多数学生的实际情况，以大多数学生均能适应为宜。如果只注意超常生和优秀生的需要，就可能使大多数学生难以适应，跟不上教师的组织引导，不能按照教师的要求去活动，最终失去信心。如果过分照顾基础薄弱的学生，又可能使活动的要求过于容易，使大多数学生感到索然无味，失去学习兴趣。一方面，可设计不同层次的活动要求，供学生自由选择；另一方面，充分利用活动中的小组协作，发挥每个人在活动中的作用。

（三）用有结构的材料调控活动过程

成功的小学科学教学离不开有结构的材料。教师提供丰富的有结构的材料，能使学生在无意间全身心地参与到活动中，这种没有强压硬灌的操作能更好地让学生去发现问题、解决问题，教师不至于为课堂的“纪律”而操心。例如，在“鱼的观察”一项中，教师提供给学生一条金鱼、一条鲫鱼。要求学生仔细观察，做好观察记录，然后交流。通过交流，相互弥补观察的不足——观察是否全面、是否进行了动态和静态观察等。要求学生再

观察，补充记录，使学生的观察具有全面性和深刻性。将两条鱼进行比较，再对共同特征进行归纳——得到鱼的共同特征。利用两类鱼作为学习材料，学生可通过相互间的观察交流和比较观察，使观察活动自然、有序地向纵深发展。

（四）突出活动的安全性

各种科学活动中，要让每一个学生都有安全感。既能愉快地参与活动，掌握一定的知识和技能，受到较好的教育和熏陶，又不使学生的身体受到损害。因此，教师在安排活动内容、地点时一定要考虑安全因素。对校外活动，教师要十分了解活动区的不安全因素，如地形地势上的安全隐患、有毒生物的分布与特点，事先告诉学生并教会学生自我保护的方法。告诫学生不喝不明环境的水、不认识的植物不入口、接触有毒生物要及时洗手等。活动前要讲清要求，做好生活用品和常用药等准备，活动时要随时提醒学生统一行动、禁止单独行动，活动后要进行总结评比，表扬好的，激励差的，促进学生养成良好的行为习惯。例如，在组织学生采集岩石时，教师首先讲明采集的要求，强调采集纪律，然后分小组开展活动。采集过程中教师要观察学生采集的情况，随时提醒和纠正学生不正确的敲击方法，随时提醒和嘱咐学生不要在岩石堆上跳跃或追逐，敲击石块时防止碎片伤人。采集结束时，检查评定采集活动的情况。

（五）交替变换活动内容和形式

针对小学生自制能力、预测性较差的弱点，要控制好他们活动的时间和总量。教师组织各项活动时，应注意室内和室外、动与静、脑力与体力、个人与集体活动项目的交替搭配，有利于调节情绪、增强效能。同一项目的多次活动更要注意变换形式，使学生有新鲜感，始终保持浓厚的兴趣。

第八章　核心素养导向下的小学科学教学设计与实施

小学科学教学是一项以培养学生的科学素养为目标的教育实践活动，是围绕教学目标而进行的师生合作的实践活动。小学科学的实践活动能使学生在科学探究学习中掌握基础知识及探究过程技能，发展学生的智力，培养学生的能力，全面提升学生的科学素质。为了达到小学科学的教学目标，教师必须依据一定的教学思想或教学理念，结合自身对教学内容、教学过程的理解和认识，借助一定的教学手段和教学方法对师生共同合作进行的实践活动进行周密而科学的筹划和思考。

小学科学的教学设计是为小学科学的教学目标服务的，而教师的行为是为学生服务的，教师在教学活动中要发挥自身的设计者、组织者、引领者和合作者的作用，和学生一起完成科学探究活动，和学生一起成长。教师在教学设计活动开始之后，首先要做的是了解学生的已有认知水平和认知结构，创造性地开发可供利用的教学资源，然后设计好教学环节，这样才能有效地组织课堂教学。当然，由于教学内容不同，学生的原认知不同，学生智力和能力水平与背景不同，教师设计教学活动时还要考虑教学方式方法的可变性。

第一节　小学科学教学设计

一、小学科学教学设计的概念

为了有效地实施新课标引领下的小学科学教学，体现新课程的教学过程特点，达到培养小学生科学探究兴趣的长期性和提升小学生科学素养的目标，小学科学教师必须构建与教学过程本质特点相匹配的教学设计。小学科学的教学设计就是指小学科学教师为达成一定的课程目标和教学目标，对教学活动进行的系统规划、安排与决策。具体地说，小学科学教学设计是指小学科学教师以现代教学理论为基础，依据学生的特点和教师自身的教学风格，借助现代的教学理念和教学经验，运用系统的教学方法和手段，确定教学目标，分析教学中的问题和需要，建立解决问题的步骤，合理组合和安排各种教学要素，为优化教学效果而制定的实施方案。

小学科学课教学设计是教好小学科学课的前提，是促进小学科学课教师理性地思考教学，提升自身的教学能力，提高小学生的科学素养，促进学生保持对科学的兴趣和探究能力的主要方式之一。

二、小学科学教学设计的特点

（一）教学设计是多种教学理论的融合体，教师是这一融合体的实际设计者

小学科学教学活动虽然看似简单，却承担着培养小学生科学素养的任务，教学活动中涉及的教育理论有布鲁纳的发现教学理论、皮亚杰等的建构主义理论和加德纳的多元智能理论等。在小学科学教学活动中，探究性学习、合作学习等教学方式也是一直与学生相伴。小学科学教师在设计小学科学教学活动时要巧妙地将上述教学理论和方式融入教学过程中，使之通过师生的科学探究活动转化为小学生科学素养的提升。教师在小学科学探究活动设计之初和整个实践过程中，是一个不折不扣的设计者和实践者。

小学科学教师要设计出体现上述教学理论思想的教学活动必须有体现新课程理念的意识。新课标下的教学设计意识是相对原先教师备课意识而言的。

传统的备课是将重心放在分析教材、梳理知识、强化知识教学等方面，其主要职能是实现与强化教材、教学思考的权威功能与诠释作用，缺乏教师自己的教学创意、教与学的互动设计、学生学习兴趣的激发等，如果说教师有教学创意的话，也是如何将知识教学进行得更深入一些。在新课程的理念下，教师教学设计的意识主要体现在应用新课程的教学理念和教学方式，实现小学科学的三维目标，如将教材作为教学活动的载体和媒介之一，要从“施工图纸”式的教案向“探究”式的教学设计转变，要从知识性的备课向发展性的教学设计转变。

（二）教学设计的实质是对小学科学课程的二次加工

在小学科学教学活动中，教师与学生是课程相互作用的主体，是课程

的创造者，只有在教师和学生共同参与课程的创造中，才能创造教学可持续发展的空间，促使课程不断完善和升华，达到课程与教学的互融、转化和促进，教学由此变成一个动态的完整体系。实际上课程和教学是两个互相关联的概念，实现教学目标的过程同时也是实现课程目标的过程。由于不同地区、不同学校、不同班级的学生在认知方面存在着差异，在身心发展规律、情感态度和人际交往等方面也存在着差异。因此，小学科学教材中所呈现的内容并不是对每一个学生都具有适应性。为了促进学生的全面发展，达到提升小学生科学素养的目的，科学教师在进行教学设计时，必须在对教学背景进行宏观和微观分析的基础上，结合对学生原认知能力的诊断性评价信息，对小学科学课程进行必要的再加工，即二次加工。对新课程的内容进行适合于学生学习、有利于学生发展的增删和重组，在其中增添一些体现学生认知层次和当地特色的课程资源因素，通过加工呈现出新的课程实质，而不是传统意义上的一成不变地再现教科书中的内容。只有灵活处理课程，充分考虑教师特色、学生特点、现实环境特征的教学设计才能营造出耳目一新的课堂教学。小学科学教师应具备加工与总揽科学课程内容、单元内容和课题内容以及协调他们之间关系的能力，才能使小学科学课堂学习任务的加工与分析达到前后呼应、相得益彰的效果。

（三）小学科学教学设计必须重视对学生能力的分析

小学科学教学设计的出发点虽然从表面上看是为教学目标服务的，但最终是为学生发展服务的。由于学生生活的家庭背景、生活环境和经历不同，现实中的学生在各个方面都表现出其自身的特点，学生个体在群体中具有明显的个别差异。小学科学教师在设计教学时，要充分考虑学生能力的差异，从学生的实际情况出发，遵循由浅入深、由表及里、循序渐进的原则，教学目标要求要具有层次性，使学生从不同角度、采取多种方式进行思索，不仅适应不同学习水平的学生，同时也给学生留下了思考的空间和创新机会。另外，传统教学的那种重教而轻学的模式在新课程实施中受到了弱化，教与学是互生互长的双边过程。在教学活动中，学生是学习的主体，学生的学习不是被动地接受知识，而是一个依据原有的知识和能力，对新知识进行积极主动的建构过程。无论何种教学形式，学习最终是通过学生内部学习过程自己完成的，学习的结果将最终体现在学生身上。因此，小学科学教学设计必须重视激发、促进、辅助学生内部学习过程的发生和进行，从而使有效的学习发生在每一个学生身上，创造有利的学习环境，让每个学生都享有同等的机会。可以说，小学科学教学设计具有个别化教学的特征。

（四）教学设计的内容是知情合一的统一体

小学科学探究活动是实现科学知识目标、科学探究过程技能目标和情感、态度与价值观目标的活动，科学情感、态度与价值观目标是小学科学课程目标不可或缺的重要内容，是科学精神的重要内容，科学态度、情感与价值观的培养应该贯穿在小学科学教育的整个过程中。由于传统的教学设计过分注重学生的知识与技能培养，有意或无意地忽视了学生发展所必需的情感教育。小学科学教师在传统的教学设计中对学生学习任务的分析往往只涉及各知识点及其组成的知识结构、掌握知识所需要的基本技能等因素，而对学生的全面发展具有一定决定作用的兴趣、动机、意志和情感、态度及价值观等因素考虑很少，这对学生人格的健全发展是不利的。体现新课程理念的小学科学教学设计不仅要关注基础知识和基本技能，而且要挖掘有关情感等方面的因素，使教学的内容成为知情合一的统一体。在教学设计中不仅增加了科学态度、情感与价值观等方面的内容，而且还要求师生通过科学探究活动将这些目标落到实处。例如，可以利用在小学科学教育内容中增加科学发展史、科学与人类、科学与生活等内容对学生进行情感教育，通过科学探究活动和教学环节的巧妙设计，激发学生对自然科学的好奇心和求知欲，培养尊重科学、追求真理、反对迷信的信念以及参与社会决策、服务社会的思想意识。

（五）小学科学教学设计是一个问题解决的过程

小学科学教学设计是以帮助学生的学习为目的，它常以学生学习所面临的问题为出发点，通过设定探究活动计划，探究解决问题的策略和办法，从而达到解决的目的。因此，小学科学教学设计是以问题找方法，而不是以方法找问题，使教学工作更具有目的性。

三、小学科学教学设计过程中不容忽视的问题

（一）适度体现新课程的基本理念

《小学科学课程标准》提出了六大基本理念，分别是科学课程要面向全体学生、学生是科学学习的主体、科学学习要以探究为核心、科学课程的

内容要满足社会和学生双方面的需要、科学课程应具有开放性等。小学教师在设计科学活动时要通过不同的活动形式分别实现上述基本理念。但是，就像在一堂课上不能同时充分实现所有的课程目标一样，教学理念的全部也不能同时在一堂课中同时充分实现，总是有主有次，在一个教学活动中能充分实现一两个就足够了。

（二）从整体上把握教学活动的结构

小学科学学习活动是有结构的，是有很多个环节的，环节与环节之间是有一定结构关系的，把握小学科学教学设计的结构首先要从大处着眼，看一个教学活动分几个大的环节，每一个大环节中再分几个小环节，这样一个教学活动就清晰了。另外，还要清楚地认识到课程的目标结构决定教学的活动结构，在进行教学活动设计时要注意整合教师、学生、教材与环境四个结构要素；只有实现学生学习方式、教学资源呈现方式、教学方式与师生互动方式的同步协调发展，才能使教学活动结构更趋于合理。

（三）教学活动内容要适合小学生的年龄特点和心理特点

小学阶段，好奇、好问、求知欲强、好动、好模仿等是小学生的特点，这些特点对学习小学科学起着积极的促进作用。同时，小学生的思维活动是以形象思维为主，并开始向抽象思维过渡，而此时的抽象思维主要受形象思维的影响；学生学习活动中以直接兴趣为主，他们经常被客观事物的新奇所吸引，喜欢观察鲜明的、生动的、不平常的现象，喜欢被表扬；在学习过程中有注意时间短，持久性差，好奇心不易维持，兴趣容易转移，行为缺乏连续性，自理能力差，依赖性强等问题。以上是小学生在学习过程中表现出的心理特点，为了引导学生在学习中逐渐克服上述心理缺憾，获得好的学习效果，教师在进行教学设计时应该采取多种多样的教学方法和各种不同的学习方式，通过变换教学方法提高学生的学习效率，同时还要认真研究学生的认知阶段特征，考虑学习活动过程中情意与认知因素的统一，注意学生在课程学习过程中的心理变化与教学活动内容的配合。

（四）辩证地认识和处理课堂教学中的各种关系

课堂教学中的各种关系包括：教师与学生的关系，教师应当成为学生学习的激励者、指导者和组织者，学生是学习的主人、课堂的主体；教师与课程的关系，教师不仅是课程的执行者，而且是课程的开发者、建设者；科学知识、科学过程技能、科学情感与价值观与教学内容的关系，教学内容不仅是科学知识，还要与学生的生活实际和实践密切联系，要努力开发各种课程资源。教师如何通过合理的教学设计处理好课堂教学中的各种关系确实是大学问。

第二节 核心素养导向下的小学科学教学过程设计

小学科学教师和其他学科的教师一样，要较好地完成课堂教学工作，达到预期的教学目标，就要重视并且搞好教学设计工作，做好教学过程各个环节的设计，对这些教学过程中相互关联的各个要素进行周密的安排，确定、分析、研究解决问题和对预期结果进行评价的步骤方法。小学科学的教学设计过程是一个系统的工程，小学科学的教学设计过程不是仅仅指教案的设计，实际上当教师在了解以教材为代表的教学资源，在了解学生的基本情况时，教学设计就已经开始了。

一、小学科学教学设计组成和策略

一般地，一个完整的小学科学教学设计过程包括教学设计的前端（背景）分析、教学设计、教学设计的评价和教学设计的反馈修正四个部分。教学设计的前端（背景）分析包括学习需要分析、学习内容分析和学习者分析，教学设计包括教学目标的设计、教学策略的设计、教学媒体的设计和教学过程的设计，教学设计的评价包括形成性评价和总结性评价。由于篇幅的关系，本文仅对学习需要分析、学习内容分析和学习者分析，教学目标的设计、教学策略的设计、教学媒体的设计等内容做一些粗浅的阐述。

（一）小学科学教学设计的前端（背景）分析

1. 学习需要分析

小学科学的学习需要是指小学生在科学知识、科学探究过程技能和情感态度价值观方面的不足，是小学生在学习科学中实际存在的问题和将要解决的问题。这种不足实际上是小学生在科学学习方面目前的状况与教学目标所期望达到的要求之间的距离。

小学科学教学设计的学习需要分析既然是对小学生在科学学习方面的当前现状与教学目标所期望达到的要求之间的距离的分析，那么小学科学的教学设计实际上就是为了缩短这一距离而进行的活动，换句话说，就是为了解决这一“距离”问题而从事的活动。学习需要分析主要是发现学生在学习中实际存在的问题，即通过对存在的这种距离的分析，为教学目标设计提供尽可能确切可靠和有代表性的差距资料和数据。学习需要分析是组成教学设计的要素，它是一个系统的调查研究过程。例如，目前教学设计具备了哪些条件，有哪些不利因素？哪些因素必须优先考虑，并且首先解决？哪些因素可以暂缓等。实际上，学习需要分析是解决教师如何教、学生如何学的问题。

小学科学教师进行学习需要分析，目的之一是找出学生在小学科学学习中存在什么问题，目的之二是分析产生这些问题的主要原因是什么，以便于找出解决这些问题的方法和策略，目的之三是对现在占有的教学资源和存在的不利因素进行分析，以便于查漏补缺，目的之四是确立相关问题解决的顺序。通过无数个教学实践的实施分析可以看出，学习需要分析实际上有利于处理好教学手段和教学目的的关系，有利于教学实践的很多具体问题的开展。通过学习需要分析，教学中的主要问题清晰了，这样有利于这些主要问题的解决。小学科学教师在课堂教学设计之初，要做好学习需要分析，主要是通过已经确定的教学目标，如小学科学课程标准中的既定目标，对期望达到的要求和学生当前的状况进行比较，找出差距，确定学习需要，为实现真正的教学实践打下良好的基础。

2. 学习内容分析

小学科学的学习内容分析和小学科学学习需要分析一样，都是为探究教学做铺垫的。小学科学教师进行学习内容分析，主要目的是分析学生学习内容的类型，学习内容中各项知识、技能和情感、态度价值观之间的关系以及这些三维目标的范围和层次。换一个角度说，在教学内容的分析中，重点是分析学生需要学习哪些知识和技能，达到什么程度；同时要重点分析学生在情感态度价值观方面获得哪些发展，发展到什么层次；更重要的是还要分析学习者怎样学习这些内容。可以看出，学习内容分析主要解决教师“教”什么和学生“学”什么的问题。

一般地，教师在进行小学科学教学设计时第一步要做的是明确教学内容是什么，即明确科学知识、科学探究过程技能以及情感、态度价值观目标的具体内容，同时要清楚这些目标需要达到什么层次；第二步要清楚所要面对的教学内容中科学知识、科学探究过程技能以及情感、态度价值观之间的关系，哪个是重点，哪个是非重点，从而形成一个相互关系实现的结构体系；第三步是根据科学知识、科学探究过程技能以及情感态度价值观的性质划分出具体类型，然后确定选择不同的教学策略和教学媒体，设计不同的教学情景，这样才能确定教学的重心所在。因为在有限的40分钟内教师不可能将时间进行平均分配，眉毛和胡子一起抓的教学方式的直接结果是学生哪方面的能力和素质都不会有很好的提高。

当学习内容的类型及其关系、学习内容范围和层次选择好以后，要重新审视学习内容的确定是否具有科学性，学习内容的各项要求是否符合小学生的认知规律和认知水平。如果不符合的话，要进行适当的调整。

3. 学习者分析

教学设计中，为了突出学习者在学习中的主体作用，使学生学习目的更明确，在学习过程中重新建构知识结构、技能结构和情感结构，必须重视对学习者进行分析。小学科学教师进行学习者分析，目的是了解小学生科学学习准备状态、一般特点、学习风格等方面的情况，为小学科学教学内容的选择和组织、教学目标的确定、教学活动的安排和教学策略的采用等提供有效依据。小学生的初始能力是教学的出发点。小学科学教师如果在教学准备之初，忽视对学生起点能力的分析，教学内容的选择、教学方法和策略的确定就会脱离学生的实际。如果将小学生科学学习内容的起点定得太高，脱离学生的实际，就会降低学习效果；如果将学生学习科学的起点定得太低，就会造成学生精力和时间的浪费，长此以往，就会降低小学生学习科学的兴趣。

要对小学生学习科学的起始情况进行全面分析，才能使小学科学教师确定的教学方略具有较强的针对性和实用性。小学科学教师对小学生学习科学的原认知水平掌握得多与少，直接决定小学科学教学目标实现以及教学任务完成得好与坏。例如，相同年级的农村学生和城市学生往往有大体相同的感知能力以及相似的心理和语言水平，这是小学生的相同之处；但相同年级的城乡小学生也存在着兴趣、学习态度、学习方法和实践能力的差异，这主要是由家庭条件、家长背景、社会经验、接受教育资源等方面的差异造成的。所以，教师要使每一个小学生都能以原有的认知结构为基础，在科学素养方面都有所提高，就要根据小学生的认知能力和所处学校的基本现状（主要是教学资源的现状），确定不同的学习内容，制定有层次的评价标准，选择不同的教学手段，确定有针对性的教学策略，设计好教学过程的每一个环节，引领学生在探究学习活动中通过认知冲突的不断展现，使学生的科学知识、科学过程技能和科学情感都得到提升，最后能够构建出具有自身特色的认知结构。

（二）教学设计分析

小学科学的课堂教学设计是在明确小学科学的教学目标基础上，教师运用各种教学手段和教学技能，指导小学生进行的科学学习活动。在进行具体的教学设计时，要处理好教学资源、教学目标、教学内容、教学方法、教学媒体、教学组织形式等之间的关系，将它们编织成为一个有机整体，使它们都能发挥应有的作用。其中，确定好教学目标、制定教学策略、组织实施教学、选择教学方法、选择教学媒体和安排教学活动是至关重要的。

1. 小学科学教学目标的设计

小学科学教学目标是指小学生通过科学探究活动预期要达到的学习结果。实际上，小学科学的教学目标是人们对小学生进行科学探究活动结果的一种期望，是对完成教学活动后，小学生应该达到的知识、科学探究过程技能以及情感、态度价值观要求的具体描述。它可以分为小学科学课程教学目标、小学科学单元教学目标和小学科学课时教学目标。小学科学单元教学目标是小学科学课程教学目标的下位目标，而小学科学课时教学目标则是单元教学目标的下位目标。在小学科学教学目标体系中，小学科学课时教学目标应是最具体、最具有实践性的，是对小学生通过科学学习后应该会怎么样的具体描述。实际上，小学科学的教学目标设计，是有利于实现教学总目标，有利于教师进行可操作性的科学教学活动，有利于小学生进行科学学习，也有利于进行科学教学评价的设计活动。

小学科学课程的目标分为三个维度：科学探究、科学知识、情感态度与价值观，因此小学科学教学目标设计要考虑这三个方面。也就是说，在进行小学科学的教学目标设计时，要充分考虑小学科学课程标准对教学内容的要求、小学生的学习特征、教学内容中的知识目标类型、科学探究过程技能类型和情感、态度价值观目标在教学中的地位，这样才能设计出符合小学生实际的教学目标。

在进行小学科学教学目标设计时，要对小学科学的教学目标进行详细的可操作性的描述。也就是对小学科学教学目标的表述必须详细，说明目标内容时要运用小学科学的专业术语来描述，同时要阐述清楚：是“谁”在“什么条件”下，从事“什么活动”，达到“什么程度”。

例如，教师在进行小学三年级科学课《我的手》一课教学目标设计时，考虑到小学三年级的学生还不能完全从事较为独立、完整的科学探究活动，况且小学三年级的科学教育应重点培养学生学习科学的兴趣，使得小学生通过一定的科学学习过程获得一定的科学过程技能，如观察能力、分类能力、语言表达能力等。因此，本课的重点是发展学生的观察能力和对科学观察的理解。同时，为了使学生在宽松、和谐的情景中，通过一系列活动，亲自体验科学探究过程，在生活和日常事务中发展自身的观察技能，也使学生领悟到科学就在身边，身边处处有科学的真谛，可以设计《我的手》的教学目标是：

①引导学生知道自己手的形状，认识手的构造，体会手的灵活性。

②鼓励和指导学生会用文字、图形表达观察结果，并且能够相互交流和评价。

③通过对身边事物的观察，使学生能够产生发现问题、提出问题和探究问题的意识。

小学科学教师在进行教学目标的设计时，还要注意以下几点：

①在确定教学目标的文字表述时，一定要多关注学生的学习行为，少关注教师的教学行为。

②所表述的三维目标，应该是学生通过科学探究活动达到的最终结果，而不是学生所经历的学习过程本身。

③文字表述要具体、清晰，通俗易懂。

2. 教学策略的设计

小学科学的教学策略设计是对完成小学科学的教学目标而采用的教学活动的程序、方法、形式和媒体等诸多因素的通盘考虑。小学科学教学策略的设计应以教学目标为基点，遵循小学生认知规律和心理发展规律，考虑教师自身的教学风格和身边的教为学环境、设备等客观因素。我们必须明确的是，由于小学科学教学内容和教学目标不同，教师选择的教学策略也应该不同，决不能以教学策略的不变应教学目标的万变。只有这样，教师才能根据学生实际制订出不同的、有良好教学效果的教学方案，并能随着教学的客观因素变化而及时调整教学策略。小学科学教学策略的设计，是教学设计的重要环节，能有效解决“如何教”和“如何学”的问题。

小学科学教学策略的设计有以下特点：

①小学科学教学策略设计的指向性。小学科学教学策略的设计是指向具体的教学目标的，是针对具体的教学目标采取的有针对性教学策略。

②小学科学教学策略的灵活性。不同的小学科学教学目标应该采取不同的教学策略，不存在对所有的教学内容都适用的教学策略；同样，教师在教学中要根据不同的学生采取不同的教学策略。

③小学科学教学策略设计的多样性。教学内容和教学目标具有多样性，因此教学策略的设计也应该具有多样性；同样的教学内容要面对不同的教学对象，因此也需要设计出不同的教学策略。

在进行小学科学教学策略设计时，可以从下面几方面考虑：

①全面分析、组织和处理好以教材为代表的教学资源。小学科学教学虽然要依据教材，但不是照本宣科。小学教师要分析、组织和处理好以教材为代表的教学资源，理清这些教学资源的相互关系，合理应用它们。明确小学科学的教学目标，领会教材编写意图，分析并熟悉小学科学教材内容体系，弄清楚如何选择教学资源；分析教材的重点、难点及教材内容结构，最后再根据小学生的认知特点及教学条件等灵活地处理教材。

②适当地选择教学媒体。随着计算机多媒体和国际互联网在教育领域的广泛应用，随着广播和电视的进一步普及深化，教学媒体的种类越来越多，教师在教学设计时就要精心选择教学媒体，使教学效果达到最优化。实际上，小学科学的教学媒体是多方面的，不仅指计算机多媒体，还指师生准备的学具和教具等。选择教学媒体一定要考虑小学科学教学是以动手实践为特征的探究活动特点，不要图花哨、讲排场而滥用教学媒体。应该清楚教学媒体是为教学目标和内容服务的，而不是教学目标和内容服务教学媒体。同时，没有哪一种教学媒体能适应所有的教学内容和教学对象，要根据教学媒体的特性、功能的优势为教学目标的实现服务。在选择和使用教学媒体时要尽量体现低成本、低消耗、高效率的选择原则。通过到一些小学听课和参加一些大型的小学科学教学研讨会，我们不难发现，许多教师对计算机多媒体情有独钟，这里应该明确计算机多媒体是很好的教学媒体，但是由于小学科学是以动手实践为主的自然科学学科，小学科学教

师在设计教学策略时应该尽量设计一些有结构的实验材料，引导学生在实际操作中探究科学。

③选择合适的教学方法，有效完成教学目标。

由于小学科学的教学内容很庞杂，小学科学的教学目标虽然看似简单，但需要应用的教学方法很多。好的教学方法可以使教师高效地完成教学任务，实现教学目标。而教学方法选择不当，往往会制约教学目标的达成。因此，小学科学教师要根据教学目标和内容的差异，选择合适的教学方法。

④用整体的意识设计教学活动。小学科学教师在教学设计时，必须有全局的观念，否则教学策略的选择就有可能以偏概全、一叶障目。另外，教师在选择教学策略时，要首先从宏观上把握教学内容所应用的程序、方法和媒体的应用等方面，然后从具体教学环节方面加以考虑，也就是要遵循先总后分的原则。

3. 教学媒体的设计

教学媒体是指在教学目标实现的教学活动中，能用来传递和再现教育信息的现代化设备以及记录、储存信息的载体。例如，电唱机和唱片、幻灯机和幻灯片、投影机和投影片、录音机和录音带、录像机和录像带、计算机和光盘以及软盘和硬盘等。小学科学教学使用的教学媒体和其他学科使用的教学媒体一样，有广义和狭义之分。狭义的教学媒体包括黑板、教科书、教具和学具、图片、挂图、图表、参考书、实验工具及设备等传统教学工具以及投影、幻灯、电影、录像计算机多媒体和计算机网络信息等现代化的教学工具。广义的教学媒体除了上述涉及的媒体之外，还包括观摩示范、参观考察、见习旅行、参与活动（角色扮演）、实验、谈论、讲座等。

如果我们将教学媒体进行分类，会有多种分类方法。例如，可以按照材料来分、按照物理特性来分、按照使用途径来分和按照使用时间来分等。如果将教学媒体按照使用时间来分，可以分成传统教学媒体和现代教学媒体。传统教学媒体又可以分成直观实物教具媒体和示意介质教具媒体，直观实物教具媒体包括仪器设备、生活中的实物、标本、模型和模具、黑板和印刷材料等，示意介质教具媒体包括图表、图片、挂图等；现代教学媒体包括视觉媒体、听觉媒体、视听媒体、计算机媒体等，视觉媒体包括幻灯、投影、皮影等，听觉媒体包括录音、唱片（磁针、激光）、广播、师生谈话等，视听媒体包括电影、电视、录像、激光视盘和角色表演等，计算机媒体包括语音教学系统、计算机多媒体系统和计算机网络等。

实际上，教学媒体的选用属于教学策略的范畴，教学媒体设计属于教学策略设计的范畴，这里之所以将它单独拿出来研究，就是为了突出教学媒体在教学设计中的重要地位。小学科学教师在教学活动过程中经常要用语言、板书、挂图、模型、实物以及幻灯、投影、录音、录像和计算机等教学媒体来传递教学信息，它们都是必不可少的教学媒体，具有生动、形象、感染力强等特点，适合小学生的年龄特征。小学科学教师在教学过程中合理地选用教学媒体，既可以提高教学效率，又可以开阔学生的视野，充分调动学生的视觉器官和听觉器官的能动性，能够极大地提高感知效果，使小学科学的教学活动达到最佳效果。小学科学教师在教学设计时合理地选择教学媒体，筹划如何合理地应用教学媒体，这就是进行教学媒体设计。

小学科学教师在选择和应用教学媒体过程中要把握以下原则：

（1）把是否实用有效作为选择教学媒体的依据

教学媒体必须是实用的、有效的，切忌为了撑门面、玩花哨而使用教学媒体。小学科学课程标准和学生在一个学习阶段中科学知识、科学过程技能和情感态度价值观目标的要求是小学科学教师选择教学媒体的依据和出发点。教师要考虑这些教学媒体是否有利于学生在学习中更好地突破重点和难点。教师什么时候用实物媒体，什么时候用幻灯、DVD和计算机，什么时候用挂图，这些媒体的选择实际是由教学情境和教学目标决定的。集体授课时要选择那些展示教学信息范围较大的媒体，如投影、DVD、多媒体投影和体积较大较清晰的实物、挂图等；小组学习和个别指导时，就要选择那些展示教学信息范围较小的媒体，如实物、图表、仪器、模具等。

（2）教学媒体的选择要计算成本和结合本地实际

在选择和使用教学媒体时，既要考虑教学效果，也要考虑媒体本身的成本，力求节约，避免浪费，能用简单易行、低成本的教学媒体，就不要用复杂难寻、高成本的教学媒体。在现实条件下，小学科学教师要考虑所要选择的教学媒体是否容易获得，如果是可望而不可即的，所要选择的教学媒体即使再有效也是不切合实际的。小学科学教师在选择教学媒体之前一定要吃透教材的编写意图，如果教材中涉及的教学媒体和资源不易得，就可以考虑用本地的低成本的教学媒体和资源代替。客观地讲，现在的小学教学经费都不是很宽裕，小学科学教师在选择教学媒体时一定要考虑教学媒体的成本，要选择那些既能够达到良好的教学效果，又易于获得的、低成本的教学媒体。

（3）在教学中要将多种教学媒体综合在一起应用

由于传统教学媒体和现代教学媒体种类繁多，性能各异，在表现方法和使用效果上各自存在着优缺点，没有一种教学媒体能够满足一个教学内容的多个教学环节，也没有一种教学媒体能够满足一切教学内容、教学对象。在小学科学教学实践过程中，让多种教学媒体相互补充，综合运用，发挥各种教学媒体的优势，容易使学生产生生动、形象、直观、新颖的感觉，产生极强的感染力，有利于小学科学教育目标的达成。这里所说的教学媒体，不仅包括计算机多媒体、幻灯、投影等电教媒体，还包括仪器设备、实物、模具、教材、挂图等传统教学媒体。应该明确，在一个教学活动中，不是要求教师尽量应用所有的教学媒体，而是在选择和应用中还应该采用少而精的原则，要恰到好处，不是多多益善。

在科学技术飞速发展的今天，学生是生活在一个信息环境中。现代教学媒体能进一步激发学生的学习兴趣；能针对学生学习能力的差异调整教学进度，提高学习效率；能培养学生的自我教育能力，为终身教育打基础。由于小学科学教育是培养学生在探究情境中形成科学素养的基础学科，教师在引导学生进行科学探究活动时应该在如何创设探究情境引导学生动手、动脑，培养学生科学综合素质上多动脑筋。当然，如果利用现代化的教学媒体能够更有利于小学科学教育目标的达成，我们还是提倡适当应用一些现代教学媒体的。

小学科学教师在教学过程中应有效利用现代教学媒体，使现代教学媒体在教学中真正发挥作用，成为教学中的有效手段。单就计算机多媒体来讲，小学科学教师在进行教学媒体设计时应注意以下问题：

①根据教学内容，合理设计、使用计算机多媒体。在教学中何时、何处使用计算机多媒体，都离不开为教学目标服务这一宗旨。因此，要全面考虑教学内容的需要，充分研读教材，适时、适度地选择教学媒体，以充分展示小学科学探究教学的魅力。对小学科学教师来讲，要摒弃所有的课程都要用现代教学媒体的观念，并不是只有用了现代教学媒体，教师的教学效果和学生的学习效果才会好。在教学实践中，应选用适合教学内容的

现代教学媒体，使教学内容与教学形式相统一。媒体展示教学内容，若使用的不得法，可能使学生的形象思维局限于计算机多媒体中出现的画面，不利于创造思维的培养，还可能导致学生注意力分散，只注意了好看的画面、好听的声音，而不进行思考，反而事倍功半。

②根据学生的学习状况设计、使用计算机多媒体。教师在设计课件时，应考虑到不同年龄阶段学生的差异，如心理特征不同，知识基础、生活经验不同，因而接受能力也就有所不同。小学低年级学生有意注意的时间比较短，抽象思维能力较差，机械记忆、形象思维相对占优势。在设计课件时，就可考虑多做一些色彩鲜艳、生动有趣的动画，吸引学生的注意力，引起他们的兴趣，以帮助他们理解。到了中高年级，随着生活经验、知识的逐渐丰富，学生感知抽象语言的能力也随之增强。在小学科学教学中，教师可适当减少形象性的画面，取而代之的是较为复杂的有结构的实物材料。计算机多媒体应该是一个辅助手段，只有让学生在探究的情境中才能体味科学学习的真谛。

除了上述重点谈到的计算机多媒体之外，在一些有条件的城镇小学，科学课程的教学也可以根据教学内容和教学目标设计情况适当运用以下现代教学媒体：①各种音视频教学媒体，如幻灯、投影、录音、录像、广播、电视等，它们可以为学生提供许多无法亲身体验的信息，开阔学生的视野，使学生的逻辑思维和想象思维能力向常规媒体无法达到的境地延伸。②计算机软件，各种计算机辅助教学软件、文字处理软件、flash 等画图软件，甚至包括某些智力游戏，都是很好的教学资源或工具，这些工具可以帮助师生获得传统教学媒体无法完成的实验观察效果。例如，人体血液循环中什么是动脉血，什么是静脉血，什么是肺循环，什么是体循环。又如，人体呼吸系统与保健、人体大脑与神经系统工作机理、真菌与细菌和人类生活之间的关系等，这些人们每天都离不开、对人类自身发展至关重要，但特别抽象的生命活动过程和现象，教师在引导小学生进行科学探究活动中，都可以用计算机模拟来代替，帮助学生进行探究、理解。③计算机网络，包括各种局域网（如校园网、地区网）和国际互联网。小学科学老师可以根据一些教学内容的特殊性，适当地利用计算机网络资源，如登录中央气象台网站和省气象局专业网站查阅相关气象信息，将它们链接到校园网上，建立学生自己的科学网站，发布气象消息；教师还可以利用网络上独有的有关动植物、岩石、古迹等相关教学资源进行教学设计活动。

二、科学地备课

小学科学教师和其他学科教师一样，在学生开学前都要进行备课。实际上，备课是教师的日常工作，是上课前的一切准备活动。

（一）常规准备

小学科学教学的常规准备工作包括以下四个方面：

1. 研读课程标准和教材，掌握教学精髓

小学科学课程标准是小学科学教育的风向标，小学科学教材是小学科学教育的重要资源，小学科学教师只有细细研读小学科学课程标准和小学科学教材，领会课程标准的基本要求和教材的编写意图以及教材中蕴涵的教学目标，才能把握住教学的出发点和基本点。当然，教学准备过程中了解学生关于学习内容的原认知水平也是至关重要的。

2. 阅读和收集教学有关资料

当今社会是一个科技高度发展的社会，新知识、新科技成果日新月异，现代国际教师教育的发展要求小学科学教师必须有自我发展的能力、自我学习的能力，也就是现在提倡的教师要有自我专业成长的能力。小学科学教师要跟上时代的步伐，必须不断地学习。由于信息流通的渠道非常广泛，现在的小学生对外获取信息的途径也是各不相同，在一些领域学生了解的内容可能比老师还多，教师要顺利完成教学任务，除了全面熟悉教材内容、适当开发和利用教材以外的教学资源外，还应广泛阅读与小学科学学科有关的报纸、杂志、书籍及其他资料，不断丰富自己的专业知识，并从中选取适合学生探究学习活动所需要的内容，以拓宽学生的视野、激发学生学习兴趣，保持学生旺盛的探究欲望。目前，可供小学科学教师参考的专业期刊有《科学课》《中国教育学刊》《外国中小学教育》《国外教育动态》《大自然》《人民教育》《课程·教材·教法》《中小学教材教学》《中小学教学研究》《小学教学研究》《中小学电教》《北京教育》《辽宁教育》《知识就是力量》《科学画报》等。另外，《人民日报》《中国教育报》《光明日报》《小学生学习报》等报纸上发表的文章也可以作为小学科学教师教学准备的参考。全国各地有关出版社还先后出版了大量适于小学科学教学参考的书籍、工具书等。此外，还有很多小学科学教育的专业网站，也为小学科学教师提供了非常丰富的教学资源。

3. 搜集实验材料，制作教具

小学科学课程提倡实现科学教育课前、课上和课后的延伸，提倡小学生和教师一起参与科学教育活动的准备过程。同时，小学科学又是一门注重参与性和动手实验性的自然学科，在教学中大力开展以培养学生科学探究过程技能为主的实验教学，增强教学的实践性和直观性，是提高教学效果不可缺少的教学手段。所以，小学科学教师平时应注意及时搜集、保存实验材料，如采集植物制成标本、饲养小动物和种植观察植物等。

小学科学教学进行以探究实践为主的直观教学，需要许多教具，除国家出版部门、教具生产部门供应的外，教师可以自制一些简易实用的直观教具，这些教具往往是将我们生活中的一些废弃物品稍加改造而成，如将废弃的饮料瓶稍加区别，就可以作为“比较水的多少”的容器。又如，将我们生活中废弃的铜钥匙、白钢钥匙、废旧的铜线、铁线、铝线等收集在一起，选择相同粗细、长短的金属材料做成“金属与热的传导”的实验装置等。

4. 熟悉周围自然环境，广泛挖掘各种社会资源

学生生活的社区环境、农村环境有广泛的、往往被我们忽视的自然资源。教师应熟悉学校及周围的自然环境，可以结合教学内容带领学生去野外观察生态环境和采集标本，或直接利用各种资源进行探究性学习。这不仅能激发学生学习生物学的兴趣和求知欲望，扩大知识面，而且对培养学生的观察力、识别力和分析问题、解决问题的能力等都是非常有益的。同时，应该较广泛地利用科技场馆和学生家长以及其他的人力资源，为小学科学教学活动服务。

（二）制订教学计划

教学计划是指教师教学的各种计划，一般包括学年（或学期）教学计划、单元教学计划和课时教学计划等。小学科学教师要完成教学目标，就必须在研读课程标准、理解教材中体现教学目标的内涵，了解学生认知水平的前提下，对教学内容、教学策略、教学方法、教学媒体和课时分配等进行周密的筹划，制订出各种教学工作计划。

1. 学年（或学期）教学计划

学年（或学期）教学计划是新学年（或学期）开始之前（一般是学生

开学前一周）由教师根据课程标准和学校工作计划的要求制订的。小学科学的教研组长应该和全组教师共同研究制订学年（或学期）教学计划，教学计划必须符合学校的总体要求和课外活动安排，不能和学校的总体计划发生冲突。教师的教学计划一般要求一式三份，一份交教务处，以便教育行政部门和学校领导检查；一份交教研组，便于教研组长检查教学和教师互相听课使用；一份教师平时教学使用。

一般地，小学科学教师制订的学年（或学期）教学计划通常包括以下内容：本学年（或学期）总的教学目标，这是在研读课程标准、吃透教材精髓以及掌握学生认知能力的基础上制订的。它包括科学知识目标、科学过程技能目标和情感、态度价值观目标三个方面；确定教学内容的重点和难点，教师应在吃透教材精髓的基础上，分析和掌握教材的内容和特点，明确教材的重点和难点。这样才能引导小学生进行科学探究活动，也能在实际教学过程中随机处理可能发生的教学准备过程中意想不到的事情；确定授课时数，安排教学进度应考虑学年（或学期）实际教学周数以及节假日、季节冲突等客观影响因素。

2. 单元教学计划

小学科学教师在制订单元教学计划时，首先要考虑教材的编写顺序是否适合本地和本校的实际，是否适合实践发展的顺序、季节的顺序，是否适合教学本身的实际；还要考虑教学内容是否适合本地实际，如果不合适，教师要根据具体情况调整。例如，某出版社出版的义务教育课程标准实验教科书《科学》五年级上册（2003 年第一版）第一单元"生物与环境"，内容涉及"设计种子发芽实验、从实验中获得信息、秋冬季的生物、动物的栖息地、建立栖息地、记录动物的特征"等，客观地讲，这些教学内容无论是设计理念、教学目标的创建，还是教学内容的选择都非常好，教材本身是无可挑剔的。但是，这些教学内容要在一段连续的时间内完成显然是不切合实际的。例如，研究种子的萌发情况，在大自然条件下是不可能的，只有在实验室，只有在花盆中进行；学生刚刚接触五年级上册教材是初秋季节，可是要研究深秋和冬季的生物要等到十月份、十一月份，显然这部分教学内容是不适宜在开学初进行的。小学科学教师在制订单元教学计划时就要考虑到这些方面，将一些教学单元的内容"打乱"，重新调整教学顺序，使得每一部分教学内容都能和所在的地域以及学生的实际相适应。

其次，根据教学内容的重点和难点，并根据学生实际选择适当的教学策略和方法，选择合适的教学媒体，做好教学的物质准备。

单元教学计划一般包括以下内容：单元的教学目标；单元的编排体系和教学内容；单元的重难点；教学的主要组织形式教学策略和方法以及教学媒体；教具和学具等物质准备；教学进度。

3. 课时教学计划

小学科学的课时教学计划是教师和学生进行科学探究活动的计划，又被称为教案。教案包括课题、学情分析（教学内容分析、学生分析）、教学目标、教学重点、教学难点、教学准备、教学过程、教学反思等。关于制订课时教学计划，下一节将进行详细的分析，在此不再赘述。

第三节　小学科学教案写作

小学科学的教案设计，无论是对于小学科学教师还是对于小学科学教育都是至关重要的，因为只要有好的教案设计，再加上教师和学生的精诚合作就能完成小学科学的教学目标，就能实现提升小学生科学素养的目的。小学科学的教案一般包括课题、学情分析（教学内容分析、学生分析）、教学目标、教学重点和教学难点、教学准备、教学过程、教学反思等，下面我们一起详细分析。

一、课题

小学科学教案的课题是指小学科学探究活动的题目名称，虽然只有几个字，却将师生要共同进行的科学探究活动表述了出来，是科学学习活动中心和主题的精炼表述。例如，《食物的营养》《动物的自我保护》《比较水的多少》和《血液是怎样流动的》等。

二、学情分析

从严格意义上讲，小学科学的学情分析应该包括教学内容（教材）分析和学生分析，也就是说既有对学习主体的分析，也有对教学内容的分析。到目前为止，国内关于学科课程与教学论方面的专著，涉及学情分析方面的论述，大部分涉及教材分析和学生分析，也有部分专著仅涉及教材分析。现在的小学科学教学活动和其他学科一样，“用教材教，而不是教教材”的教学理念已经成为广大教师教学实践的指导思想，因此当我们进行学情分析时，涉及的不仅是教材，还应该有教材以外的广泛的教学资源，而教材和教材以外的教学资源构成的恰恰是教学内容。

小学科学教案设计之所以要进行学生分析，是因为小学科学教育的受益者和活动主体是学生。由于学生的家庭环境、生长背景、智力水平、对学习内容的原认知水平各不相同，教师在备课时如果不进行学生情况分析，教学设计就可能脱离学生实际，所从事的探究教学活动就不能达到理想的效果。因此，进行学情分析是至关重要的。

教学内容是为学生进行科学探究活动服务的，教学内容的分析也是建立在学生分析的基础上的。教学内容分析包括本课涉及哪些教学内容，通过什么样的活动展示这些教学内容，用什么样的教学方法和策略实现所涉及的教学内容等。

三、教学目标

小学科学的教学目标包括知识目标、过程技能目标以及情感、态度价值观目标。确定教学目标要根据课程标准的要求，结合学校和学生的实际，确立切实可行的教学目标。目标的描述要具体，尽量用可揣度的词语，体现实用性，难度适中，便于操作。也就是对小学科学教学目标的表述必须详细，说明目标内容时要运用小学科学的专业术语来描述，同时要阐述清楚：是“谁”在“什么条件”下，从事“什么活动”，达到“什么程度”。

四、教学的重点和难点

教学的重点是指本课时教学中需要学生在知识方面、科学探究过程技能方面以及情感、态度价值观方面重点掌握和达到的目标或程度。教师在掌握教学内容（主要是以教材为代表的教学资源）后要对教学内容的关系进行分析，再根据课程标准对各部分内容的目标要求确定教学内容的重点。一般说来，每节课的重点不能太多，以 1—3 个为宜。教学过程中教师要采用适当的教学方法突出重点。

教学的难点是指在教师引领下小学生所经历的科学探究活动中，应用常规的教学手段和方法较难掌握和达到的教学目标或程度。难点的确立要结合学生的年龄、心理、认知能力进行，难点往往是那些逻辑性强、较抽象的概念、原理和现象等。所以，小学科学教师在教学准备之前必须了解学生，教学中可采取将难点分散的方法降低难度，并尽量采用直观手段进行突破。

在教学中要突破重点和难点，就要选择适宜的教学方法，只有选择适当的教学方法，才能保证教学任务的完成。教学方法的选择要依据教学目的、内容、学生实际和学校条件、教师特长而定。小学科学课要多用直观的教学手段，利用观察、实验、调查等，教学中多引导学生在探究的情境中利用有结构的材料进行探究学习，特别是随着教学设备的现代化，教师可以适当借助多媒体教学手段使课上得更生动、直观、有趣。

五、教学准备

小学科学的教学准备包括教师准备和学生准备。

教师准备主要是准备在教学过程中必备的教具、实验材料、计算机课件、相关的仪器和设备等。教师在准备教具或实验材料时要根据教学内容，特别是针对重点和难点选择恰当的直观教具，同时做好必要的实验准备，以增强感性认识，帮助学生理解和记忆知识、掌握科学过程技能和情感、态度价值观目标。

由于小学科学新课程提倡科学教学内容要实现课前、课上和课后的延伸，调动学生学习科学的积极性、主动性，鼓励学生参与科学探究活动的前期准备，因此教师在课前应该安排学生进行适当的课前准备。学生准备包括课前调查、查阅相关的资料、收集实验材料、动手制作学具等。

六、教学过程

教学过程包括教学导入、探究合作学习、师生评价和总结延伸、课外作业等。

教学导入对一节课的成功进行是至关重要的，因为它决定这节课学生的学习积极性是否被调动起来，所要研究的内容主体方向是否正确，导入的内容是否有利于学生提出一些值得深入探究的问题等。小学科学教师在备课时应重视这一教学环节，尽量创设情景，帮助学生发现问题，提出问题，使学生明确要学习和掌握的内容，进而激发学习兴趣和探究欲望。导入的方式很多，有故事导入法、探究情景导入法、演示实验导入法、游戏导入法、谜语导入法、问题导入法、直接导入法等，教师在教学设计时可以根据自身的教学风格和教学内容设计出合适的导入方法。

小学科学的探究合作学习是小学科学教育的中心环节，在探究合作学习中，教师可以根据教学内容选择探究学习七个环节中的部分或者全部，设计教学过程，完成小学科学教学目标，这里不再赘述。

师生评价和总结延伸部分实际上不是在小学科学探究活动接近尾声时才出现的，而是伴随着科学探究过程的每一个教学环节的。当小学生每经历一个教学环节就涉及教学评价，有学生评价、教师评价；有语言评价，也有肢体评价；有过程性评价，也有终结性评价。同样，在教学环节中涉及的总结延伸是过程性总结和延伸，而在探究教学进行到结束时涉及的总结延伸就是终结性的总结和延伸。

应该说，课外作业或者是课后作业往往是许多小学科学教师容易忽略的环节，实际上这一环节是很重要的部分。一节科学探究课的结束，绝不是科学探究活动的结束，一节再完美的课也会有很多值得深入研究的问题，何况我们平时上的课不能保证都是精品；一节让学生感兴趣的课也一定有许多让小学生意犹未尽的地方，这些都是教师引导学生需要课后思考和自行探究的地方；另外，往往一节课的结束也是下一节课的开始，教师可以安排学生进行资料查询、材料搜集和学具制作等，这些都是教师可以考虑的课后作业。

除了上述教学环节中必须涉及的几个部分，小学科学教师还必须设计下面几个部分：

需要探究的问题、启发性思考题和讨论题、巩固性探究活动和教学环节中主要环节的导语，是教师在教学过程中必须精心设计的。教师可以提出一些适于学生思维的启发性问题，这些问题要针对性强，简洁明了，并有一定的机动性，以便结合课堂实际灵活运用。同时，现在的小学科学教学提倡培养学生的问题意识以及解决问题的能力，因此在设计上述问题时应该由教师提出一些有价值的问题，逐渐向引导学生提出有价值的问题过渡，由不放手逐渐向放手过渡。

时间分配。小学科学教师在设计教学过程时要对各个教学环节所需的时间有一个较恰当的估计，以便合理地分配并充分利用教学时间。

设计板书提纲。板书作为传统的教学直观手段，可以帮助学生了解科学探究活动的顺序和过程，把握教材的知识结构，了解教学重点。板书的形式多种多样，可以是纯文字，也可以图文并茂。教师在设计板书时要做到条理清晰、简明科学、重点突出，要注意系统性和书写规范。

七、教学反思

教学反思往往是当一个较完整的科学探究活动完成之后，或者是一节课结束之后进行的，小学科学教师在设计一节课的教案时是做不到的。当教师宣布一节课结束之后，也就宣布这节课已经告一段落了。那么，们为什么还要增加这一环节呢？这主要是出于以下考虑：任何一个成功的科学探究活动都是经过几次，甚至是多次的“否定之否定”的过程，小学科学教师必须经过反复地肯定与否定自己的过程才能实现自身不断成长，而每一次否定自己的过程都会有很多成功和失败，如果把每一次教学过程的反思都记录在案，那么就会为自己和同行留下很多值得参考的文案资料；况且，人的记忆能力是有限的，当经过一段时间之后，再好的反思和感悟也会忘记，尤其是当教师来年同样的时间再准备同样的课程时，过去的经历，尤其是教学反思往往是通向成功的捷径。因此，我们的小学科学教师要重视教学反思，每堂课结束以后，一定要安排时间，静下来好好反思一下，将自己在这堂课中的收获和遗憾以及修正设想记录下来，为自己以后的教学做一下“活期储蓄”。

第四节　核心素养导向下的小学科学教学实施

为了体会和领悟教学设计各部分的具体结构以及教学设计在教学中的作用，下面引用四个原汁原味的、各有特色的教学设计及反思。

第一个教学设计是苏教版科学实验教材《铁钉生锈了》一课，这一课是以探究为主的实验课，通过对比实验的方法，重点培养学生提出问题、实验假设、实验验证、合作交流的能力；通过引导学生较长时间的观察、记录，培养学生持之以恒的科学品质；教师在教学中引导学生多动手、多思考、多交流，教师在多听、多看、多感受学生的学习变化中，在适当的时候进行点拨，培养学生的探究能力，提升学生的科学素养。第二个教学设计《神奇的磁力》是以实验为主的科学探究课，教师通过有结构的实验材料，设计以游戏和探究相结合的教学方式，采用以实验法为主的教学方法组织教学，学生通过看得见、摸得着的实验材料，得到直观、生动的感性认识，培养学生学习的主动性、能动性；激发学生的学习兴趣，提高实验探究能力。同时，在采用“实验法”的基础上，结合“观察法”“讨论法”“谈话法”等方法进行教学。第三个教学设计《天气与生活》是一节教学资源整合课，教师在教学设计中一是充分挖掘学生的教学资源，利用学生已有的生活经验，同时鼓励学生广泛收集社会中散在的关于天气预测的社会资源；二是挖掘网络资源，设计思路时教师要有充分利用各种资源的意识，也要使学生具备这种意识，学习利用身边的资源进行科学探究，制作多媒体课件，有效利用学校的气象监测站资源为教学服务。第四个教学设计是《唤醒种子里的生命》，让学生通过观察种子生长的过程，体会生命的力量。希望这几个来自于教学一线的优秀教学设计能给我们更多的启示和收获。

一、《铁钉生锈了》教学设计

教学目标

1. 观察生有铁锈的物品，对铁生锈的条件提出假设，并设计实验进行验证。

2. 对同伴设计的验证实验方案进行评价，并能完善自己的设计。

3. 持续一周观察和记录实验现象。

4. 交流验证实验结果，对防止铁生锈提出建议。

5. 了解铁生锈的基本条件是与水和空气接触的铁容易生锈；了解防止铁生锈的基本方法。

6. 能运用简单器材设计对比实验，观察实验现象，并及时记录实验结果。

7. 能参与较长周期的探究活动，愿意合作与交流，尊重证据。

8. 关心与防锈有关的新科技，乐于用所学知识改善生活。

9. 愿意参与评价，并愿意吸取他人所长，补己之短。

教学重难点分析

设计对比实验验证对铁生锈条件的假设，观察铁生锈过程；设计较完善的实验验证假设；观察时能坚持到底。通过教师引导学生设计和学生之间的评价来完善实验方案；通过师生共做和同伴之间相互交流促使学生坚持观察。

教学用具准备

教师准备：生锈的铁器、无锈铁器、蒸馏水（或凉开水）、植物油、干燥剂、砂纸、《铁钉与水和空气同时接触生锈实验》课件。

学生准备：搜集生锈的铁器、无锈铁钉、透明塑料保鲜袋、细线绳（或皮筋）。

教学过程

第一课时

（一）观察生锈的铁器，对铁生锈条件提出假设

1. 教师出示无锈铁器和生锈铁器，引导提问：除了形状不同，这两件铁器最明显的不同是什么？在什么地方见到过铁生锈？

2. 学生分组活动：观察铁锈的特点。

3. 全班交流：与铁生锈有关的信息及提问。

4. 教师补充信息后提出问题：

刚才，同学们提出的问题都集中在两个方面：一是铁钉为什么会生锈；二是怎样防止铁钉生锈。我们先来研究第一个问题。根据你们的生活经验，铁钉和什么接触后容易生锈？根据什么（生活经验）提出这种假设的？

5. 学生分组交流，达成共识，提出假设，讲述理由。

6. 全班交流：汇报假设，教师简单板书，统计选取不同假设的学生人数。

（二）设计验证实验，评价和完善实验方案

1. 教师引导学生设计“铁钉生锈是与水接触有关”的验证实验方案

（1）教师引导谈话：我们共同来设计“铁钉生锈是与水接触有关”验证实验方案，实验方案应该包含哪些基本内容？学生分组交流后汇报方案包含的基本内容。

（2）教师引导谈话：为了让实验更有说服力，我们最好采用对比实验的方法。针对“铁钉生锈是与水接触有关”的假设，我们要制造两个不同的环境才能使实验产生两个不同条件而具有对比性。要制造这两个不同的环境，怎样做?

（3）学生发表见解。

（4）教师引导谈话：介绍实验器材及用途。这个实验需要哪些器材?实验步骤怎样设计？要观察到实验现象大约需要多长时间合适？

（5）学生领取《实验方案》设计用纸，分组设计方案。

（6）师生共同评价一个小组的实验方案，将方案补充完整。

2. 学生设计“铁钉生锈是与空气接触有关”验证方案

（1）学生领取《实验方案》设计用纸，分组设计实验方案。

（2）全班交流：汇报实验方案，师生就方案的完整性和可行性进行评价。

（3）学生修改完善实验方案。

（三）师生组装实验装置

1. 学生分组选择一种假设，根据方案选取实验器材，组装实验装置，置于教室某处。

2. 选择“铁钉生锈是与水和空气同时接触有关”的学生观看《铁钉与水和空气同时接触生锈实验》课件，然后分组选取实验器材，依据课件组装实验装置。

说明：如果没有学生提及“铁钉与水和空气同时接触生锈”，则此步骤省略。

3. 教师选取“铁钉与水和空气同时接触生锈”实验器材，组装实验装置，与学生的实验装置同放一处。

（四）课堂学习小结，提出实验观察要求

1. 学生谈本课学习中在知识与态度等方面的收获。

2. 教师谈话：铁钉生锈实验可能需要一段时间才能有结果，我们在这么长的时间里应该做哪些事情呢?

3. 学生提出见解。

4. 教师提示学生：坚持不懈，注意观察，交流发现，及时记录。

（五）教师布置拓展作业

搜集“防止铁生锈”的信息。

第二课时

（一）交流实验结果，分析铁钉生锈原因

1. 教师谈话：一周前，我们一起对铁钉生锈的原因做了验证性的实验，今天，我们一起交流实验结果。

2. 学生汇报实验中观察到的现象，教师简单板书。

3. 学生根据实验事实，分析讨论铁生锈的原因。

4. 师生共同总结铁生锈的条件：与水和空气接触的铁容易生锈。

5. 教师简介：铁接触酸、碱、盐等物品后也容易生锈。

（二）交流防锈的方法

1. 教师引导讨论：根据铁生锈的原因，如何防止铁制品生锈呢？看哪个组列举出来的做法多。

2. 学生分组比赛：尽量多地列举生产、生活中的防锈做法。

3. 全班交流，达成共识。

（三）教师布置拓展作业

1. 除了铁容易生锈之外，其他的金属也有生锈现象。搜集其他的生锈金属，观察锈的特征。

2. 观察家中的金属制品，研究人们是怎样防止金属生锈的。

3. 实验探究：铁接触酸、碱、盐等物质后容易生锈。（选做）

教学反思

1. 做足"创设提出问题的情景"文章。"观察生锈物品"是一个引导性活动，观察活动能激起学生的学习兴趣，学生会由此进入探究问题的情景中。在这个情景中，学生自然会发现问题，相互交流要探究的问题。此处情景的设计，要注意接近学生的生活实际，更要注意给学生提供较充足的相互交流时间。这样，学生的思维才会进入情景中，进而产生研究问题的渴望，就会全身心地投入研究之中。

2. 提出假设要讲清理由。学生进入探究的情景中后，会根据他们的生活经验，展开想象的翅膀，积极思考、大胆预测生锈的条件。在这个环节中，教师要注意引导学生从生活经验中找到假设的依据，这对引导学生正确分析问题是有利的。

3. 提供有结构的实验材料，评价完善实验方案。假设提出以后，需要设计一个较完整的验证性实验来验证假设的正误，学生能否设计出基本的实验做法，取决于教师能否提供有结构的实验材料。所以，教师要在提供的实验材料上多考虑，要使学生一看到材料便知道是做什么用的，不要让学生去猜材料有什么用途。

学生设计了验证方案以后，会急于进行实验，这时，教师一定要组织学生对方案的完整性和可行性进行交流，较好的方法是让学生之间相互评价。

4. 让学生多思考、交流和动手。教师在整个教学活动中应该扮演倾听者和引领者的角色。要注意让学生多思考、多交流，教师可以多听、多看、多感受学生的学习变化，在适当的时候，教师进行点拨。这样，学生的学习活动才会更多地体现出自主发现的过程，对培养学生的思维能力大有益处。

二、《神奇的磁力》教学设计及说明

学情分析

本课是湘版义务教育课程标准实验教科书《科学》三年级下册第四单元《磁铁的奥秘》中的第一课，本单元作为物质世界的探究，以“磁铁”为教学载体，设计了“神奇的磁力”“司南的启示”“磁铁游乐场”等三课。前两课引导学生分别探究磁铁的磁力、磁极、磁铁能指南北方向等性质和磁极相互作用的规律，第三课引导学生综合应用前两课所学的知识来解决问题，整个单元呈现的是“分—总”的结构。

《神奇的磁力》从认识磁铁的基本性质磁力和磁极入手，为此在本课中设计了“花丛中飞舞的蝴蝶”的教学引入活动以及“探物游戏”“哪里磁力大”两个探究活动。

磁铁吸铁这一现象是学生在日常生活见过的，是已有的生活经验，但对科学概念“磁力”“磁极”却并不清楚。因此，在本节实验活动中重点是帮助学生知道磁力，知道磁力最大的部分是磁极。在“哪里的磁力大”的活动中，难点在于怎样引导学生依照“问题—猜想—设计—实验”的过程展开探究，设计实验找到磁极。

教学目标

1. 能根据观察到的现象，提出自己的猜想。

2. 能通过实验获取事实并得出结论。

3. 在实验中进行实验技能的训练。

4. 在实验中意识到尊重科学事实的重要性。

5. 认识磁铁能够吸引铁，知道磁铁有磁力。

6. 知道磁铁磁力最大的部分是磁极。

教学重点

知道磁铁有磁力；知道磁铁磁力最大的部分是磁极。

教学难点

能学习设计、开展实验，获取事实后总结出磁铁有“磁极”。

教学准备

条形磁铁、蹄形磁铁及其他形状的磁铁，橡皮筋、回形针、牙签、纸屑、图钉、大头针、塑料环、玻璃棒、铜棒、铝棒、桃花图画、蝴蝶图片等。

教学过程

（一）教学导入：“花丛中飞舞的蝴蝶”

1. 播放学生春游视频。

2. 出示桃花图画，引导学生设计“花丛中飞舞的蝴蝶”。

播放学生春游视频，旨在引起学生回忆，调动学生已有的生活经验。出示桃花图画，讨论怎样让画面更生动有趣，引导学生设计“花丛中飞舞的蝴蝶”的动态效果，从而激发学生兴趣。

（二）介绍各种磁铁名称

（三）认识磁力活动：“探物游戏”

1. 猜想磁铁能吸引哪些物体，不能吸引哪些物体。

2. 教师引导学生讨论用什么方法进行实验（将物体从盘子里一样一样拿出来，用磁铁从不同方向接近被实验物体）。

3. 学生实验。

4. 汇报实验结果。

5. 教师提问：“能被磁铁吸引的物体是什么材料做的？”

引导学生总结，使学生认识磁铁能够吸引铁的事实，进而认识磁力（磁铁的这种吸引力就是磁力）。

（四）认识磁极活动“哪里磁力大”

1. 引导学生讨论磁铁各部分的磁力大小。

2. 各小组讨论怎样设计实验。

3. 学生进行实验。

4. 教师引导学生进行归纳、总结。

（1）各种形状的磁铁，都有一些共同的性质——不同部位磁铁本领不同。

（2）磁铁各部分的磁力大小并不相同。

（3）磁铁磁力最大的部分称为磁极。

（五）小结

谈话：通过以上的实验我们知道了磁铁有磁力——能吸引铁；磁铁有磁极——磁力最大的部分，这就是我们今天学习的内容——神奇的磁力，现在请你们来体验用磁铁制造“花丛中飞舞的蝴蝶”的乐趣吧！

教学设计说明

《小学科学课程标准》（实验稿）中明确指出，小学科学的学习方式以科学探究为核心。亲身经历以探究为主的学习活动是学生学习科学的主要途径。科学课程应向学生提供充分的科学探究机会，这样才能体验学习科学的乐趣，增长科学探究能力，获取科学知识，形成尊重事实、善于质疑的科学态度。因此，在本次活动中教师遵循这一原则，组织和安排课堂教学活动。

根据本课教学内容的特点，联系小学生对实验操作很感兴趣的实际情况，在本课教学中采用的教学方法主要为“实验法”。学生能看得见、摸得着，在实验过程中得到直观、生动的感性认识，有利于培养学生的学习主动性、能动性；有利于激发学生的学习兴趣，提高实验探究能力。同时，在采用“实验法”的基础上，结合“观察法”“讨论法”“谈话法”等方法进行教学。

为顺利完成本课制订的知识与技能目标，抓重点，破难点，在课程标准理念的指导下，在课堂教学中教师着重教给学生“提出问题—猜想—实验证明—得出结论—应用”的科学探究的学习方法。同时，以观察、提问、讨论、小组实验等活动为载体，开展学生自主性探究式学习，以培养学生的自学能力和协作学习能力。

根据本次活动制订的教学目标，遵循科学研究过程的一般规律，联系小学生的生活实际，本着优化课堂结构的思想，本课教学设计了以下三个主要环节：

1. 从问题开始，激发兴趣，导入新课

一个活动的顺利开展主要在于教师的正确引导和学生的积极参与。针对小学生好奇心强、求知欲旺盛的特点，在教学引入环节通过活动“花丛中飞舞的蝴蝶”来激发学生的学习兴趣。

2. 用活动展开，解决问题，获得新知

这是本课教学的中心环节，也是突破重难点的重要环节。这是因为新的科学课堂要求教师必须树立以“活动”为载体的基本理念，以“活动”为载体是指课堂教学要以活动为主，以学生的亲身实践、亲身体会为主线，通过活动组织课堂教学。人们对知识的理解是通过思维活动实现的，而思维只有在丰富的感性认识的基础上才能进行。所以，这部分就是通过指导学生从观察入手，亲自操作实验，经过分析思考，了解客观现实，获得生动、具体的感性认识，并逐步形成理性认识。这一部分安排了两个实验。

第一个实验，指导学生认识磁力，做“探物游戏”。

这个实验是本课的教学重点，主要采用引导学生定向探究的学习方式。首先，教师给出材料请同学们猜想：磁铁能吸引哪些物体？待学生猜想后，让学生讨论怎样进行实验，从而引导学生采用合适的实验方法。然后，通过动手实验让学生来验证自己的猜想。最后，通过汇报实验结果，引导他们总结出能被磁铁吸引的物体是铁做的，使学生认识磁铁能够吸引铁的事实，进而认识磁力。

第二个实验，指导学生设计实验“哪里的磁力大”。

在这个实验中，教师引导学生开展探究式学习。首先，让学生回忆“磁铁是怎样吸起许多大头针的”。接着，提出问题“磁铁不同部位吸铁的本领相同吗”，请学生设计简单易行的实验方法，并进行讨论，这样进一步培养学生设计实验的能力，激发学生的研究兴趣。待学生选出一种简便的实验方法后，让学生充分实验，大胆操作，目的是引导学生自己探索、自己获取知识，从而享受成功的喜悦。最后，通过讨论汇报得出结论：磁铁两端的磁力最大，教师给出科学概念“磁极（磁铁磁力最大的部分称为磁极）”。

在整个研究活动中，学生可能在学习中提出问题，教师应及时引导，让学生自己在探索实践中得到解决，从而形成正确的认识。教师始终作为学生学习的伙伴和合作者，亲身介入学生的科学探究活动，并对学生在科学探究活动中的突发情况及时修改调整，有效地推动学生的科学探究活动。这样既体现学生是科学探究的主体，教师是科学探究的主导，又使学生通过科学探究的活动，体验到学习科学的乐趣，增长科学探究的能力，同时形成尊重科学知识、善于质疑的科学态度。

3. 联系实际、深化认识，以活动结束

在这个环节中，教师带领学生再次进行“花丛中飞舞的蝴蝶”的游戏活动，引导学生将所学知识运用于实践，这样设计的目的是为了巩固所学知识，强化已有概念，同时培养学生爱科学、学科学、用科学的兴趣。通过以上教学活动环节的设计，希望学生能充分发挥自身的能动性，在教师引导下，经历“提出问题—猜想—实验证明—得出结论—应用”的科学探究程序，顺利地完成本课教学目标。

三、《天气与生活》教学设计与反思

教学目标

1. 认识到天气对人类生活的影响，知道了解天气、预知天气很重要。

2. 体验科学探究中证据的重要性，知道科学探究必须尊重证据。

3. 欣赏、体验大自然的美，意识到人与自然应该和睦相处。

教学准备

学生准备：

1. 搜集几幅自己最喜欢的天气图片。

2. 搜集有关天气的谚语。

3. 调查、了解不同的天气中人们的生活和工作情况，搜集相关的图片及资料。

教师准备：

补充、搜集不同天气的美丽图片、天气与生活的关系的图片、影像及资料，气象学家的故事，有关天气的谚语等教学资源。查找、验证、选择相关网站，如中国气象影视信息网、新浪网天气预报、天气在线等。

教学过程

（一）引入

1. 谈话：同学们，今天的天气怎样？谁来说一说？

2. 学生自由描述后，教师引出问题：你喜欢这样的天气吗？为什么？

3. 你们最喜欢什么样的天气？把你搜集的图片和自己小组的同学交流一下吧！

（学生边展示自己带来的图片边介绍。教师在学生小组交流完之后，多请几名学生把图片拿到实物投影仪上展示、讲解。这样既使学生在不知不觉中进入学习情境，又培养了学生大胆发言、乐于交流的心理品质，增强学生的自信心。）

4. 谈话：同学们搜集的资料真丰富，介绍得也很精彩。对于天气你们还了解哪些事情？你们是怎样知道的？

5. 学生交流自己所了解的信息及掌握信息的渠道，教师加以肯定和鼓励。

（二）探究

1. 课前老师也搜集了一些天气的图片，请大家欣赏一下。

（教师播放多媒体课件，优美的轻音乐响起，大屏幕上依次出现碧空万里、阳光明媚、淅沥小雨、雨后彩虹、雾天雾凇、洁白树挂、大雪纷纷、银装素裹的世界、多姿冰凌、迷人的秋叶等景象。）

2. 引导学生再次交流：在这样的天气里，你有什么感受？

（学生自由表达，交流各种感受。教师引导学生注意天气的美，欣赏天气，赞美天气，使学生初步认识到天气对人的影响。）

3. 天气时刻都在发生着变化，天气的变化为我们呈现出一个美丽纷呈的世界。你认为天气与我们的生活有什么关系？请同学们根据自己的经验和观察，小组内讨论一下。

（学生具有了一定的生活经验，这是学生学习的基础。通过小组内的交流、互动，进一步拓宽了学生的感知，较深入地认识到天气与生活息息相关。）

4. 汇报交流、讨论的结果。

（汇报时，教师引导学生从不同的角度思考，从正、反两方面说明天气对人类生活的影响。）

5. 小结：同学们说得很好。天气确实与我们的生活密切相关。老师这里还有一些资料，真实地反映了天气与我们生活的关系，请大家一起来看一看。

（教师播放课件。图片情景：晴天收割庄稼、干旱不利于农作物生长、雪天给人们的生活带来不便、海啸可以摧毁房屋、狂风吹倒大树、暴雨影响交通、晴天晒玉米、油菜等农作物在适宜的天气中长势良好；录像情景：飓风、龙卷风肆意横行破坏，冰雹砸毁庄稼，海啸、洪水吞没房屋、摧毁村庄……）

6. 启发：通过刚才的观看，你又有什么体会？

7. 学生谈体会。

8. 师生共同小结：看来，天气的变化对人们的生活确实有很大的影响，天气变化能引起人们生活的变化。

9. 提问：怎样知道天气情况呢？

（学生可能说出可以收听、收看天气预报节目，观察云朵、星空，询问气象局、打 12121 电话查询，观察周围动物等方法，教师都给予鼓励和指导。）

10. 播放一段天气预报（突出明天、后天我们所在地区要降温、下雨），提问：听到预报，你怎么想？你想做哪些准备？你还想提醒谁也做好准备？

（鼓励学生提出自己的见解，说出自己的根据，在相互交流中，体会到预知天气的重要性。“还想提醒谁也做好准备”一环节，请几名学生合作演一演，评一评。）

11. 小结：在生活中，我们应该做个有心人，注意观察周围现象，收听、收看天气预报，及时了解天气的变化情况，尽量避免因天气的变化给我们带来的不便。

12. 谈话：坚持观察、研究天气情况是一件非常了不起的事情，让我们走近科学家，看看他们是怎样做的。

（播放剪辑的小故事：气象学家黄荣辉、姚宜民的故事，科学家竺可桢的事迹，激发学生学习科学家认真细致、持之以恒、不懈探索的精神和意志。）

13. 交流：说说看了科学家的故事有什么感想。

14. 谈话：让我们也像科学家那样，从身边开始，观察天气的情况吧。把我们观察到的现象详细地记录下来，两周后，我们比一比，看谁观察、记录得详细。

（三）拓展

1. 对于天气与生活，同学们还想了解什么？还有哪些感兴趣的问题？

2. 学生提出问题、想法，教师帮助梳理，请小组确定几个最想研究、最想知道的问题，教师提供几个网站，让学生自主查阅。（如中国气象影视信息网、新浪网天气预报和天气在线等。）

3. 学生交流后，上网浏览、查阅、记录。

4. 交流自己的收获和感受，谈一谈还未完成的或还想了解、探究的内容。

5. 评价：这节课有什么收获？大家对自己在这节课中的表现感到满意吗？给自己一个恰当的评价吧。

6. 学生自评后引导互评。

7. 延伸：课下同学们想做些什么？有什么新的计划？

（通过引导学生计划课下的活动，帮学生审视自己的实际情况，进一步明确自己的探究目标和方向，鼓励他们把探究继续下去，真正把课堂的探究活动延伸到课外。这样做，也有助于引导学生对天气现象进行持续的观察，形成持之以恒、坚持不懈的探究科学的品质。）

教学反思

1. 本课教学中，布置学生做课前的准备，是想让学生尽量多地占有生活经验。开课让学生描述今天的天气情况，问学生喜欢什么样的天气，介绍自己搜集的图片资料、了解信息的渠道及欣赏老师准备的图片，是了解、理顺学情。在学生谈看图片后的感受后，顺势提出天气与生活有什么关系，为本课的探究活动确定方向。之后的看课件了解天气对生活的影响，使学生感受到预知天气的重要性，走近气象学家，上网查询探究自己确定的问题，课后有计划地继续探究活动，构成了一个开放的体系。这样的设计具有整体性和开放性的特征。

2. 网络资源及各种资源的利用。教师要有充分利用各种资源的意识，也要使学生具备这种意识，学习利用身边的资源进行科学探究。毋庸置疑，网络资源为科学教学及科学探究活动带来了方便，教师、学生都已逐步认识、认可了这种探究途径。我校是“青岛版《科学》教材的开发与应用”的子课题——“青岛版《科学》多媒体课件的开发与应用”的承担单位，课题组对《天气与生活》一课进行了课题研究，制成了学用结合的网络版多媒体课件，这是教师身边的资源。学校的气象站有较为完善的观测记录天气状况的仪器设备，气象站中的指导老师和同学都是可被采访和请教的对象，这是师生皆可利用的资源。学生的家长也是一项资源，学生通过询问可以占有大量的信息。这些资源的利用和效果在本课体现得较为成功。市气象局更是绝好的教学资源，备课前我没有很好地考虑怎么充分利用。课后教科室的老师建议，可以把气象局的专家（或有相关经验的学生家长）请到课堂上来，一是可以拉近学生与科学的距离，让学生感受到科学在我们身边，专家在我们身边；二是可以用榜样的力量调动学生的积极性，使学生对天气现象产生兴趣，乐于探究；三是可使学生对如何进行观察、记录、思考、研究有一个正确的科学的感知。经过反思，我认为这种做法是可行的、高效的，也是必要的。下一次再备课，要把这个环节考虑进去。

四、《唤醒种子里的生命》教学设计与评价设计

《唤醒种子里的生命》是广东教育出版社义务教育课程标准实验教科书五年级下册第七课的内容，需要一课时。这节课主要是学习种子萌发过程所需要的一些外界条件，它是第七课的第二课时，是在学生学习了“什么样的种子能发芽”的基础上进行的，也是后面学习种子的萌发过程、子叶的作用等内容的重要基础。

教学目标分析

1. 科学知识目标：知道种子萌发过程需要的一些外界条件及成因。

2. 能力培养目标：学生经历“实验—观察—分析”的科学探究过程，掌握科学探究的一般方法。

3. 情感态度价值观：通过实验研究，培养细心观察、认真分析的好习惯，体验科学探究的乐趣；了解种子萌发的有关知识，体会植物的奥秘。

教学重点、难点

重点：组织学生经历科学的实验和探究，将实验的条件和实验的结果联系起来，进行前因后果的分析，得出科学的结论。

难点：根据实验整理、分析研究结果，总结种子萌发过程所需要的外界条件。

学习者特征分析

参与学习的是五年级学生，通过平时的观察、了解，该年龄段的学生具

备了一定的科学素养，有一定的实验操作能力和观察能力，对种子的发芽过程有一定的感知。同时，学生对科学课的学习有较强的兴趣，动手实验能力不断在加强，对生活中隐含科学问题的事件兴趣浓厚，但学生实际操作能力和科学活动的分析能力还不强。

教学策略选择与设计

本节课，教师采用了实验法、分析法、猜想—探究法等方法组织教学。首先，以问题情境引入新课，阐明本课的学习内容。接着，引导学生进行猜想、探究种子萌发所需的外界条件。然后，让学生分析实验中种子发芽和不发芽的原因，让学生真正理解种子萌发所需的外界条件，并进一步讨论种子发芽的其他外界条件。最后，通过小结进行课后延伸学习。

教学准备

3 个实验种子发芽的杯子、一个花盆、课件、投影仪。

教学过程

课前，在教室实验角摆放三个各装有泥土和 10 粒菜豆种子的杯子（分男、女两组），安排学生轮流每天按课本实验要求去实验，全班同学每天用课间时间去观察，并做好记录。

（一）创设问题情景，导入新课

1. 课件演示“种子的经历”片段

许许多多的种子存放在仓库里（寂寞地表述），经过农民伯伯的播种，种子种到了地里生根、发芽（快乐地表述）。

师：同样的种子，为什么在仓库里不发芽，种到地里就会发芽？你们想知道怎样唤醒种子里的生命吗？

生：想！

2. 引入课题，板书课题

我们这节课就一起来研究“唤醒种子里的生命”的奥秘，了解种子发芽需要什么样的环境。

（二）收集实验情况，探究成因

1. 由实验情况，引出问题

师：课前，我们在实验角做了种子发芽实验，同学们也进行了观察和记录，请同学们说说实验过程是怎样进行的？你观察到了什么？有什么发现？

学生汇报，课件出示：

2. 引导猜想，确定条件

师：一样的种子，在土壤里为什么有的会发芽，有的却不发芽？

（1）猜想一下：种子萌发需要什么样的环境？

（2）学生汇报自己的猜想。 板书：种子萌发需要的外界条件有：水、空气、阳光、土壤……

（3）利用实验和生活经验，验证猜想。（小组活动后，汇报验证）

验证一：1号杯不浇水，杯子里的种子没有发芽，2号杯浇了适量的水，杯子里的种子发芽了。说明种子萌发需要的外界条件有水。

验证二：3号杯浇较多的水，土壤坚硬，没有空气，杯子里的种子没有发芽。说明种子萌发需要的外界条件有空气。

验证三：课室实验角没有阳光，但2号杯子里的种子发芽了。说明种子萌发需要的外界条件可以没有阳光。

验证四：课件出示植物生长在水中、无土壤种植的图片。说明种子萌发需要的外界条件可以没有土壤。引导学生得出结论：种子萌发需要的外界条件有：水、空气。（擦去阳光、土壤）

3. 引导探究，分析成因

（1）出示3个实验种子发芽的杯子，让学生分析实验中种子不发芽和发芽的情况。

学生回答后，课件出示：

杯　号	1	2	3
条件	空气充足，无水	水和空气均适量	水太多，缺乏空气
发芽情况	没有	多	没有

（2）小组讨论：实验控制的条件与实验现象之间的关系。

得出：实验控制的条件直接影响实验现象。

（3）想一想：为什么花盆底下要有一个小孔？（出示一个花盆）

（三）进一步感知其他外界条件，加深理解

1. 课件出示课本主题人物的问话图：温度对种子萌发有没有影响呢？怎样研究呢？

2. 让学生说说自己的看法和观点。

3. 课件播放种子的告白：我的发芽除了需要水和空气，还需要一定的温度。可是太高的温度或太低的温度都会使我失去萌发，只有最适温度才是我萌发的最理想的温度条件。得出：温度对种子萌发有影响，它是种子萌发的外界条件（板书：温度）。

4. 小组讨论：你会怎样进行"温度对种子萌发的影响"的实验研究？请把你的想法、观点写下来。学生完成后，把几位同学实验的观点投影出来供大家参考。

（四）全课总结，课后延伸

1. 今天我们一起进行了种子发芽实验，从中有了很多新发现，也掌握了一些科学探究的方法。回家后，有兴趣的同学可以按自己实验的想法去做一做"温度对种子萌发的影响"的实验，下周请你把实验的过程、实验的情况告诉大家。

2. 希望大家能利用课余时间到网上、图书馆去查找种子萌发的相关知识，看看还有什么因素会影响种子的萌发。让我们共同去感受植物发芽、生长的奥秘，好不好？

板书：

唤醒种子里的生命

种子萌发需要的外界条件有：水、空气、温度

实验控制的条件直接影响实验现象

教学评价设计

课结束时，教师对本课内容和目标完成情况加以总结后，让学生在评价表中进行自我评价（知识评价、态度评价），小组成员进行互评。课后教师对学生的学习过程给出评价反馈，并对自己的教学过程进行反思，不断优化自己的课堂教学。

具体的评价内容包括：

1. 知识掌握情况：知道种子萌发过程需要的一些外界条件。

2. 知识应用：会分析实验中种子为什么发芽和不发芽，理解种子萌发所需的外界条件。

3. 学习参与情况：积极参加小组活动，注意吸取其他同学解答问题的正确方法，找出同学解答中的错误，积极参与协作。

4. 表现情况：认真思考，课堂上和小组内发言，表现积极，对小组有贡献。

5. 学习方法：对其他类似性质的教学内容，能够迁移学法。

6. 教学方面：教学内容的安排、教学目标的确定、教学目标完成情况、教学效果等。

学生自评表

分　项	评价内容	评价等次		
知识评价	知道了种子萌发过程需要的一些外界条件	知道□	基本知道□	不知道□
	知道了种子萌发所需外界条件的成因	知道□	基本知道□	不知道□
	掌握了基本的实验研究方法	掌握□	基本掌握□	没掌握□
态度评价	认真倾听别人的意见	很好□	好□	待改进□
	积极表达自己的意见	很好□	好□	待改进□
	乐于与同伴合作	很好□	好□	待改进□

小组成员学习互评表

编　号	内　容	组员 1	组员 2	组员 3	组员 4
		等次：优、良、中、差			
1	积极参与实验研究的分析				
2	在大部分时间里他（她）踊跃参与，表现积极，举手发言				
3	他（她）的意见总是对我很有帮助				

续　表

编　号	内　容	组员 1	组员 2	组员 3	组员 4
		等次：优、良、中、差			
4	他(她)经常鼓励/督促小组其他成员积极参与协作				
5	他（她）能够按时完成应该做的那份工作和学习任务				
6	我对他（她）的表现满意				
7	他（她）对小组的贡献突出				
8	他（她）的学习科学实验的方法				

教师评价表

学生学习过程的评价	教师的教学反思
1. 全体学生在动口、动脑、动手中参与教学全过程 非常好（　）很好（　）一般（　）	1. 内容的安排与目标的制定是否恰当
2. 学生能提出学习和研究的问题，并且通过合作探究努力解决问题 非常好（　）很好（　）一般（　）	2. 教法的安排是否恰当
3. 学生思维活跃，积极主动发言 非常好（　）很好（　）一般（　）	3. 教学目标完成情况如何
4. 学生间交往是多向的，学生是否积极参与小组讨论，发表自己的见解，评论别人发言 非常好（　）很好（　）一般（　）	4. 成功与存在的问题
5. 学生在学习中有愉悦的体验，每一名学生是否都有不同程度的收获 非常好（　）很好（　）一般（　）	5. 想法：
6. 后进学生对本节课知识技能的掌握程度 非常好（　）很好（　）一般（　）	
7. 学生学习本节课还存在的问题	
8. 学生存在问题的解决方法	

第九章　核心素养导向下的小学科学教育评价

《小学科学课程标准》指出："科学课程的教学评价，其主要目的是了解学生实际的学习和发展状况，以利于改进教学、促进学习，最终实现课程宗旨，即提高每个学生的科学素养。"评价是科学教育体系中的一个基本反馈机制，是小学科学课程实施的重要组成部分，是实现小学科学课程目标的有效手段和方法，它贯穿于科学探究的全过程。

第一节　基于核心素养的小学科学课程评价

一、课程评价的概念和基本理念

关于课程评价，美国学者桑德斯认为是"研究一门课程某些方面作为全部的价值的过程。根据课程这一术语的不同定义方法，课程评价的焦点或目标可能包括课程需要和学生需要、课程设计、教学过程、在教学中使用教材、学习成果目标、通过课程学习取得的进步、教师有效性、学习环境、课程政策、资料分配以及教学成果等内容。"

随着研究的深入，越来越多的研究者认为真正意义上的学习是学习者主动建构的过程。为此，有价值的学习被认为是以学习者的主体作用为基础，强调认知活动中新知与旧知的联系、强调知识和技能的应用、迁移，强调教学方式中的过程和体验，强调教学互动中主体情感、态度和价值观等指标的重要影响。与此同时，采用人本与发展的模式来理解教育和人类发展的关系，是当前教育理念的核心，即尊重个体和个体差异，实施因材施教，实现全民教育、为个体的终身学习打下基础。因此，科学课程评价应该具有以下理念：

评价是与教学过程并行的同等重要的过程，评价不是完成某种任务，而是一种持续的过程，不同于教与学的过程；评价被用来辅助教育，它是教与学主要的、本质的、综合的一个组成部分，贯穿于教学活动的每一个环节；评价提供的是强有力的信息、洞察力和指导，旨在促进发展。评价的基本目标是为了教育并促进学生的表现，而不仅是为了检查学生的表现；评价是为学习服务的，其目的在于提高学习的效率，是学习的动力和源泉；评价是为人的终身发展服务的；评价应体现以人为本的思想，建构个体的发展。评价要关注个体的处境和需要，尊重和体现个体的差异，激发个体的主体精神，以促使每个个体最大可能地实现其自身价值。在具体的评价体系中，这些基本理念主要体现为：

（一）评价内容多元化

注重学生综合素质的考察，不仅关注学业成绩，而且关注学生创新精神和实践能力的发展，以及良好的心理素质、学习兴趣与积极情感体验等方面的发展；尊重个体差异，注重对个体发展独特性的认可，给予积极评价，发挥学生多方面潜能，帮助学生悦纳自己、拥有自信；以质评为基础，应用先进的评价方法，不仅考查“认识”或“概念”等认知层面，同时关注对“表现”等行为层面的考查。

（二）评价过程动态化

评价不仅关注结果，更注重学生成长的过程，有机地将终结性评价与形成性评价结合起来，给予多次评价机会，其目的在于促进评价对象的转变与发展。鼓励将评价贯穿于日常的教育教学行为中，使评价实施日常化、通俗化。

（三）评价主体互动化

强调评价过程中主体间的双向选择、沟通和协商，关注评价结果的认同问题，即如何使评价对象最大限度地接受评价结果、而不是结果本身的正确性；改变单一评价主体的现状，加强自评、互评，使评价成为教师、管理者、学生、家长共同积极参与的交互活动。

二、小学科学课程评价的基本功能

《基础教育课程改革纲要（试行）》指出，“要建立促进学生、教师和课程不断发展的评价体系，即建立发展性课程评价体系，其最终目标是促进学生的发展。”发展性课程评价的提出，不仅体现了当前课程评价最新发展的趋势与先进的评价思想，而且针对了我国现行课程评价体系中的不足与局限，因此，具有前瞻性和现实性。

当前我国科学课程评价中存在的问题主要表现在：过分强调甄别与选拔的功能，忽视改进与激励的功能；过分关注对结果的评价，而忽视了对过程的评价；过分关注评价的结果，而忽视了评价过程本身的意义；评价内容过于注重学业成绩，而忽视综合素质的评价和全面发展的评价；评价方法单一，缺少体现新的评价思想和观念的新方法；评价主体多为单一源，而忽视了评价主体多源、多向的价值等。科学课程评价的历史发展，事实上体现的是社会和人类自身发展的需要，也是科学技术和教育自身发展的要求，同时显示出了科学课程文化的情境。

开展科学课程评价的根本目的在于促进科学课程及科学教学的发展。科学课程评价除了固有的积极导向功能、反馈调节功能、反思总结功能外，更重要的是具有发展功能。科学课程评价的发展功能表现在发展学生、发展教师、发展课程和发展社会等四个方面。

（一）促进学生全面发展

评价要用发展的眼光着眼未来。评价不但要关注学生今天的学业成绩，而且要关注学生明天的发展前景。评价要有利于学生更好地发展，评价是加油站，目的是促进学生在原有水平上不断发展。因此，通过开展科学课程评价，要发现和发展学生多方面的潜能，更要了解学生发展中的需求，要倡导肯定性评价，帮助学生认识自我，建立自信。

（二）帮助教师提高能力

评价要有利于教师更好地发展。评价是镜子，教师在对照中发现自己，解剖自己，提升自己。在科学课程评价的实施过程中，要建立以教师自评为主，校长、教师、学生、家长共同参与的评价制度，使教师从多种渠道获得信息，并对自己的教学行为进行分析与反思，从而不断提高教学水平。

（三）完善科学课程体系

评价要有利于科学课程更好地、健康地发展。通过评价要检查课程的执行情况、对课程实施中的问题进行分析评估，不断调整完善课程内容、改进课程教学方法，形成课程不断革新的机制，不断完善科学课程。

（四）反映社会发展需求

发展教师、学生和课程，归根到底就是发展人，从而推动人类社会的发展。评价应代表人类社会发展的要求和方向，具备现实性、超前性和发展性。社会需要锐意创新、勤于实践的人，评价就应体现社会发展的需要。通过评价，要努力提高学生的科学探究能力，培养学生的科学素养，不断增强学生的创新意识和实践能力，实现科学课程文化的发展与创新。

三、小学科学课程评价的方法

（一）量表评价法

量表评价法是指听课教师根据量表上所呈现的各项指标进行观察、记录、评价的方法。量表评价法指标具体、重点突出，评价者对所评价内容有清晰的认识，其优点是目的性、针对性强，收集信息比较客观、全面；缺点是有的量表指标过于量化，操作起来比较困难，尤其是当前我国大多数学校的大班教学，为教师有效观察每个学生的表现带来了难度。总之，量表评价法是否能收到好效果，关键是量表设计。量表评价法的一般程序：

1. 了解评价量表的结构及使用方法。
2. 熟悉并掌握评价标准。
3. 作好听课记录。
4. 根据量表指标确定评定等级或按项目打出分数。
5. 填写评课量表。
6. 梳理评课意见。
7. 与执教者交换意见。

（二）综合比较法

综合比较法是指评课过程中不是就某节课而评某节课，而是将几堂课一起进行多方面或某一教学要素的对比评价，从而评价每节课的优缺点和特色所在。

（三）网络评课法

网络评课法是指教师将自己的教学设计或教学过程用文字、图片或录像的形式呈现在网络上，由其他教师或专家在网上对其评价的方法。网络评价法是随着现代信息技术的发展和应用而产生的一种新的评课方法，在当今大力发展远程教育的环境下，网络评价法尤显重要，它对于地域广阔的我国教育界大面积提高教育质量和教师课堂教学水平是十分有益的。网络评价法基本步骤：

1. 被评者设计教学活动并授课。

2. 被评者用文字或录像记录自己的课堂过程。

3. 被评者将课堂实录呈现在网上。

4. 评课者在网上观看课堂实录。

5. 评课者评议并形成文字。

6. 评课者将评价意见呈现在网上。

（四）庭辩式评课法

庭辩式评课法是指授课者在说课、授课的基础上，针对听课者提出的各种问题进行答复，对有争议的问题进行有理有据的辩论，以此阐明自己的看法或观点，从而促进听课者与授课者之间的交流。庭辩式评课法作为一种新兴的课堂评价方法，其优越性表现为评课是在一种民主、自由、平等的氛围中进行，授课者和评课者各抒己见，有助于提高教师专业素质。为了真正实现庭辩式评课法的作用，它要求评课者能联系课堂实际情况，对授课者质疑发问，从授课者那里得到答案，从而尽可能地减少人为的感性成分。庭辩式评课法的程序是：

1. 教师授课。

2. 评课小组听课。

3. 任课教师陈述（授课结束后，执教者面对评课者陈述教学准备过程：课程设计、上课情况、创新之处；课堂中对出现的问题如何处理等。

4. 评课者与执教者对话（在执教者授课和陈述的基础上，评课者对本节课的内容、执教情况、学生学习以及与本节课有关的内容进行提问）。

5. 辩论阶段（评课者与执教者进行直接辩论，各自阐述自己的观点和看法）。

6. 执教者最后陈述（经过以上讨论，执教者自我评价并总结，说出需要特别申明的问题）。

7. 评课者集体评议（在执教者退席后，评课者针对课堂教学及任课教师的讲课、解疑、答疑等情况，集体综合评议。一般是：评课者针对以上过程，提出各自的意见和依据；评课者内部论辩；采用科学的、灵活的办法做出集体评议；拟定有较强的针对性的集体意见）。

8. 执教者返回听取意见，评课者确定等级、得出结论。

（五）行为跟进式评课法

课堂是学生学习活动的主阵地，是学生知、情、意、行等呈现的重要场所。一直以来，课堂评价的关注点是教师如何“教”，而新课则更关注学生是怎样“学”。小学科学课程应着眼于学生的发展，着眼于学生知识与技能、过程与方法、情感态度与价值观三位一体的发展。科学课程的教学评价主要是为了促进学生的发展，因此评价不能只在学习过程结束后进行，而必须伴随在教学活动的全过程之中。

行为跟进式评课法是指执教者上完一节课后，执教者对本节课的优缺点进行反思，或评课者与执教者共同讨论教学中的优缺点，提出修改意见后，执教者在修改的基础上再进行教学，再评价和修改，如此反复，使教师的行为改变，教学水平不断提高的方法。行为跟进式评课法的优点是，课堂评价更加关注教师的行为跟进，更加注重教师的发展。行为跟进式评课法的基本程序：

1. 执教者授课。

2. 执教者对课堂情况进行反思，或评课者与执教者讨论本节课的优缺点。

3. 执教者根据修改意见再实践，改进不足。

4. 执教者再反思课堂效果，或执教者与评课者再讨论。

5. 总结经验。

（六）即时评价法

即时评价法就是执教者根据科学课堂评价标准，或围绕教师确定的教学重点内容，在课堂上不断关注教师和学生的行为，及时发现问题＼解决问题，从而实现教学目标的方法。即时评价法具有及时性和灵活性，它能根据学生在学习科学的过程中出现的问题，及时给予引导。

课堂观察是即时评价法最主要的评价技术，这里所指的课堂观察，是指上课教师或研究者按照一定的目的和计划，在课堂教学活动的自然状态下，用自己的感官和辅助工具对师生的教与学行为和学生的参与状态等教学现象，进行观察研究的一种方法。开展课堂观察评价，需要教师随时关注学生的状态，从学生的注意状态、参与状态、交往状态、思维状态、情绪状态、探究状态等方面，尤其是学生在小组学习中讨论、交流、合作的参与程度；在思考、获取知识的过程中提出问题和解决问题的能力；在操作过程中的动手能力、表达能力，及时给予必要的、适当的鼓励性、指导性的评价。即时评价法的操作程序：

1. 执教者明确并熟悉科学课程课堂评价指标，或本节课的重点评价内容。

2. 执教者边授课边观察学生学习或反思自己的教学。

3. 执教者发现问题并及时解决问题。

4. 课后进一步分析并形成文字。

科学课堂教学评价方法有很多，除了上述方法外，案例分析、课堂观察和成长记录袋，也是课堂教学评价改革中新兴的评价方法。其中，案例分析是指通过对所选取的具有一定代表性教学案例的综合分析，让教师了解自己在教学中的优势与不足，或客观地评析他人的教学实践并学习他人的教学经验；课堂观察是指被评教师邀请合作教师到课堂中实际观察自己的教学情况，以帮助教师对课堂教学进行自我监控、自我反思、自我改进。成长记录袋主要是指教师自己有系统、有计划地收集相关资料，以反映教师在某一阶段课堂教学过程中的努力、进步或成就。主要有评价型记录袋：包括课堂学习行为观察评价表，如自我评价、同学对我说、教师评语和家长的寄语等；成果型记录袋：主要收集学生完成学习任务的优秀作品与学习成果的有关资料，如科学日记、观察和实验记录、科学报告、小制作、小论文、小发明等；过程型记录袋：重点是呈现与展示学生学习进步、探索、努力、进取、反思、达成目标与成就历程的有关资料，如问题的提出、研究方案的制定、问题讨论、点滴进步、师生交流等。这些方法重视教师的自我反思和同行评价，关注教师专业成长的历程和提高。

科学课程评价不能脱离对科学本质的认识，要从科学知识与技能、过程与方法、情感态度与价值观的变化情况出发，进行实事求是的评价。要更加注重对科学探究过程的评价。科学探究过程是科学文化的形成与发展过程，是科学情感态度与价值观的培养过程。开展科学课程评价的目的是为了促进学生科学素养的形成与发展，促进教师教学水平的提高。教师的教学过程实际上就是科学文化的传播过程，学生的学习过程也就是科学文化的探究过程。为此，科学课程评价必须立足于科学文化的情境，使评价能够真正促进科学文化的发展，促进学生科学素养的形成，促进教师教学能力的发展与提高。

第二节　基于核心素养的小学科学教学评价

《小学科学课程标准》指出："科学课程的教学评价，其主要目的是了解学生实际的学习和发展状况，以利于改进教学、促进学习，最终实现课程宗旨，即提高每个学生的科学素养。这样的评价不同于传统的评价—单纯由教师对学生的学业成绩进行分等排队的做法，势必引起评价主体、评价内容、评价方法和评价时机等方面的一系列变化。"

一、教学评价的界定

"评价"原意为评论货物的价值，《宋史·戚同文传》："市物不评价，市人知而不散。"今亦泛指衡量人物或事物的价值（辞海，第 1 111 页）。在英文中，"评价（Evaluate）"的含义为引出和阐明价值。因此，从本质上来说，评价是一种价值判断的活动，是在测量的基础上对事物的好与坏、对与错、优与劣的判断。因评价是主体在事实基础上对客体的价值所做的观念性的判断活动，所以评价是主体在先有的价值信念和价值目标的引导下所进行的，价值信念和价值目标在评价活动中具有核心的地位和作用。一般来说，具有不同的价值信念就会产生不同的评价结果。

教学评价是根据教学目标，对教学过程、教学结果所进行的价值判断，并对教学进行必要调整的过程。教学过程是指教师的教和学生的学相统一的双边活动的过程。教师要根据一定的教育目的，按照课程标准的要求，制订和实施教学计划，进行学习指导。学生在教师指导下，主动学习，达到预期的教学目标。所以，教学评价的具体内容包括教师的教和学生的学这两方面，既是对教师的教学态度、能力和效果做出价值判断，也是对学生的学习态度、学习能力和学习成就上的变化做出价值判断。

二、教学评价的作用

小学科学教学评价的目的是为了最终实现"提高每个学生的科学素养"的宗旨，是小学科学教学中一个基本的反馈机制，是教学过程中不可缺少的环节，是教师了解教学过程，调控教学行为的重要手段。教学评价在学习和教学过程中发挥着许多重要的作用，具有导向功能、鉴定功能＼诊断功能、调节功能、激励功能。

1. 导向功能：教学评价具有指引航向的方向标作用。通过评价目标、指标体系的指引，可以为教学活动指明方向，为教师和学生指明教与学的奋斗目标。

2. 鉴定功能："鉴定"主要指对教学活动的优劣进行甄别，具有选拔、分等的功能。对比较同类评估对象之间的优劣高下，具有重要作用。

3. 诊断功能：教学评价的目的不仅是评定学生的学业成绩，更重要的作用是诊断学生是否有错误概念和有何学习困难、查找教学上可能存在的缺陷以及为改进教学设计提供依据。

4. 调节功能：教学评价的目的，并不在于评价自身，而在于改进教学工作。因为，教学目的的全部实现都是建立在不断总结、不断评价、不断改进的过程中。学校通过适当的教学评价，可以有效地调节教育、教学管理的主要手段，教师通过教学评价可以及时调节教学方案、改进教学策略，学生通过教学评价可以弥补不足。

5. 激励功能：教学评价在不断的指正过程中，还对教育行为的当事人起激励作用。目标就是价值，它能激发和调动实施者更大的积极性。

三、教学评价的原则

（一）评价内容与教学目标的统一性

评价是一个目标导向的过程。它需要把教育行为与教育目标和期望进行比较。"小学科学课程是以培养科学素养为宗旨的科学启蒙课程"，小学科学教学的评价内容要始终与课程目标相统一。清楚、共享和可操作性的目标是有效评价的基础。要摆正评价内容与目标的关系，正如一个美国教育学家所指出的"我们要评价我们教的，而不是教我们要评价的"。

（二）评价主体的多元性

评价主体的多元性是指主持评价活动的主角可以由多种人组成。在科学课程的教学评价主体多元化中，评价者的角色将由教师一人发展到教师、学生（包括他们自己和其他同学）、家长和有关课程教学的专家。学生参与教学评价主要是指他们在教师的指导下，通过自定学习目标，自己检查目标的达成度，自己反思学习中存在的问题，自己采取措施调整与改进，达到自我教育的目的。与此同时，学生也可以对教师的教学提出看法，师生共同改进教学。除了自评以外，学生参与教学评价还应该包括他们之间的相互评价，这种互评可以激发学生之间的互帮互学，在学习中建立一种新的伙伴激励的机制。这对提高学生的学习积极性是十分有意义的。学生家长参与教学评价可以建立一种家长与教师共同关心学生学习的机制。尤其在当前大多是独生子女的情况下，学生家长在以各自的方式关心着自己孩子的学习，这个时候，通过让他们参与教学评价，可以引导他们把关心的着力点放在最适当的地方，与学校教育、教师的要求保持一致。这对提高整体的教育质量是很有必要的。有关课程专家参与教学评价，不仅对提高课程的组织实施和教师的教学水平有积极的作用，也可以通过这些提高学生的学习质量。在科学课程教学评价主体多元化中，教师仍然承担着重要的作用，他应该是所有以上教学评价活动的发起者、协调者，有时还是主持者。因此我们可以这样理解，评价不是一些专家小组的事情，而是一种合作活动，它的目标是促使所有有关人士广泛关注学生的学习及其发展。

（三）评价内容的全面性

《小学科学课程标准》指出："评价要依据《标准》，要涵盖科学素养各个方面的内容，既要考查学生对科学概念与实施的理解，又要评价学生在情感态度与价值观、科学探究的方法与能力、科学的行为与习惯等方面的变化与进步。"科学课程的评价应能促进科学素养的形成与发展。因此，评价既要关注学生学习的结果，更要关注他们学习的过程。评价指标应该是多元的，要包括科学素养的各个方面。

（四）评价方法的多样性

小学科学课程的教学评价必须以真实的日常教学为基础，充分利用所有的课堂教学活动和课外实践活动。单纯的书面测验和考试已经不能适应科学课程的发展，运用多种方法对不同目标、不同内容进行教学评价势在必行。凡是有利于提高学生科学素养的评价方法都应得到肯定与赞赏。

（五）评价时机的全程性

小学生在科学学习中形成科学素养是一个长期积累的连续过程，教师需要对学生科学素养主要方面的培养与发展进行不断的跟踪与调控。因此评价必须伴随在整个教学过程之中。另外，评价作用是一个不断积累的过程。当评价由一系列活动组成时，改进与提高才最有希望。这就要求教师在科学教学时，创造各种办法，在教学活动的开始、中间与告一段落时，随时关注学生在科学学习过程中的表现与反应，包括各种能体现学生在科学素养方面有变化\有价值的信息，记录在案，进行分析与判断，在此基础上做出各种评价，可以是反馈矫正，也可以是鼓励导向。

（六）教育评价的公正性

小学科学课程的基本理念之一是“科学课程要面向全体学生。这意味着要为每一个学生提供公平学习科学的机会和有效的指导。同时，它充分考虑到学生在性别、天资、兴趣、生活环境、文化背景、民族、地区等方面存在的差异，在课程、教材、教学、评价等方面鼓励多样性和灵活性”。因此，教育评价的公正性不仅体现在测量工具及评估方法上，同时也应包括体现在学习机会的均等上。小学科学教育的培养目标不仅是培养未来的科学家，更重要的是面向全体学生和全民族的文化与科学素养的提高。

教师在教育评价中起着一个举足轻重的作用，因此教师客观与公正的心态是保证教育评估公正性的关键。教师们要千万注意，在教育评价中不仅要公平地对待每一个学生，更要满腔热情地寄每一个学生以厚望。教师这种正面的期待在教学中有极大的积极促进作用。这也是教育心理学所谓的“皮格马利翁效应”。教师在教育评价过程中，尤其在采用“真实性评估”等非传统测量和评估方法时，应努力保持公正与客观的心态，对每个儿童一视同仁，使测量和评估能真正起到正面的反馈作用，从中也进一步树立起良好的教师形象与威信。

总之，评价是促进教育发展的手段。要想有效地开展评价实践，还应对我们认为最有价值的学生学习以及努力帮助学生掌握的东西有一个清楚的认识。教育价值不仅对我们确定的评价内容有重要意义，它还能够帮助我们懂得如何去开展评价。在教育任务和价值问题被忽略的地方，评价就有可能流于简单测验的危险，而不是对我们真正关心的问题进行改进和提高。

四、小学科学教学评价依据的主要理论

（一）多元智能理论

1. 多元智能理论的内涵

多元智能理论是由哈佛大学 Howard Gardner 于 1985 年在《Frames of Mind》(《智能的结构》) 一书中正式提出的。“所谓智能，就是人类在解决

难题与创造产品过程中所表现出来的，为一种或数种文化环境所珍视的那种能力”。Gardner 根据认知科学，发展心理学以及神经科学的最新进展，运用各种科学与艺术研究方面的、尤其是生物学与人类学方面的证据，提出并最终确定了：语言智能、逻辑——数学智能、空间形体智能、肢体——动觉智能、音乐韵律智能、人际关系智能、自处内省智能、自然博物智能八种智能，它们互相联系却又各自独立。

2. 多元智能理论对教学评价的启示

（1）评价的标准具有多元性。不同个体在八种智能方面拥有的量各不相同，八种智能的组合与操作方式更是各不相同，因此，教学评价的尺度应该是多元的。

（2）评价的目的是为学生的发展提供契机。传统评价中，学生要尽量去适合评价的要求，从而不能发展自己的优势智能。而新课程的评价目的则在于通过识别学生的优势智能领域，为学生提供发展自己优势智能领域的机会。

（3）评价的来源应是学生的活动。传统评价中，决定学生优劣的往往是一张各学科分数的成绩单，而多元智能理论认为，只有在社会生活和与社会环境的联系中，在问题情境或特色文化背景中，才会有某种智能的体现。所以，评价应立足学生的学习活动，引导学生扩展学习的内容领域，开拓与多元化智能结构相匹配的学习活动。

（4）评价的核心是“全人观”。第一，每个学生都能获得成功，评价在于给学生找到并提供成功的支撑，使每个学生都有获得成功的机会；第二，每个学生都有自己的优势智能领域，教学评价要让学生发现自己的优势领域，同时又认识到自己的不足，从而协调地发展自己，尽可能使自己在多方面得到充分发展；第三，学生的智力发展贯穿于生命的全过程，为此，评价要用发展的眼光看待孩子，善于发现他们的智力潜能。

（5）评价的方式尽量采用档案袋和活动法。单靠纸笔测验是很难测出学生的多元智能的，而档案袋和活动法则能从时间、空间两个方面记录和观察学生的表现。

（二）建构主义学习理论对教学评价的启示

1. 建构主义学习理论的内涵

建构主义认为，世界是客观存在的，但是对于世界的理解并赋予意义却是由每个人自己决定的，每个人以自己的经验为基础来建构现实。所以，知识不仅通过教师传授得到，还是学生在一定的情境下，根据自己的态度、需要、兴趣、爱好，利用自己的原有认知结构，借助其他人的帮助即通过人际间的协作活动（包括教师和学习伙伴），利用必要的学习资料，通过意义建构的方式而获得。也就是说学习不是学生对外部刺激被动做出的适应性反应，而是对当前外部刺激所提供的信息主动做出的有选择的信息加工过程。学生是在与周围环境相互作用的过程中，逐步建构起关于外部世界的知识，从而使自身认知结构得到发展。

2. 建构主义学习理论对教学评价的启示

建构主义思想使得我们在评价教学的过程中有了一个新的标准，对有效教学的理解更为深刻。

（1）有效的教学应引导学生积极、主动地参与学习，学习者应该参与教学目标的提出或确立，要让学生在“做”中进行学习。

（2）有效的教学应使教师与学生、学生与学生之间保持有效互动的过程。

教学过程不仅包括师生之间的互动，还应包括学生与学生之间的互动。教师在教学中应始终充当学生学习的促进者、指导者和合作者。

（3）有效的教学应为学生的主动建构提供学习材料、时间以及空间上的保障。

（4）有效的教学旨在使学习者形成对知识真正的理解。学生是否形成了深层次的理解，大致可以通过以下几个方面来判断：

①能否用自己的话去解释、表达所学的知识。

②能否基于这一知识做出推论和预测，从而解释相关的现象、解决有关的问题。

③能否运用这一知识解决变式问题。

④能否综合几方面的相关知识解决比较复杂的问题。

⑤能否将所学的知识迁移到实际问题中去。

（5）有效的教学必须关注学习者对自己以及他人学习的反思。教师在教学过程中应重视引导学生思考：“怎么想的？”“为什么这么想？”“我解决问题的途径是否最佳？”“是否还有更好的解决问题的途径？”“今天学的这些知识（或研究的这些问题）之间有何联系？”在评课时，教师对学生进行自我监控与反思能力的培养，无疑是一项重要的评价指标。

（6）有效的教学应使学生获得对该学科学习的积极情感体验。

（三）后现代主义理论对教学评价的启示

1. 后现代主义理论的主要观点

在后现代主义看来，这个世界是开放的、多元的，在这个以创新为时代精神的社会里，科学技术日新月异，各种新鲜事物层出不穷，创新已经成为社会、个人发展的动力源。承认开放性，也就为充分展示生命的真谛提供了大舞台。

后现代主义以其兼容并包的宽容态度和尊重个体主体性的宽广胸怀，给生活在这个世界中的每个人开放了生命的空间。后现代主义注重过程的思想以及目的与手段统一的观点，均认为个体是在活动的过程中得以不断发展的。

2. 后现代主义理论对教学评价的启示

每个学习者都是独一无二的个体，教学不能以绝对统一的尺度去度量学生的学习水平和发展程度，要给学生的不同见解留有一定的空间。这个世界本身就是多元的，我们为什么不承认多元呢？我们的教学不能把学习者视为单纯的知识接受者，而更应看作是知识的探索者和发现者。因此，课堂教学不仅要注重结果，更要注重过程。再从教学本体论的观点来看，活动是教学发生的基础。基于师生共同活动之上的课堂教学评价对学习者来说不仅是对现时状况的价值判断，其功能在于促进学生充分发挥主体能动性、积极地参与教育教学活动的基础，促进下一步教学活动的有效开展。所以，教学评价的目的在于教学，而不在于选择和判断。

五、小学科学教学的多元评价方法

《小学科学课程标准》指出："科学课程的教学评价，其主要目的是了解学生实际的学习和发展状况，以利于改进教学、促进学习，最终实现课程宗旨，即提高每个学生的科学素养。"单纯的书面测验和考试已经不能适应科学课程的发展，运用多种方法对不同目标、不同内容进行教学评价势在必行。一种评价可以采用多种方法，一种评价方法也可以用于不同的评价。实际评价时，应根据评价者和评价对象的情况以及评价当时的情境选用合适的评价方法。在没有现成的适用评价方法时，评价者还可以遵循评价方法的制作原则和步骤，自主开发合适的评价方法。

按照不同的分类标准，小学科学教学评价方法可以分为不同的类型。按照评价的目的和作用的不同来分，可将小学科学评价分为诊断性评价和选拔性评价；按教学过程中评价实施的时间来分，可将小学科学教学评价分为形成性评价和终结性评价；按照评价的标准不同，可以将小学科学教学评价分为绝对评价和相对评价；按照评价的表达方式不同，可以将小学科学教学评价分为定性评价和定量评价；按照评价主体所接受的评价来分可以分为自我评价与他人评价，此外还有真实性评价和表现性评价等。

（一）真实性评价和表现性评价

真实性评价（Authentic Assessment）指的是在真实的生活环境中评价学生的表现。真实性评价的任务主要是评价学习过程中有意义的、有价值的重要经历。例如，在真实性评价中，学生为了了解材料的特性，需要在教师的协助下对各种收集到的材料进行科学探究；为了解释热胀冷缩现象，就需要分析一个真实的热胀冷缩现象。相反，传统的评价方法强调的是对各种不同材料的特性、热胀冷缩现象的了解和记忆。真实性评价意味着评价是学习的一部分，是不断发展变化的，成功或失败只能用学生在新的环境中应用知识和技能的具体事实说明。

表现性评价（Performance Assessment）是对学生在真实情境下运用知识和技能的一种评价方式，它要求定期观察和评价学生的表现。表现性评价能够测量出纸笔测验所不能测量出的技能，包括学生应用知识的能力、学科间内容整合的能力，以及决策、交流、合作能力等。表现性评价是真实性评价的一种形式。

这两种评价方式都能使教师连续地评定学生的进步，同时也能使学生和教师在互动的教学过程中建立一种合作的评定方式。两种评价方式都要求得出问题的“产品”或解决方案，都关注与学习者、学习环境和学习内容相关的真实生活中的学生表现。

无论是表现性评价还是真实性评价，都应当满足以下的要求：

1. 评价必须与教学目标是一致的。

2. 评价应该包括对学习过程和结果的测查。

3. 表现性评价活动并不是评价本身。

4. 应该将评价方法与教学结果、课程内容有机地整合到一起。

5. 学生学习活动的整合要求评价综合化和复杂化。

6. 评价方案的设计取决于评价目的，用于评分和监控学生进步的方案与用于诊断和提高的方案之间应该存在一定的区别。

7. 有效评价的关键是教学任务和预期结果间良好的匹配。

8. 评价学生表现的标准很重要，没有标准评价学习将变成盲目的活动。

9. 良好的评价能够为学生的学习情况提供大量的反馈信息，教师也可以根据这些信息做出决策。

真实性评价和表现性评价都强调在学生从事真实的学习活动中收集学生行为表现的信息，它们不只是评价工具，更是实践活动，强调学生的参与，注重培养学生理解和运用知识的能力，而不只是评定成绩。

（二）形成性评价和终结性评价

形成性评价（Formative Assessment）是在学习和教学过程中进行的评价，其结果能够指导以后的教学与学习，它通常采用及时的反馈信息和根据学生的个体差异来进行有针对性的矫正。形成性评价不仅可以帮助学生强化已学过的知识，还可以帮助学生发现自己不清楚的知识点，改善学生注意、记笔记、问问题、解决实际问题的方法等。形成性评价可以通过小组活动来完成。例如，要求学生向其他学习小组的同伴讲述和解释对某一问题的理解，然后通过简短的小组反馈讨论，教师可以迅速地了解哪些知识点学生已经掌握了，哪个概念还需要做进一步的解释。

形成性评价通常非常受学生的欢迎，因为它更多的是帮助学生表现已知的而不是未知的知识。形成性评价也受到了教师的欢迎，因为这不需要很多的讲授或评分，甚至可以让学生自己创造一种特定的形成性评价活动。

从形成性评价中，教师、家长和学生都可以及时发现学生学习过程中的问题。比如，他们可以发现学生只有在掌握了一些技能后才能进入更高水平的学习。形成性评价不仅可以帮助教师检查学生的学习情况，发现教学或学习问题，同时也可以帮助教师比较形成性评价中的项目和学习目标，以确保教学与评价间的一致性。因为形成性评价的目标在于发现学生未掌握的东西以调整教学，所以形成性评价使学生学习的知识和评价的内容之间取得了一致。

形成性评价中的测验不同于传统的、标准的、常模或标准参照的纸笔测验。比如，一种可参考的评价可以要求学生回答一个开放式的问题、解决一个问题、展示一项技能或者以多种方式进行一项工作而不是在一张纸上做选择题。成长记录袋或者相关方案的收集、教师对学生的观察，就是可选择的评价形式。

终结性评价（Summative Assessment）指的是在每一单元或每一课后，为了判断学生在该单元或本节课中学到的技能和知识而进行的评价。终结性评价主要关注课堂教学和学习过程的最后结果，而形成性评价则是指在整个学习过程中的学习结果。为了有效地测查学生对某一主题的理解，评价所用的测量工具应该与特定的学习目标有关。在理想情况下，终结性评价应该是测查学生习得的技能和知识，而不是测查教师所教的知识，它也可以对教师改变教学方法起到一定的帮助作用。

形成性评价和终结性评价通常可以结合在一起使用，形成性评价能提供及时的、定期的反馈，而终结性评价在更多情况下展示的是最后的学习结果。在教师进行新内容的教学之前，可以借助形成性评价，了解学生是否已经达到一定的水平。形成性评价还可以检查学生知识的掌握情况，从而帮助学生是要继续复习还是要进行新内容的学习。

（三）诊断性评价

诊断性评价又称配置性评价或准备性评价。它一般是在教学活动开始之前为确定教学起点而进行的评价。其目的在于了解、识别学生的整体现有水平和个别差异，为教学活动提供依据。诊断性评价的主要功能在于帮助教师了解学生对新学习任务的准备状况，识别那些高出或低于零点的学生，从而把他们分置在最有益的教学序列（组别）中，同时，也有助教师根据学生的具体情况找到最佳的教学起点，设计出可以排除障碍的最佳教学方案。诊断性评价也可用于对儿童入学前入学准备程度的评价。在教学进行的过程中进行的诊断性评价也是常见的，它主要用于对学生不能从教学中获益的原因的诊断。

在实施诊断性评价时应注意：

1. 诊断性评价必须具有准确全面的诊断功能，应根据不同的诊断目的和用途，设置有针对性的诊断试题。

2. 评价结果只供教师安排教学用，不记作学生的成绩，但可把评价结果作为学生原有学习水平的资料，与学习后所收集的资料做比较，以评价教与学的效果。

3. 诊断性评价不仅用于学生入学准备程度的评价或一学期、一学年开始时的评价，也可用于一个相对独立的教学内容单元开始前的评价。另外，当一个教师接手一个新的教学班级时，也应做诊断性评价，以摸清情况。

（四）成长档案袋评价法

成长记录袋评价法，也被一些学者翻译为档案袋评价法，主要是指收集、记录学生自己、教师或同伴做出评价的有关材料，学生的作品、反思，还有其他相关的证据与材料等，以此来评价学生学习和进步的状况。成长记录袋可以说是记录了学生在某一时期一系列成长的“故事”，是评价学生进步过程、努力程度、反省能力、最终发展水平的理想方式。

通常，成长记录袋的形成包括以下几个步骤：

1. 明确目的。

2. 确定评价的内容与技能。

3. 确定评价的对象及其在什么年级水平。

4. 确定要收集的内容和收集的次数、频率。

5. 调动学生参与。

6. 确定评分程序。

7. 向每一个人介绍成长记录袋。

8. 制订交流计划和保存、使用计划。

成长记录袋内容的选择或提交，是由学生和教师共同决定的。但必须说明的是成长记录袋中究竟选择哪些内容，并没有硬性的标准。关键是必须清楚建立成长记录袋的目的是什么，又要适应的观众是谁，它对学生有什么帮助，这些都会影响到成长记录袋内容的选择。通过成长记录袋的形式，不仅帮助我们收集到学生的信息，保证评价的全面性和科学性，使更多的学生受到成功的体验，而且它本身也为多元化和多样化的评价体系提供了一个合理的评价方式。

成长记录袋评价法是评定观念乃至学生观的变革，否则，仅仅是学生的一些作业收集起来放在一起。对教师而言，一个主要的变化是要把课堂教学同教学评价整合起来，贯彻到日常的课堂生活中去。具体地讲，就是学生在学校生活中进行某种范围的活动，其结果产品如作文、读书报告、问题设计或解决等，能够反映有关他们学习的情况，从而也就有了评价的意义。

成长记录袋评价为学生提供了一个学习机会，使学生能够学会自己判断自己的进步。学生在教学评价过程中成为选择成长记录袋内容的决策者甚至主要决策者，从而拥有了判断自己学习质量和进步的机会。特别是在使用某些成长记录袋时，学生成了其所提交作品质量和价值的最终仲裁者。

成长记录袋依据使用目的、提交对象以及对学生的帮助等的不同，可以有各种不同的种类。根据成长记录袋的内容，可以将其分为最佳作品记录袋和学习进步记录袋。

最佳作品记录袋重点在学习的最终产品，有美术档案袋、写作档案袋、用数学解决问题档案袋。学生准备这些档案袋用来参加课程的成绩评定、作品展示、向家长汇报等。学生应学会建立档案袋，建立档案袋的一般技能包括：决定哪些东西要通过档案袋进行交流，如何选择作品，用何种形式呈现，如何使作品满足评分标准。

学习进步档案袋的重点不在学生学习的最终产品，而是通过档案袋监测学生的学习和思维能力的进步，诊断学习和思维困难。档案袋中放入的进步记录包括草稿、思维记录、重写的内容，还有最终的产品。

美国南卡罗来纳大学教育学院教育心理学教授格莱德勒（M.E.Gredler）以成长记录袋的不同功能为标准，把成长记录袋分为理想型、展示型、文件型、评价型和课堂型。理想型成长记录袋设计的意图在于帮助学习者成为对自己的学习历史具有思考能力和进行非正式评价能力的人，它常被作为提高学习质量的工具而使用。理想型成长记录袋可以作为不断发展的信息来源为教师和学生双方提供服务，让他们及时准确地掌握学习进展的实际情况，以便调整下一步的学习。理想型成长记录袋主要由三个部分构成，分别是作品产生过程的说明、系列作品以及学生的反思。作品产生过程的说明，主要是学习计划产生和编制的文件记录，通过这部分内容，学生选择计划时的理想就能展现出来。它的形式可以有各种不同类型，既可以是伴有说明的一系列略图，也可以是进行特别困难的选择时录下的几盒录音带。

约翰逊（Johnson）则把成长记录袋分为最佳成果型、精选型和过程型。最佳成果型记录袋选入的内容包括以下部分：学生做的最佳实验室成果；开发的最佳原创假设；对教师提出的科学问题的最佳解决；对科学问题阐明自己主张的最佳论文；对科学杂志或期刊上的文章做的最佳评论；在学生长时间的实验中所做的最佳记录或日记。精选型成长记录袋要求了解更广泛的学生成果。它要求学生提交他们感到最困难的成果例证，其时间往往要持续一年以上，使之成为深刻反映学生成长的概要和高度揭示学生一般成绩的证据。过程型成长记录袋则寻求发展性成果证据。它要求学生一步一步地检查他们在一定领域中取得进步的成果。提交内容的类目可以由教师确定，学生负责收集必要的成果。更重要的是，学生成为他们自己成果和进步的积极评价者。

成长记录袋可以发挥很好的诊断性和形成性评价的作用。教师可以通过引导学生自己在成长记录袋中收入反映学习进步的重要资料，如最满意的作业，最喜爱的小制作，印象最深刻的问题或在日常生活中发现的有意义的科学问题，解决问题的方案和过程，解决问题的反思，阅读科学读物的体会，活动报告或科学小论文等。

成长记录袋的内容还可以设计成包含学期开始、学期中和学期结束三个阶段的学习资料，以反映学生学习的进步历程，增强他们学习的信心。成长记录袋中的材料应让学生自主选择，并与教师共同确定。事实上，让学生参与成长记录建立的整个过程与其中收入的内容一样重要，这有助培养学生对自己的学习进行控制的能力和负责的态度。

（五）观察评价法

所谓行动观察是指在评价过程中对评价对象的某些心理活动的外在表现行为进行有计划、有目的的观察。把观察的结果记录下来，作为评价的资料和素材，就是行动观察记录。

常用的观察种类有自然观察、时间样本观察、情境样本观察和真相观察（观察全过程）等。行动观察记录通常有描述和检查表。使用观察记录能够有效地收集到评价者需要的信息，所以这种工具的使用范围很广。在小学科学教学过程中，观察评价法是一种常用的评价方法。新课程标准的许多要求，如学生使用仪器的技能及在小组中成功活动的技能都有赖教师的观察来评价。教师和学生都可以利用观察表格来记录整个学习过程中学生特别的技能、行为和进步。这些被观察的技能、行为和进步，应该和教育教学目标及课程标准要求紧密相连，应该具有可观察性。

根据观察所采用的技术方法，可将观察分为一般观察和集中观察两类。

1. 一般观察：这种观察将学生的成绩和进步记录在包括整个班级成员名单的表格上。表格可以与学生档案放在一起，也可以贴在教室的墙上，让学生了解自己的进步和需要评价的内容。当一周结束后，可将观察表格裁剪下来，归入学生个人档案。最便利的方法是运用粘贴纸记录观察结果，一段时期后将其粘贴于学生的个人档案。如课堂观察评价表（见表9-1）：

表9-1

评价教师　　　　时　间

学生姓名	观察项目			
	认真程度	积极发表意见	与人合作	最有价值的问题或发言

2. 集中观察：这种观察集中于学生行为和结果的一些特别方面或集中于一组特别的学生，观察时让学生集中于一些特别的活动。例如，在学生进行科学探究的过程中教师需要做观察记录，掌握学生独立或参与小组活动的过程中的表现与成果，包括以下内容：

（1）观察学生的科学志趣，包括上课是否认真；对探究的态度是否积极；探究过程是否持之以恒、实事求是等。

（2）观察学生在探究活动中的交往情况。

（3）观察学生思维的条理性。

（4）观察学生提出、解决问题的创造性（提出不同的问题、见解和解决问题的方法）。

（5）观察学生的实践能力（动手能力、实验能力等）。

使用观察记录也要注意一些问题。首先是观察的时间和空间。观察者和被观察者在不同的时间和空间里的行为表现是不同的。其次是要提高观察者自身的素质，要做到会观察、爱观察。最后就是要把自然观察和有选择的观察结合起来。所谓自然观察就是观察对象在各种场合下的行为；所谓有选择的观察就是观察对象某一方面的行为。这样才能收到较好的观察效果。

（六）活动产品分析

活动产品分析是对被评价对象的创作成果或其他作品进行分析，从而获得有用的评价信息的方法。因为这些活动产品是评价对象智力活动的产物，通过对这些活动产品的分析，不仅可以看到学生的思想动向，也可以看到他们各种能力的发展水平及才能倾向。例如，评价一个学生时，可以分析他的科学笔记、科学图画、科学诗文、科学概念图、科学实验报告等，从中获得他的想象力、观察力、理解力及兴趣、性格等信息，经分析可以作为评价学生的依据之一。

以上各种评价方法的功能各不相同，都有自己的长处和不足。在小学科学教学评价过程中，应根据实际需要和具体情况选择适当的类型。

第三节　基于核心素养的小学生科学学习评价

对学生的学习评价，既关注学生知识与技能的理解和掌握，更关注他们情感与态度的形成和发展；既关注学生科学学习的结果，更关注他们在学习过程中的变化和发展。

一、小学科学探究的评价

科学探究既是科学教育的内容又是科学教育的方式。科学探究中包含了科学方法与能力，同时科学探究本身又有一个比较完整的体系和特征。对科学探究能力的评价需要把科学探究能力分解为可评价的指标。探究能力包括：发现与提出问题；设计研究计划；收集处理信息；观察、分析与推理；表达、交流与评议；动手操作能力。

（一）科学探究活动评价的内容和要求

《小学科学课程标准》中明确指出在“科学探究方面：应重点评价学生动手动脑‘做’科学的兴趣、技能、思维水平和活动能力。具体可以评价他们参与科学活动是否主动积极、是否实事求是；观察是否全面、提问是否恰当、测量是否准确、设计是否合理、表达是否清晰、交流是否为双向或多向的；搜集整理信息、进行合理解释的能力怎么样，动手能力怎么样、同伴之间交往合作的能力怎么样。要注意鼓励小学生进行科学探究活动，理解科学探究过程，获得科学探究的乐趣，逐步提高他们的科学素养，而不要强调小学生科学探究的结果或水平”。根据《课标》中确定的科学探究的评价内容如下：

1. 认识科学探究

（1）知道科学探究涉及提出问题、解答问题，将自己的结果与已有的科学结论做比较。

（2）知道不同的问题要用不同的探究方法。

（3）知道为什么使用工具比感官更有效。

（4）体验科学探究中证据、逻辑推理及运用想象建立假设和理解的重要性。

（5）了解科学探究的结果应该是可以重复验证的。

（6）知道对其他探究结果提出质疑是科学探究的一部分，了解合理怀疑是科学进步的动力。

（7）懂得交流与讨论可以引发新的想法。

（8）知道科学探究可为进一步研究提供新经验、新现象、新方法、新技术。

2. 提出问题

（1）能从“这是什么”“为什么会这样”等角度对周围事物提出问题。

（2）能选择适合自己探究的问题。

（3）能对所提出的问题进行比较和评价。在教学活动起始阶段，安排学生进行发散性提问。

3. 猜想与假设

（1）能应用已有知识和经验对所观察的现象做假设性解释。

（2）能区分什么是假设，什么是事实。

4. 制订计划

（1）能提出进行探究活动的大致思路。

（2）能对自己或小组提出的探究问题做出书面计划。

5. 观察、实验、制作

（1）能用各种感官直接感知自然事物并用语言或图画描述所观察的事物的形态特征。

（2）能用简单的工具（放大镜、显微镜等）对物体进行较细致的观察，并能用图和文字表达。

（3）能用简单测量工具（尺、测力计、天平、量筒、温度计、秒表等）对物体进行定量观察，采集数据，并做简单记录。

（4）能用简单器材做简单的观察实验，并做实验记录。

（5）能做控制变量的简单探究性实验，会设计简单的实验报告，绘制简单图表。

（6）能制作简易科学模型。制作岩石标本、昆虫模型、火山模型、地层模型等。

（7）能综合运用所学知识制作带有创造性的科技作品。起重机模型、生态瓶能量转换装置等。

6. 搜集整理信息

（1）会查阅书刊及其他信息源。

（2）能利用简单表格、图形、统计等方法整理有关资料。

7. 思考与结论

（1）能尝试用不同的方式分析和解读数据，对现象做合理的解释。

（2）能考虑对同一现象做不同的解释。

（3）能反思自己的探究过程，将探究的结果与假设相比较。

8. 表达与交流

（1）能选择自己擅长的方式（语言、文字、图表、模型等）表述研究过程和结果。

（2）能倾听和尊重其他同学的不同观点和评议。

（3）能对研究过程和结果进行评议，并与他人交换意见。

（二）科学探究活动评价的方法

对科学探究活动的评价是一项综合评价活动。教师可以根据学生探究活动的结果以及在整个探究活动过程中的表现来进行评价。通常采用真实性评价和表现性评价、观察记录法、档案袋评价法、自我评价与他人评价相结合等方法。

下面提供一种用于观察记录的等级量表（见表 9-2），供参考。

表9-2　用于评价科学技能的样本等级量表

学生姓名	阐明假设	计划实验	记录数据	解释数据	完成实验
	123	123	123	123	123

续 表

学生姓名	阐明假设	计划实验	记录数据	解释数据	完成实验
	123	123	123	123	123
	123	123	123	123	123
说明：在最佳描述的地方给学生每种技能分等级，1= 差，2= 较好 ,3= 很好。					

等级量表给出被评定行为连续性的行为质量，它既指出是否观察到想要得到的行为，也评价行为的质量。评定者的任务是对观察到的行为给出一个合适的等级。

使用观察的方法来评价学生的行为有助于向学生说明科学的那些不宜通过测验来评价的方面是很重要的。

二、情感态度与价值观的评价

情感态度与价值观是科学素养的重要组成部分。情感主要是指一个人的感情指向和情绪体验，也就是他对什么感兴趣，表现出好奇、兴奋、满意等情绪；对什么不感兴趣，表现出讨厌、不高兴，这是形成科学态度的前提。态度是某人对待一件事情的倾向性，通常表现为积极或消极、热情或冷淡、好或坏。科学素养中的态度是指一个人对待科学的倾向性，是积极的还是消极的；是热情的还是冷淡的；是好的还是坏的。这又是他们科学价值观的外在表现。科学价值观是指一个人对待科学事物的最基本的看法，包括基本信念和价值取向。

情感态度与价值观作为一个人对待科学事物的最基本看法与倾向，对他的科学学习与探究具有很强的导向与制约作用。情感态度与价值观的评价与其他领域的评价一样，在教学实践中发挥着监督、导向、改进教学等多方面的重要功能。在教学中开展情感态度与价值观评价可以促使教师重视情感方面的教学目标。如果教师监控学生的情感状态，一旦发现学生情感发生了某种不合适或不充分的变化，就可以对教学进行相应的调整。

（一）情感态度与价值观的评价内容

《小学科学课程标准》指出对情感、态度价值观的评价“应重点评价小学生科学学习的态度。具体评价他们的学习兴趣是否浓厚，学习动机是否强烈；能否尊重事实尊重证据，能否大胆想象、敢于创新；是不是乐于合作与交流，乐于采纳别人的意见，乐于改进自己的学习或研究；能不能关心科学技术，热心参与有关活动，发展对自然和社会的关怀和责任感”。依据《课标》中规定的目标有以下内容：

1. 对待科学学习

（1）想知道，爱提问。

（2）喜欢大胆想象。

（3）尊重证据。

（4）能参与中长期科学探究活动。

（5）愿意合作与交流。

（6）尊重他人劳动成果。

2. 对待科学

（1）认识到科学是不断发展的。

（2）不迷信权威。

3. 对待自然

（1）意识到人与自然要和谐相处。

（2）珍爱生命。

（3）能从自然中获得美的体验，并用一定的方式赞美自然。

4. 对待科学、技术和社会的关系

（1）乐于用学到的科学知识改善生活。

（2）关心日常生活中的科技新产品、新事物，关注与科学有关的社会问题。

（3）意识到科学技术会给人类与社会发展带来好处，也可能产生负面影响。

（二）情感态度与价值观的评价方法

尽管很多教师认为学生的情感态度与价值观是十分重要的，但在教学实践中却忽视情感态度与价值观的培养，而且积极开展情感态度与价值观评价的教师也不是很多。主要原因是情感、态度与价值观都是一些触摸不到的东西，要想客观地评价它们并不是一件很容易的事。

近三十多年来，教师和研究人员广泛借鉴教育心理学、社会心理学、心理测量学，乃至情绪心理学等其他学科领域的研究成果，对教学过程中的情意评价开展了许多研究，总结出很多具体的情意评价方法。需要指出的是，有些方法，如主题统觉测验、社会关系图、情境测验、语义分析技术等，都是由专业研究人员为了研究的需要而开发出来的，如果没有相当程度的专业训练，不太适合由任课教师在课堂评价实践中应用。结合我国当前新课程实施的真实需求，任课教师可以采用如下方法实施情感、态度与价值观的评价。

尽管一个人的外在行为表现与内在心理特征并不是完全对应的，但经过长期细致的观察，教师还是可以获得对学生的情感、态度与价值观形成较为准确和清晰的认识。每个教师在师生互动的过程中都会有意无意地观察学生的各种表现。但要想获得客观的、丰富的有关学生情意发展状况的评价信息，教师就要带着比较明确的评价目的，甚至要有具体的观察计划和观察指标，并且认真做好观察记录。

涉及探究过程方法和科学态度的教学目标不能通过书面测验项目来评价。它们是通过教师的观察而被最佳评价的。为了获得可靠的评价，教师必须系统客观地观察。从理想上来说，教师应该定义特定的、想要得到的学生行为并使用检核表或等级量表来系统地定期记录他的判断。

一张检核表被用来记录一种特定行为的存在，并不评价行为的质量。一张检核表不仅反映个别学生的问题，还能说明这个班级整体问题。

下面提供用于评价情感态度的检核表（见表 9-3），供参考。

表9-3　用于评价学生情感态度的样本检核表

学生姓名	显示主动性	聪明地使用时间	小心使用设备	有坚持性	有依赖性	有创造性
说明：在认为学生具有所描述的习惯处画一个选择标记（√）						

三、科学知识的评价

认知学习理论认为：如果想成为某领域的专家，拥有大量的知识是很重要的。知识之所以重要，是因为深入了解知识的是解决复杂问题的基础。我们很清楚，一定的术语、概念以及概念间的联系对于深入了解该领域知识和解决该领域问题的重要性，所以我们才去评价诸如岩石、植物等知识。换句话说，知识本身并不重要，但知识却是获得进一步发展的途径与手段。

（一）科学知识的评价内容

《小学科学课程标准》中明确指出在“科学知识方面，应重点评价小学生对生命科学、物质科学、地球与宇宙科学诸方面最基本的概念和技能的理解过程和应用情况，而不是检查学生最终记住了多少信息”。

对科学知识方面的学生评价不在信息量的大小，而是对科学知识的理解和应用能力。因而，理解、应用知识能力也就成了评价的核心标准。理解、应用能力不仅需要学生对科学知识最基本的概念和技能有所了解，并且能利用这些知识进行思考，同时还需要具有进行表达陈述、交流的能力。因此，有关科学知识评价指标的确定往往并不在知识本身，而在对这些知识理解和应用过程中所涉及的要素之中。例如，对知识的认识深度如何、知识与知识之间关联的理解如何、是否能就有关的数据、成果进行很好的交流等。

（二）科学知识的评价方法

1. 简单的事实性知识的评价方法

简单的事实性知识指对小学科学课程中特定要素（事实、原理、方法、过程、式样、结构、环境等）的回忆或再认。从测试和评价要求看，它们不需要什么深层次的理解，基本上仅限于在头脑中想起或识别合适的材料，它最强调的是记忆的心理过程。简单的事实性知识可分为以下三类：一是特定事物的知识，即对于特定的孤立、片断信息的记忆；二是处理特定事物的方式和手段的知识，即有关组织、研究、判断、批评的方式方法的知识，包括询问方法、时间顺序、某一范围内的判断标准以及用于该范围本身的划定方法和内部组织式样；三是普遍事理和抽象概念，即用以组织现象和概念的主要格局和式样，它们是一些容量广阔的结构、理论和通则，在学科范围内占据支配地位，或者常被用来研究现象和解决问题。可见，事例、术语、公式、法则等都可作为知识的实体。这些知识可能不会长久地保留在一个人脑中，即使能长久记住，也可能不会在生活和工作中发挥什么作用，但它们往往是学习掌握以后学习内容的基础工具，是为取得最终行为目标所必需的大量能力条件中的关键部分。因此，为了了解学生的情况，对简单的事实性知识进行测评是必要的。

（1）简单的事实性知识目标的表述

为了便于测试的操作，简单的事实性知识目标的表述不仅应准确地陈述对象和内容目标，而且应通过适当的动词或隐含动词准确地陈述行为目标，即注意行为的可观察性。马杰、波帕姆（Popham）等人认为，任何一个目标表述都必须依据“可观察行为”术语。尽管目前尚无一套公认的表达知识的最佳方式，但在表述知识目标时，常用“回忆”“识别”“记住”“记忆”“说出”“知道”“区分”“辨认”等动词，有助于内在记忆能力目标的外显和可观察。以上述目标编制出的试题对学生内外活动的要求是有区别的，如“回忆”的要求是学过的内容不呈现在面前时，能够独立地回想出答案来，而“识别”的要求则是学过的内容重新呈现在面前时，能够认识它。显然，能够识别的内容，不一定能回忆起来；而能回忆的内容，应该是能识别的。如学生能识别的植物不一定能回忆（默写）出来，而能回忆出来的植物也一定能认识。可见“回忆”的要求要比“识别”高。因此，教师应根据知识目标的不同要求准确地表述。同时，应尽可能通过优化教学而达成最优的知识目标。

（2）测试简单的事实性知识目标的试题编制

一个好的知识试题，不管它属于何种类型，都应具有两个显著的特征：一是试题的准确程度和辨别程度与学生初始学习水平很相近，不能要求学生回答得比所教的知识更清楚、准确，否则就超出了知识范畴；二是在试题中不应出现学生没有学过的术语或情境，否则就不是在测试所教的知识，而是在测试不熟悉的内容。

尽管编制简单的事实性知识试题的目的只有一个，即某些重要的学习内容以很相似于学习它们时的形式出现时，看学生能否回忆起来，但试题的种类和形式可以有多种。主要有两种类型：问答题和选答题。问答题的形式包括填充题、名词解释（答出某名词或概念的定义）、简单问答题（陈述原理、事例、方法）等。选答题也有许多不同形式，常见的有单项选择、多项选择、不定项选择、是非（正误）判断题、配对题等。总之，在测试知识目标时，或用问答题，让学生依靠记忆给出答案；或用选答题，让学生在给出的备选答案中挑选。每种类型都各有几种方式，也各有优缺点。（如表 9-4 所示）

表9-4

题型	优点	缺点
正误判断题	题目简短，比其他题型包含了更多信息；所以当考查内容比较广泛时，适合用正误判断题 题目编制容易（但是不能用文章中的原话，或者稍加修改就使用） 平稳容易	偏重于强调对知识的死记硬背（当然有些复杂的问题也适用于这种题型） 学生对正确与错误的标准看法可能不一致（学生为了做出评价而要猜测评价标准） 允许甚至是鼓励学生去猜测（一般来说会有其他题型做补充）
匹配题	编题、评分简单 考查事物关系的理想方法 由于避免了重复多种选项，比选择题更有效 减少了猜测成分	侧重于细节知识，强调记忆
选择题	适合知识水平、应用水平知识的客观测量 书写量小，很快就能选取出大量的内容 评分高度客观 让学生判断已经编制好的选项，可以避免正误判断题中出现的绝对性的判断 减少了猜测成分 可以通过统计分析，判断出哪些题目太难，哪些题目表述不清	编制题目费时 如果编制不认真，可能出现不止一个正确答案
填空题	问题的结构化相对比较容易 由于问题要求一种特定性的回答，所以猜测的成分减弱 与选择题相比需要更少些的时间，所以可以涵盖更多的测试内容	在反应复杂性上，鼓励了一种低水平的反应倾向 题干必须足够一般化，从而避免提示出或误导出多种可能的备选答案 简单的回答倾向于测定对特定事物、名称、地点，以及事件的回忆，而缺少对复杂行为的测试

总之，问答题型编制容易，但评分困难；选答题型评分容易，学生在单位时间内可完成更多的试题，但编制试题的难度大些。不同题型所要求的行为表现是不同的，教师编制题目时，必须考虑题型选择，决定哪种可观察的行为能满足知识目标。知识目标的测试显然不仅限于采用书面回答方式，其他形式（如口头回答）也是常用的。

（3）编制试题时应注意的问题

①试题在形式和准确性水平上应尽可能与教学中经历过的一致，否则就不是测试的记忆水平。

②填充题留出的空白位置必须足够，且不应让学生填写太多的字词，一般只要求填写关键的一个字或词。题目的表述应清晰、准确。

③填充题把问题包含于一段陈述中，不如直接提问效果好，主要是因为不完整的句子可能会产生不同的答案结构。

④名词解释和简单问答题，在测试前必须考虑好评分规则，并尽量在试题说明中将答案要求及确切程度向学生做明确的说明。

⑤评分前需要决定答案可接受性的限度，这取决于教师事前仔细确定知识目标的行为及其内容意义。

⑥是非题避免使用模糊的表述（如通常、一般、总是、长久地、规则地等）以及过于绝对的表述（绝不、完全、从来、只有、总是等），防止学生根据此等条件词做判断。否则，即使学生判断正确了，但却未能测试到希望测试的知识行为。

⑦是非题使正确与错误题目的表述长度相当，保证正确与错误题目的数量相当。

⑧是非题避免使用双重否定。如果用双重否定形式，学生对题目的理解也会比较费时。

⑨配对题选项栏和陈述栏都尽量做到简洁、同质。最好把这两部分放在同一页纸上。给每一栏进行命名，可以确保闻质性（如A栏、B栏），将所有选项按一定顺序排列（如字母顺序）。

⑩为了防止学生猜测，配对题的左右两栏的项目应有差别，选项栏数目要多于陈述栏的数目，或者某些选项栏对应的陈述栏的内容不止一项。

⑪ 在指导语部分，要指明匹配题原则，也要说明一下每个选项是否只用一次。

⑫ 编制选择题时，一定要注意不要让学生从题干线索中看出问题的答案。

⑬ 编制选择题时，只有在内容需要的情况下，才使用否定形式。多数情况下，对学生来说最为重要的是知道哪些是正确的，而不是知道什么是不正确的内容。

⑭ 编制选择题时，保证所有不正确答案（迷惑项）都是似是而非的。使所有选项的长度相当，且形式一致。不同的题目中正确答案的位置也要随机变换。

表9－5　使用客观性题目评价科学知识的实例

年级	主题	评价问题
3 年级	有生命和无生命的有机体	在一幅通往乡间小路的图片上区分出两类东西：有生命的和无生命的有机体
	生物体的基本需要	从下列条目中圈出三种动物御寒的方法（如鸟、鼠、马等）
5 年级	概念：物理属性	阅读下列项目，在表示液体的项目前标上“L”，固体标上“S”，气体标上“G”
	解释海狸如何改变环境来满足它的需要。	概念：有生命的生物体的需要
6 年级	科学过程	观察下面描述实验室实验过程的一系列图片，圈出所有不安全的操作

2. 理解能力的评价方法

领会是最低层次的理解，也称了解，是指一个人知道传输给他的是什么，而且能在不需要联系其他材料或看出其充分含义时，使用传输给他的材料或概念。领会按其作用的不同可分为由低到高的三级水平，即转换、解释和外推。转换，指变换信息形式而使其内容保持不变，如用自己的语言重述信息，或将信息从一种形式或文字转变为另一种形式或文字；解释是关于信息的说明或概述，即对材料的重新排列、整理或者赋予新的看法，能抓住事物的内在联系和关键；外推，指推论、扩展时空范围、样本或主体，推论或预测是把趋势或倾向延伸到已知数据范围以外，以求确定与原有信息所述条件相符合的含义、后果、推论、效应等。以上三者之间紧密联系，难以截然分开。但为了有效地进行教学与评价，分别地考虑这三级水平是必要的。

（1）在科学教学中领会目标的出现几乎与知识目标一样频繁，会看地图、表格、图示等均属领会目标。在领会目标的表述中常用“变（转）换”“领会”“解释”“预测”“推导＼“估计”等行为动词或隐含行为。

（2）在试题编制方面，测试领会目标的试题，应尽可能与教学中实践过的有所变化。否则，如果与教学中经历过的完全相同，那么，就不是测试领会水平而是测试知识水平了。当然，这种变化是有一定限度的，如果完全不同于以前的教学情境，又很可能要求过高，更接近于测试学生的应用和分析能力，而不是测量转换或解释。测试领会的试题既可以用选答的形式，也可用问答的形式。在测试领会时，可给出一段叙述或图表等，然后向学生提出各种不同的问题，这种综合题大多涉及转换、解释和外推三级水平，对评价领会目标很有用。领会目标的测试，在评分时往往不能简单地用正确或错误两种判断下结论，一般把学生的答案分为四种，即正确的回答、谨慎的回答、粗鲁的回答、超出资料范围的回答。

（3）测试领会目标的关键是看学生能否超出知识目标而达到理解水平。若学生能适当地进行转换、解释和外推，就说明他们已超越了字面上的知识范围，并初步把握了实质性的知识。

（4）测试领会目标的材料不应与教学中所用的材料一样，但在语言、符号、复杂性和内容方面都应有类似的特征，要防止把领会目标降低为知识目标或拔高为应用目标和分析目标两种错误倾向。

（5）领会目标的三级水平在教学与测试中常相互联系在一起，但三者又有明确的区分，在编制试题时，转换只包括信息的各种要素，而不包括要素之间的关系；解释除包括要素外，还包括要素间的内在联系；外推既涉及转换，又包括解释，要求超越文字信息的限制。

尽量应用多种试题类型，力求所用试题适合所要观察的行为。

3. 应用能力的评价方法

应用指将所学知识用于新情境，即在特殊、具体情境中使用抽象概念、原理、理论、定律、规则等。应用被视为学生真正掌握知识的标志，只有将概念或原理应用于新的情境才能算是真正“理解”了它。培养学生的应用能力是小学科学教育目标的重要组成部分，应用能力的发展表明学生获得了某种智力上的独立。

新问题、新情境是指那些使学生感到新颖的问题和情境，即教学中从来未经历过的、必须以不同于从前的方式使用原理和通则的问题和情境。课堂上解答过或仅在符号上、数量上做些变化都不能称为新问题或新情境，只能算作知识的重复。

原理指关于某一种基本真理过程或联系的表述，或为科学学科所公认和使用的某一定律。通则是指汇总了大量信息和特殊现象并能应用于新情境的一般性表述或推断。R.M. 加涅（1965）曾强调：学习原理、通则和观念时存在着一个层次结构过程，学习最好从具体现象向高级抽象运动。

应用能力是指经过适当的训练、实践或者其他形式的帮助后，学生能够把原理和通则用于新的问题和情境，即能适当地应用原理和通则解决那些对他来说是新颖的问题。这意味着学习经验可以产生一种一般能力，当学生面临新问题、新情境时能借助这种能力去应用原理和通则。

（1）应用能力的鉴别

布卢姆根据学生的行为，把应用能力分为以下八类：

①判断哪些原理和通则适合于处理新疑难情境。

②重述问题，以判断哪些原则和通则对于解决问题是必要的。

③确定某个特定原理或通则成立的限度。

④识别某个特殊通则的例外情况，并说明理由。

⑤运用已知原理解释新现象。

⑥运用适当的原理或通则对新情境中可能发生的情况做出预测。

⑦运用适当的原理或通则去确定或认可新情境中某项特殊的行动或决策过程。

⑧说明在既定疑难情境中运用某个或几个原理或通则的理由。

对不同类型的应用能力的测试有不同的要求和策略。

第①、②类应用行为的测试问题不要求学生做完整的解答，只要求确定那些适当的原理或通则。因此，多以选择题的形式出现，它虽不能确定学生能否实际完成解答，但能肯定他们掌握了基本要求。

第③、④类应用行为的测试问题包括的应用实例不但有在原理或通则限度之内的，而且有在限度之外的。这类问题的目的在于判断学生是否掌握了原理或通则适用限度的条件。对这类行为的评价只要求学生识别或提供适用限度之内或之外的实例，有时也需提出实例不在适用限度之内的理由。如果结论是一些通则，则可用这类问题来判断学生能否识别该情境对某原则的支持情况。

第⑤类应用行为的测试问题是必须运用原理或通则解释新现象、新实例或新情境。通过运用原理或通则说明某事为什么发生、怎样发生或在什么条件下发生，通常采用“因为Y而发生A”的形式，其中Y是原理或通则。

第⑥类应用行为的测试题中，新情境可以是普通的观察，也可以是其中发生过或将要发生什么事而学生对其结果做出预测的某一情境。问题的难度取决于要求对变化所做估计的精确度，多数问题只要求学生运用原理或通则进行预测，而无须陈述或引证预测的根据，也有的要求指出预测的根据。

第⑦类应用行为与社会科学中的政策、决定关系最为密切，这类行为包括某些类型的决策（如政策、实际行动过程、修正某一特殊情境的方式等）和运用原理、通则支持或证明行为或决策。

第⑧类应用行为最为复杂，在测试中它不但要求被试确定与给定情境有关的原理或通则，而且还要求解释运用它们的理由。可用选答类题型，问答类特别是陈述式的题目也适合测试该类行为。

（2）对应用原理和通则的测试必须的要求或规则

①疑难情境必须是在教学中未遇见过的新的、不熟悉的。问题难易程度主要取决于它与教学中遇到过的问题的差异程度。

②新问题或情境应当是可以运用已学原理或通则来解决的。

③对不同类型应用能力测试有不同的要求、策略和技术，应通过测试问题取得选样。

参考文献

[1] 朱智贤 . 儿童心理学 [M]. 北京 : 人民教育出版社 ,1979.

[2] 科学（3–6 年级）课程标准研制组 . 科学（3–6 年级）课程标准解读 [M]. 武汉 : 湖北教育出版社 ,2002.

[3] 魏艳 . 小学生科学素养构成及培养 [J]. 山东教育 ,2003,（1）:110–111.

[4] 宋汉阁 . 小学科学课教学指要 [M]. 长春 : 东北师范大学出版社 ,2002.

[5] 教育部基础教育司 . 科学（3–6 年级）课程标准研制组 . 科学课程标准解读 [M]. 武汉 : 湖北教育出版社 ,2002.

[6] 宋汉阁 . 小学科学课教学指要 [M]. 长春 : 东北师范大学出版社 ,2002.

[7] 吴庆余 . 基础生命科学 [M]. 北京 : 高等教育出版社 ,2002.

[8] 马宏佳 , 陈娴 . 物质科学精要 [M]. 北京 : 高等教育出版社 ,2003.

[9] 沙润 . 地球科学精要 [M]. 北京 : 高等教育出版社 ,2004.

[10] 任福君 . 中国公民科学素质报告 [M]. 北京 : 科学普及出版社 ,2010.

[11] 常初芳 . 国际科技教育进展 [M]. 北京 : 科学出版社 ,1999.

[12] 胡军 , 臧爱珍 . 小学科学教材开放与应用模式研究 [M]. 北京 : 人民教育出版社 ,2006.

[13] 靳玉乐 . 探究学习 [M]. 四川 : 四川教育出版社 ,2005.

[14] 刘儒德 . 探究学习与课堂教学 [M]. 北京 : 人民教育出版社 ,2005.

[15] 喻伯军 . 小学科学教学案例专题研究 [M]. 杭州 : 浙江大学出版社 ,2005.

[16] 张红霞 . 小学科学课程与教学 [M]. 北京 : 高等教育出版社 ,2004.

[17] 周林东 . 科学哲学 [M]. 上海 : 复旦大学出版社 ,2004.

[18] 大卫 · 杰纳 · 马丁 . 走进中小学科学课——建构主义教学方法 [M]. 于力华 , 等译 . 长春 : 长春出版社 ,2003.

[19] 威廉 · 艾斯勒 , 玛丽 · 艾斯勒 . 走进中小学科学课——全景式教学方法 [M]. 李阳光 , 王永慧 , 等译 . 长春 : 长春出版社 ,2003.

[20] 李勖良 . 小学自然 · 社会微格教学教程 [M]. 北京 : 科学出版社 ,1999.

[21] 邓泽华 , 戴素华 . 小学科学课堂教学艺术 [M]. 北京 : 中国林业出版社 ,2004.

[22] 窦桂梅 . 聚焦完整人的核心素养——清华附小“ 1 + X 课程”亮点 [J] . 北京教育（普教版）,2014（12）.
[23] 顾明远 . 核心素养 : 课程改革的原动力 [J] . 人民教育 ,2015（13）.
[24] 蔡清田 . “核心素养”: 新课改的目标来源 [N] . 中国社会科学报 ,2012(10)